英法争霸的序幕

西班牙王位继承战争

1701—1714

[英] 詹姆斯·福克纳（James Falkner） 著　　无形大象 译

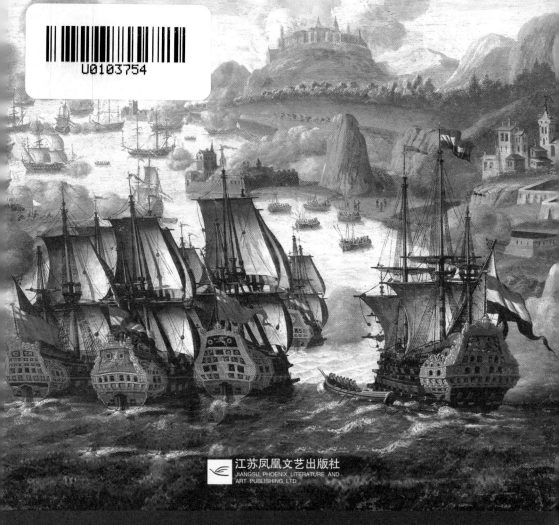

江苏凤凰文艺出版社
JIANGSU PHOENIX LITERATURE AND
ART PUBLISHING, LTD

图书在版编目（CIP）数据

英法争霸的序幕：西班牙王位继承战争：1701—
1714 /（英）詹姆斯·福克纳（James Falkner）著；无
形大象译. -- 南京：江苏凤凰文艺出版社，2019.11
书名原文：The War of the Spanish Succession
1701 – 1714
ISBN 978-7-5594-4175-1

Ⅰ.①英… Ⅱ.①詹… ②无… Ⅲ.①西班牙 – 近代
史 – 研究 Ⅳ.①K551.41

中国版本图书馆CIP数据核字(2019)第241891号

版贸核渝字（2019）第 030 号

英法争霸的序幕：
西班牙王位继承战争（1701—1714）

[英]詹姆斯·福克纳（James Falkner）著　　无形大象　译

责任编辑　　王青

特约编辑　　胡吉利

装帧设计　　王涛

出版发行　　江苏凤凰文艺出版社

　　　　　　南京市中央路 165 号，邮编：210009

网　　址　　http://www.jswenyi.com

印　　刷　　重庆共创印务有限公司

开　　本　　787mm × 1092 mm　1/16

印　　张　　16

字　　数　　250 千字

版　　次　　2019 年 11 月第 1 版　2019 年 11 月第 1 次印刷

书　　号　　ISBN 978-7-5594-4175-1

定　　价　　99.80元

江苏凤凰文艺版图书凡印刷、装订错误可随时向承印厂调换

目录

导言

关山迢递，内部分崩离析的国家……支离破碎、民族混杂，语言和文明各异。[1]

17世纪末，西班牙不得不忍受各种天然的不利因素，但它依然是欧洲各国首都艳羡的对象。它因缺乏强有力的中央政府而变得虚弱不堪，仍有可能成为一股不可忽视的力量。遍布全球的西班牙帝国因伴随而来的丰富的贸易机会，还拥有巨大价值，它吸引了其他国家昭然若揭的野心，而这些国家都不会以故步自封的态度任由它发展。因此，整个西欧的决策机关探讨了30年或30年以上的最棘手问题之一就是，"该怎样对待西班牙"，尤其是"如果马德里国王死后没有合法继承人，该怎么办"。

一旦缠绵病榻的西班牙国王卡洛斯二世驾崩，这个棘手问题就必须得到解决，他没有嫡系继承人，因为这位孱弱的君主没有子女或弟弟妹妹，但幅员辽阔而且极其富庶的西班牙帝国，从伊比利亚半岛延伸到地中海和意大利，还有低地国家、北非飞地，甚至横贯公海涵盖了美洲以及遥远的菲律宾，显然必须拥有一位坚定的统治者。那么在如此危急的局面下，那位新君主会是谁呢？

17世纪下半叶和18世纪初，欧洲政治中最重要的问题是奥地利和法国这两大霸权国家之间的竞争。在较小的国家中，法国的邻国倾向于奥地利，而奥地利的邻国倾向于法国。[2]

法国和奥地利各自的王子，对西班牙王位都有着合理合法的世袭主张，但另一些人也有。最重要的有两个，一是萨伏依公爵，二是维特尔斯巴赫家族的巴伐利亚选帝侯。西班牙国王费利佩二世的众多后裔，为后辈播撒下了灾难的种子，但二流国家这些声称拥有王位继承权的人很难指望得偿所愿，除非得到两大主要竞争者中的一方或另一方的默许和祝福，但指望双方都支持就过于乐观了。这样的解决方案并非不可能，因为它符合每个国家的利益，能避免因王位继承问题而发生全面战争，何况17世纪的最后10年已经发生了一场对西欧而言代价极其高昂的战争。

关于西班牙王位继承权的问题原本就十分复杂，又由于竞争者们各有目标和抱负而更加不简单，无论竞争者们的目标是大还是小，都会遭到邻国的抵制。这些邻国也有充分理由避免战争，只要它们的利益能够得到保证。还有一些要求需要得到保障，诸如保证新教徒对伦敦王位的继承权、确保荷兰南部边境可以抵抗法国的进犯，以及海上双雄英国和荷兰商人有机会在迄今为止依然向他们关闭的广袤西班牙进行贸易等。这些问题如果得不到满足，则可能不得不动用武力。[3] 1700年深秋，事态发展到了一触即发之际，起初，法国国王路易十四似乎在未经战争的情况下便得到了想要的东西，并希望在不引发战争的情况下保住既得利益。然而，由于路易十四的拙劣失误以及马德里王位继承问题的复杂性，战争在很大程度上是无法避免的，尽管这是一场无人想要的冲突。

冲突一旦爆发，其规模几乎是前所未有的，涉及欧洲西部和西北部的广大地区、德意志南部、地中海的巴利阿里群岛、意大利大部分地区，还会发生短暂入侵苏格兰、西印度群岛的事情，海战和公海也会爆发大规模私掠活动，甚至法属加拿大部分地区也会受到攻击。在斯堪的纳维亚（Scandinavia），大北方战争（Great Northern War）的影响深远，那是一场遥远的战争，短暂地转移了危险，匈牙利反对帝国统治的叛乱，削弱了奥地利人的努力，迫使他们自扫门前雪。这是一场无人想要却又不得不打的战争，有时这些问题必须经过必要的考验，事实也证明了这一点，但发动战争要比终结战争容易得多。

对双方的领导层来说，战争都是头等要务，都处于紧要关头，但是交战双方几乎都没有明显的敌意，尽管战争会不可避免地产生暴行，但冲突几乎完全谈不上野蛮，战俘通常会得到良好的待遇（例外情况也有，如在1706年年初的卡尔奇纳托和4年后的布里韦加发生的暴虐现象是非常罕见的，以至于引起了广泛的指责和批评）。在许多情况下，双方的指挥官都很熟悉他们的对手，经常把对手视为朋友，甚至马尔伯勒公爵与贝里克公爵还有亲属关系。可悲的是，普通百姓的土地被穿行而过的军队蹂躏，但他们几乎没有诉说战争带来的苦难的机会。尽管如此，战争行动几乎没有什么狂热性质和宗教性质，虽然冲突中不乏各种常见的恐怖事件，但西班牙的大量新教徒士兵对大联盟的事业并无裨益，而且新教徒继承伦敦王位是大联盟的主要诉求之一。

大联盟反对路易十四及其孙子，试图煽动法国南部的叛乱，但此举对路易十四的干扰是有限的，路易十四对匈牙利大部分叛军的支持反而分散了维也纳在战争中的精力。塞文地区的叛乱遭到残酷镇压，宣布支持哈布斯堡王朝王位竞争者的加泰罗尼亚人也得到了同样的待遇，但这正是当时和日后镇压叛乱分子的手段。事实上，每个参战方的利益诉求，都可以通过明智的谈判和妥协来实现，延迟到1713年才达成的协议证明了这一点。尤其是在付出了大量财力、精力和鲜血之后，最终的结果却是：整场战争中诉求完全被忽视的西班牙人民对他们的国王感到非常满意，而这位国王也出人意料地证明了自己配坐上国王的位置，从而赢得了西班牙人民的信任和尊敬，也许还得到了他们的爱戴。讽刺的是，当和平终于来临，并且得到各方冷静的评判时，似乎各方都达到了他们最初追求的目标，但没有人会这样说。

注释

1. Elliott, Prologue.
2. Duffy, p. 320.
3. 英国和荷兰商人被排除在西班牙帝国的合法贸易之外，特别是禁止从事奴隶贸易，物品只能使用法国船只运输，这在伦敦和海牙都是引发不满的重要原因。

日期、语法和命名法则

18世纪初，英伦三岛通用儒略历（Julian Calendar），而欧洲大陆使用较新的格里高利历（Gregorian Calendar）。从1700年起，新历法（N. S.）比旧历法早11天。因此，大联盟对法国宣战的日期，在伦敦是1702年5月4日，而在海牙和维也纳则被认为是5月15日。由于本书所讲述的大部分事件发生在欧洲大陆，所以日期通用新历法，除非另有说明。本书引用的许多当时的记述中的语法和拼写经常是怪异和不一致的，为了更加清晰明了地予以纠正，本书会在适当的地方加入解释性的评注。西班牙王位的两位积极竞争者，即安茹公爵费利佩和查理大公之间，只有年轻的法国王子在经历了多年战争之后实现了自己的王权主张。因此，我一直称奥地利的查理为大公，直到他最终登上维也纳的皇帝宝座，费利佩最终被确立为西班牙国王。

西班牙王位继承世系图

（只包括两位主要王位竞争者）

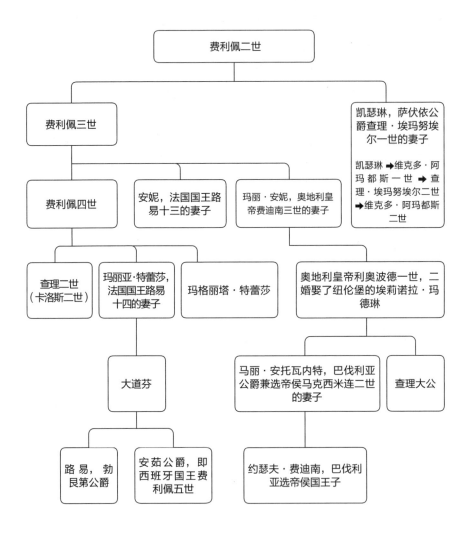

大事记

西班牙王位继承战争中的主要事件

1700 年	
10 月 7 日	西班牙国王卡洛斯二世签署了一份新遗嘱，指定安茹公爵费利佩为自己的继承人。
11 月 1 日	卡洛斯二世驾崩于马德里。
11 月 8 日	已故国王遗嘱的内容传到法国宫廷。
11 月 16 日	路易十四承认他的次孙为西班牙国王费利佩五世。 神圣罗马帝国皇帝利奥波德一世承认勃兰登堡选帝侯为普鲁士境内的国王。
12 月 4 日	费利佩五世离开凡尔赛宫前往马德里。

1701 年	
2 月 6 日	法国军队开始占领西属尼德兰的荷兰国防屏障诸城。
2 月 18 日	费利佩五世进入马德里。
4 月	英国国王威廉三世和荷兰议会承认费利佩五世为西班牙国王。
5 月 20 日	萨伏依公国的欧根亲王接管驻意大利北部的帝国军队指挥权。
6 月 18 日	葡萄牙国王佩德罗二世与西班牙、法国缔结条约。
7 月 9 日	欧根亲王迫使法国元帅卡蒂纳在卡尔皮驻防。
9 月 1 日	欧根亲王在基亚里战役击败法国和萨伏依军队。
9 月 7 日	奥地利、荷兰和英国同意缔结《大联盟条约》。
9 月 11 日	费利佩五世与萨伏依公国的郡主玛丽 – 露易丝结婚。
9 月 16 日	流亡国外的詹姆斯二世去世，路易十四承认詹姆斯·斯图亚特为英国国王。

1702 年	
1 月 31 日	法军在克雷莫纳战败，维勒鲁瓦元帅被俘。
3 月 18 日	英国国王威廉三世驾崩，安妮女王继承伦敦王位。
5 月 12 日	将葡萄牙引入大联盟的谈判开始。
5 月 15 日	大联盟向法国及其盟友宣战。
7 月 1 日	马尔伯勒接管英国和荷兰联军的指挥权。
8 月 18 日	本博在圣玛利亚海岸对杜卡斯指挥的法国舰队采取行动。
8 月 26 日	盟军在加的斯附近登陆。
9 月 1 日	法军在基里亚战役中失败。
9 月	巴伐利亚和列日选帝侯与法国结盟。
9 月 26 日	盟军夺取加的斯的远征失败。
10 月 22 日	西班牙宝船船队在比戈湾被俘或被击沉。
10 月 26 日	盟军占领列日。

12 月	葡萄牙与英国和荷兰就盟约达成共识。

1703 年	
3 月 4 日	帝国军队在海岑佩因村战败。
5 月 9 日	法军占领凯尔。
5 月 15 日	盟军占领波恩。
5 月 16 日	英国—荷兰—葡萄牙盟约签订。
6 月 30 日	荷兰人在安特卫普附近的埃克朗村战败。
8 月 26 日	盟军占领休伊。
9 月 13 日	奥地利的查理大公自称西班牙国王卡洛斯三世。
9 月 19 日	斯蒂罗姆伯爵麾下的奥地利军队在霍施塔特战败。
10 月 25 日	萨伏依公爵宣布加入大联盟。
11 月 15 日	法军取得斯佩尔巴赫战役的胜利，收复朗多。
12 月 27 日	葡萄牙加入大联盟。

1704 年	
3 月 7 日	查理大公抵达里斯本。
5 月	盟军从葡萄牙启程，进军西班牙。
5 月 19 日	马尔伯勒率部离开荷兰，向莱茵河进军。
5 月 30 日	盟军占领巴塞罗那的尝试失败。
7 月 2 日	多瑙河畔的舍伦贝格战役打响。
8 月 4 日	英荷联军占领直布罗陀。
8 月 11 日	巴登侯爵开始围攻因戈尔施塔特。
8 月 13 日	法国—巴伐利亚联军在布伦海姆战败。
8 月 24 日	马拉加海岸爆发海战。
10 月 7 日	在西班牙的阿奎达河河畔进行了一场不分胜负的战役。
10 月 29 日	马尔伯勒占领摩泽尔河河畔的特里尔。
11 月 11 日	法国—西班牙联军开始试图收复直布罗陀。
11 月 28 日	盟军占领朗多。
12 月 20 日	盟军占领特拉巴赫。

1705 年	
3 月 20 日	列克第 2 次解救直布罗陀。
5 月 5 日	奥地利皇帝奥波德一世驾崩，其子约瑟夫一世继承父亲的帝位。
6 月 10 日	法军占领休伊。
7 月 11 日	盟军夺回休伊。
7 月 18 日	法军在埃利克海姆战败。
8 月 18 日	盟军袭击位于伊什溪的法军的企图受挫。
8 月 22 日	盟军在西班牙东部登陆。

9月6日	盟军占领莱奥（Leau）。
10月14日	盟军占领巴塞罗那，卡洛斯三世宣布拥有该城。
12月	盟军占领巴伦西亚。
1706 年	
1月6日	法军占领尼斯。
4月3日	法军围攻巴塞罗那。
5月22日	盟军的舰队解除法军对巴塞罗那的围攻。
5月23日	法军在拉米伊战败。
5月28日	法军放弃布鲁塞尔。
6月17日	盟军攻占安特卫普。
6月23日	盟军占领卡塔赫纳。
6月27日	英葡联军进入马德里。
7月9日	盟军占领奥斯坦德，路易十四提出初步和平建议。
8月4日	盟军撤离马德里。
8月22日	盟军占领梅嫩。
9月7日	法军在都灵战役中战败。
9月8日	盟军占领阿利坎特。
9月13日	英荷联军占领马略卡岛和伊维萨岛。
9月24日	瑞典国王查理十二世入侵萨克森。
11月11日	法西联军夺回卡塔赫纳。
1707 年	
1月1日	葡萄牙国王佩德罗二世驾崩，其子约翰五世继位。
2月13日	法国和奥地利同意在意大利北部实行非军事化。
4月23日	盟军在西班牙的阿尔曼萨战败。
5月22日	法军猛攻莱茵河上的斯托尔霍芬防线，维拉尔元帅袭击德意志南部。
7月	帝国军队占领那不勒斯。
8月22日	盟军夺取土伦的尝试失败。
10月4日	从葡萄牙人手中夺取罗德里戈城。
11月14日	法西联军占领莱里达。
1708 年	
4月16日	盟军投降，交出阿利坎特。
4月30日	冯·斯塔伦伯格率领的帝国军队抵达加泰罗尼亚。
5月	雅各宾派入侵苏格兰的尝试失败。
7月5日	法军占领布鲁日。
7月7日	法军占领根特。
7月11日	法军在奥登纳德战役中失败。

8月	秘密和平谈判开启。
8月11日	盟军占领撒丁岛。
8月29日	盟军占领梅诺卡岛。
8—12月	盟军围攻里尔。
9月28日	法军在温登达尔战役中失败。
11月18日	德尼亚向法军投降。
12月9日	盟军占领里尔卫城。
1709 年	
1月2日	盟军夺回根特和布鲁日。
2月	查理十二世远征俄罗斯。
4月9日	路易十四宣布打算从西班牙撤军。
5月7日	盟军在葡萄牙的卡亚河 / 瓦尔·古迪纳战役中战败。
5月	除一条之外，路易十四同意了盟国的全部合约条款。
7月	查理十二世在俄罗斯的波尔塔瓦战败。
9月3日	盟军占领图尔奈。
9月11日	马尔普拉凯战役打响。
10月20日	盟军夺取蒙斯。
10月29日	《英荷第一国防屏障条约》达成一致。
1710 年	
6月25日	盟军占领杜埃。
7月27日	盟军取得阿尔梅纳拉战役的胜利。
8月20日	盟军取得萨拉戈萨战役的胜利。
9月	卡洛斯三世进入马德里。
9月29日	盟军占领圣维南特。
11月8日	盟军夺取艾尔。
12月9日	英军在布里韦加战败，费利佩五世重返马德里。
12月10日	法西联军取得比利亚维西奥萨战役的胜利。
1711 年	
1月25日	法西联军占领赫罗纳。
4月14日	法国王太子去世。
4月17日	约瑟夫皇帝驾崩，其弟查理大公（西班牙的卡洛斯三世、帝国的查理六世）继位。
8月7日	马尔伯勒公爵突破法国的"非加强型防线"。
9月14日	盟军占领布尚。
9月22日	查理大公离开巴塞罗那，当选为查理六世皇帝。
10月8日	英法之间初步商定和约条款。

12月31日（旧历）	安妮女王解除马尔伯勒的兵权。

1712 年	
1月12日	在荷兰的乌得勒支举行和平会议。
2月8日	勃艮第公爵去世。
5月21日	奥蒙德公爵接到限制军事行动的指令。
7月4日	盟军占领勒凯努瓦。
7月16日	英军不再积极采取军事行动。
7月24日	法军在德南击败盟军。
7月30日	法军占领马尔谢讷。
8月2日	盟军未能占领朗德勒西。
9月8日	法军收复杜埃。
10月2日	西班牙境内暂停敌对行动。
10月3日	法军收复勒凯努瓦。
10月19日	法军收复布尚。
11月2日	费利佩五世放弃对法国王位的任何要求。
11月3日	葡萄牙境内暂停敌对行动。

1713 年	
1月30日	《英荷第二国防屏障条约》达成一致。
4月11日	法国、英国、葡萄牙、普鲁士和萨伏依之间达成《乌得勒支条约》。
5月	法军收复朗多。
6月26日	荷兰签署《乌得勒支条约》。
7月9日	巴塞罗那宣布支持国王卡洛斯三世。
7月13日	英国与西班牙缔结和约。

1714 年	
3月6日	法国与奥地利签订《拉斯塔特条约》。
6月26日	荷兰与西班牙签约。
8月1日	英国安妮女王驾崩，乔治一世继位。
9月18日	法国与奥地利签订《巴登条约》，贝里克指挥的法西联军攻占巴塞罗那。

1715 年	
2月6日	西班牙与葡萄牙签订条约。
9月1日	路易十四驾崩，他尚未成年的曾孙路易十五继位。
11月15日	荷兰、法国与奥地利签署《国防屏障条约》。

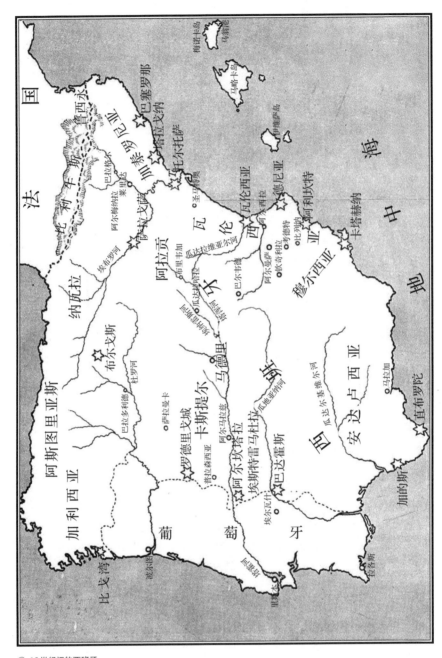

◎ 18世纪初的西班牙

第一章 这就是西班牙国王

他缠绵病榻直到1700年。[1]

1659年11月，早在马德里（Madrid）的病号国王的健康成为国际关注的问题之前，随着《比利牛斯条约》（Treaty of the Pyrenees）的签署，交战的法国和西班牙实现了和平，与此同时，年轻的法国国王路易十四（Louis XIV）和西班牙国王费利佩四世（Philip IV）的长女玛丽亚·特蕾莎（Maria Theresa）公主达成了一项结婚协议。同月月底，图卢兹（Toulouse）与马德里确认并批准了和约和婚姻的细节。作为婚姻协定的组成部分，玛丽亚·特蕾莎放弃了她或她所生的子女对继承西班牙王位的所有主张，转而接受了一份价值50万王冠金币（crowns）①的巨额嫁妆，作为放弃继承权的补偿，所有嫁妆将在结婚之日起的18个月内付清。1660年6月9日，这对王室夫妇在法西边界附近的巴约讷（Bayonne）举行了婚礼。在12个月内，路易十四在马德里就放弃王位继承权是否有效，尤其是玛丽亚·特蕾莎的子女和孙子女是否有继承资格发表了意见，尽管婚姻协议中对此有着白纸黑字的明确规定，但事实证明，费利佩四世无力支付女儿的巨额嫁妆，这很可能正中法国人的下怀，给了路易十四以牺牲西班牙的利益为代价，实施领土扩张的借口。也可以这样说，仅仅是由于西班牙没有付清这笔钱，使得婚姻协议中放弃继承权的条款失去了有效性，但这是一个牵强和极具争议的提法，因为放弃继承权并不依赖于切实支付的巨额嫁妆。尽管如此，未来将产生麻烦的种子已经播下，随时会生根发芽。

1661年11月6日，费利佩四世与他那来自奥地利的第二任妻子玛丽-安（Marie-Ann），诞下了西班牙王位继承人。新生儿被命名为卡洛斯（Carlos），是个从一出生就病病歪歪、体质孱弱的孩子，没人指望他能活多久。与此同时，

---

① 法国铸造的一种金币，也叫埃居（Écu）。——译者注

路易十四发动了一场旨在夺取西班牙在低地国家①领土的战争，他妻子的"权利"和未付清的嫁妆成了他发动侵略的借口。法国国王还与奥地利（Austria）皇帝利奥波德一世（Leopold I）签订了一份秘密条约。与路易十四一样，利奥波德一世是西班牙国王费利佩三世的外孙。他们计划瓜分西班牙的遗产和帝国，正如人们普遍预料的那样，1665年继承父亲王位、年仅4岁的西班牙小国王不会活多久，他的王位继承人也不会活到他身后。实际上，这个条约的条款允许皇帝继承西班牙王位以及西班牙在意大利和印度的领土，而路易十四将为法国获得尼德兰（Netherlands）南部。这样，法国国王就不再害怕会像神圣罗马皇帝查理五世（Charles V）多年前那样，遭到哈布斯堡王朝（Habsburg）包围了②；反而可以在弗兰德尔（Flanders）、布拉班特（Brabant）、格德司（Guelders）和卢森堡（Luxembourg）获得大片的领土。可以理解的是，因为在这桩分赃协议中，各方根本没有考虑西班牙的意见，所以当卡洛斯二世（Carlos II）的寿命比人们预想的要长得多的时候，整个分赃协议就化作了泡影。为了扩大法国东北边境的领土，路易十四造成的紧张外交气氛和时断时续的战争，使局势变得复杂棘手，日益提心吊胆的皇帝寻求众所周知的英国（England）和荷兰（Holland）的援手，以制衡法国与日俱增的势力和影响。

1688年，荷兰执政奥兰治（Orange）亲王威廉（William），推翻詹姆斯二世（James II）而代之，做了英国国王，经议会通过的法案认可，成为英王威廉三世，并与其妻子——流亡国王的长女玛丽（Mary）共同执政。③次年，英国和荷兰同意做出保证，如果卡洛斯二世没有继承人，她们将力挺皇帝继承卡洛斯的王位。同年，皇帝的地位得到了一桩王室婚姻的巩固，他的小姨子——纽伦堡（Neuburg）的玛丽亚·安娜（Maria Ana）郡主，嫁给了体质孱弱的西班牙国王。但是在1689年，昂贵的毁灭性战争降临西欧，这场漫无目的的战争肆虐到1697年才随着《里斯维克条约》（Treaty of Ryswick）的签订而结束。在这

---

① 低地国家泛指海拔较低的比利时、荷兰、卢森堡三国所在地区。——译者注

② 查理五世的领土很大，包括法国北面的尼德兰，东面的奥地利、匈牙利和北意大利，南面的西班牙，从北、东、南3面包围了法国，令法国如坐针毡。——译者注

③ 1688年，荷兰执政威廉与其妻子玛丽，推翻了英国国王詹姆斯二世，威廉成为英国国王威廉三世，史称光荣革命（Glorious Revolution）。革命之后，英国与荷兰都在威廉的统治之下，暂时合并了，所以作者将英、荷并称为海上双雄（Maritime Powers）。——译者注

个进程中，为了解决棘手的西班牙王位继承问题，路易十四与他的老对手威廉三世拿出了一个貌似巧妙的解决方案。应该再次强调的是，这样一件对西班牙贵族或人民如此重要的事情，他们并没有征求后者的意见。1698年9月，法国、荷兰和英国就结束九年战争开展谈判的内容之一——《瓜分协议》达成了共识：一旦卡洛斯驾崩，就由巴伐利亚（Bavaria）选帝侯年幼的儿子约瑟夫-费迪南·维特尔斯巴赫（Joseph-Ferdinand Wittelsbach）继承马德里的王位。这位选帝侯是利奥波德一世皇帝的外孙，各方都期待利奥波德放弃自己和直系子孙的继承权，就像路易十四及其儿子和3个孙子那样。实际上，约瑟夫-费迪南是一个折中选择，他的外祖母是卡洛斯二世的姐姐、利奥波德皇帝的原配妻子。这样一来，如果约瑟夫-费迪南能在西班牙王位空缺之后继位，那么奥地利和法兰西帝国的势力都不会增长太多。

卡洛斯同父异母姐姐玛丽亚·特蕾莎的儿子、法国国王的长子道芬（Dauphin）[①]，将获得西西里岛（Sicily）、那不勒斯（Naples）和某些意大利领土，皇帝与其第二任妻子的小儿子、奥地利大公查理将获得卢森堡和意大利北部的米兰地区，作为他们放弃继承机会的补偿。英国和荷兰将在广袤的西班牙东西印度群岛拥有更优惠的贸易权，法国国王在写给他的驻伦敦大使塔亚尔伯爵（Comte de Tallard）的信中说道：

> 我非常仔细地研究了人们可以预见到的所有问题，这些问题要么是因为中止与英国国王的谈判，要么是由于结束谈判所引起的。在我看来，前者的危险更大。在与这位君主决裂的过程中，我们应该间接地迫使他与巴伐利亚和帝国其他君主建立关系……对他而言，获取他们的想法轻而易举，在他逗留荷兰期间就可以签约。[2]

---

① 法国东南部罗讷河中游有块地方叫多菲内（Dauphiné），道芬（Dauphin）一词就是从这里来的。其实道芬就是法语中的海豚（英语的海豚是"Dolphin"），原是阿尔本伯爵吉格四世的个人绰号和纹章图记，他的领地在维埃纳附近，"维埃纳的海豚"（Dauphins of Viennois）后来成了他家世袭称号，同时这片领地也被称为多菲内（le Dauphiné）。两个世纪以后领地和海豚头衔转给了王室，成了王太子的专属，道芬也成为法国王太子的代名词，类似英国太子都是威尔士亲王。这里说的道芬是路易十四与卡洛斯二世的姐姐玛丽亚·特蕾莎所生的长子，被称为大道芬（Grand Dauphin）的路易，这个路易死在其父之前，其孙路易十五继承路易十四的王位。——译者注

路易十四不愿再与强大的反法联盟开战，1688年到1697年的艰难岁月让他变得谨小慎微起来，无论如何，他的国库都无法再支撑一场新冲突了。他补充道："当一个人发动战争时，他也不知道结局如何。"根据这份巧妙达成但不涉及西班牙国王和贵族想法的分赃协议，英国和荷兰还希望避免卡洛斯二世在继承问题上采取行动而导致局势复杂化。这样一来，凡尔赛宫（Versailles）、维也纳（Vienna）和海上双雄都能接受的新国王将登上王位，而西班牙帝国将按照对各方都公平、有利的条件进行被瓜分。

利奥波德皇帝在得知这个计划时惴惴不安，他回忆起他早年与威廉三世达成的协议，并且相信在他不知道的情况下泄漏了太多机密。同样不爽的还有西班牙贵族，他们坚决主张帝国绝不应该遭到瓜分，当然不是因为外国统治者比西班牙统治者更加关心他们的利益。因此，1698年11月14日，卡洛斯二世签署并宣布了一份新遗嘱，规定在自己驾崩之后，将西班牙王位连同整个西班牙帝国都传给年幼的巴伐利亚王子约瑟夫 - 费迪南。[①]这份宣言的逻辑无可争议，显然具备合法性，而且确实比最近缔结的瓜分协议更为合理。似乎在没有考虑其他西欧列强意见的情况下，西班牙君主拿出了一个明智、可行的方案。

所有这一切貌似还不错，尽管皇帝对此并不开心，但他也不大可能通过武力或谈判推翻它，至于奥地利，在东欧还有许多棘手的问题亟待解决，在没有坚定盟友积极参与的情况下不会为西班牙问题开战。后来，命运发生了戏剧性转折，那位年幼的巴伐利亚王子、庞大的西班牙帝国的继承人，在造访其父担任总督的西属尼德兰时突然染上了天花，于1699年2月6日去世。这一出人意料而又波诡云谲的变化引发了各方的阴暗猜想，或许奥地利人获得马德里王位的机会太过容易，但是什么都得不到证实，事情就是这样子。一个解决棘手问题的简便方案就这样化作了泡影，整个问题又浮出了水面，不久之后就会困扰欧洲达15年之久。

在西班牙王位继承问题上，路易十四和威廉三世又一次跳了出来，1699

---

① 约瑟夫 - 费迪南生于1692年，时年6岁。——译者注

年6月11日，双方达成了第二个瓜分协议，指定皇帝的次子奥地利大公查理①为西班牙王位继承人，条件是西班牙永远不得与神圣罗马帝国合并。法国王太子将获得西西里、那不勒斯和米兰，作为放弃其继承权主张的补偿。尽管利奥波德皇帝一如既往为他的少年儿子②赢得了丰硕遗产，但他依然不同意这份协议，他担心法国的权势和在意大利的影响都突飞猛进，因此顽固地拒绝批准这个新协议，1700年3月25日，英国、荷兰与法国单独达成了协议。英国和荷兰费尽口舌也无法说服利奥波德，因为他一门心思只想在意大利获得领土。"如果我们把法国想要的东西给她，那么我们的处境将非常困难。"3在这方面，利奥波德被认为是个下注很高的玩家，如果输了，赔的也很多，因为协议条款对奥地利显然颇为有利。目前奥地利没有与奥斯曼土耳其人（Ottoman Turks）交战，但由于他的顽固立场，尽管一切还不十分明朗，与法国为西班牙王位开战的前景若隐若现。法国国王对战争的危险十分警惕，他注意到，他给远房表亲萨伏依（Savoy）公爵维克多·阿玛都斯二世（Victor Amadeus II）③的建议遭到了拒绝，即将萨伏依、法国边境上的尼斯（Nice）周围的某些领土割让给法国，而从米兰（Milan）公国获得补偿。这位公爵还可以根据他的曾祖母、西班牙公主凯瑟琳·米切尔（Catherina Michelle）是西班牙国王费利佩二世的女儿的关系，提出继承马德里王位的主张，而且凯瑟琳·米切尔的嫁妆与玛丽亚·特蕾莎的一样，从未被西班牙付清。维克多·阿玛都斯似乎在拖延时间，这是他的天性，尽管法国的提议对萨伏依有利，但他也许像皇帝一样，想获得更高的赌注。路易十四写道："有理由相信，萨伏依公爵认为自己是大公（查理）的直接继承人，一旦我的孙子们放弃了从继承协议中获得的新权利，他就会站在皇帝一方，获得继承协议的执行权和皇帝的恩宠。"4

　　瓜分协议中的一些保密内容允许皇帝在协议达成后的2个月内接受协议中的条款。利奥波德没有抓住机会这样做，这一拙劣行径令路易十四有机可乘，同时让他接受了所有有利于他儿子或孙子的新遗嘱的条款，而看起来没有违反

---

① 这个查理将在1711年成为神圣罗马皇帝皇帝查理六世。——译者注
② 这位未来的查理六世生于1685年，时年14岁。——译者注
③ 路易十四是波旁王朝首任国王亨利四世的孙子，而维克多·阿玛都斯二世的祖母是亨利四世的女儿，因此路易十四是维克多的远房舅舅。——译者注

他在协议中做出的承诺。尽管在法律上无可挑剔，但路易十四肯定同时在玩两面三刀的把戏，而且他的驻马德里大使布莱库尔侯爵（Marquis de Blécourt）在使尽浑身解数施加影响，包括支付大笔金钱以增加法国的利益，尤其是为国王的次孙、17岁的安茹公爵（Duc d'Anjou）费利佩（Philippe）做卡洛斯二世的合适继承人充当吹鼓手。在这个奋斗的过程中，他得到了一种并非不切实际的信念的帮助，即保持西班牙帝国统一的最好手段，也许是唯一的手段，是利用法国的利益。宫廷中得到国王的妻子、皇帝的小姨子力挺的亲奥地利派，未能占据上风的部分原因是帝国使者在与高傲的西班牙贵族打交道时飞扬跋扈，法国国王对他付出的努力能否成功表示怀疑。

> 西班牙国王一直在反对我的儿子的合法权利。鉴于西班牙王后对其思想的控制及对皇帝利益的依恋达到了前所未有的程度，在听取与西班牙国王的毕生行为相悖的任何这种建议（册封安茹公爵为王位继承人）之前，我要求得到保证是不足为奇的。[5]

事实上，1700年6月，马德里的国务委员会召开了会议，投票支持法国候选人①继承王位；卡洛斯没有出席会议，因此这次投票被认为是公正无私的。7月，革利免十一世宣布自己支持安茹公爵，因为安茹公爵是最可能确保西欧和平得以维系的人选，然而他也强调，西班牙国务委员会的意见已经指明了前进的最佳路线。

当缠绵病榻的卡洛斯二世行将就木的时候，西班牙宫廷中亲法派头子托雷多（Toledo）正负责管理国王的病房，他禁止出生于德国的王后进入病房探视老公。一份指定安茹公爵为统一帝国继承人的新遗嘱得以起草，并于1700年10月7日成文，这份包含59条详尽条款的文件，立即被秘密交给路易十四。法国国王的母亲奥地利的安妮（Anne of Austria）②、国王的西班牙妻子玛丽亚·特

---

① 指法王路易十四的次孙、大道芬的次子安茹公爵、未来的西班牙国王费利佩五世。——译者注

② 17世纪初，法国、西班牙实现了王室换亲，法王路易十三娶西班牙国王费利佩四世的姐姐奥地利的安妮；费利佩四世娶路易十三的妹妹伊丽莎白；法国的这对夫妻生路易十四，西班牙的这对夫妻生玛丽亚·特蕾莎，1660年，路易十四与玛丽亚·特蕾莎结婚，因此路易十四夫妇是双重表亲。由于路易十四的母亲奥地利的安妮也是西班牙公主，所以路易十四本人也有资格继承西班牙王位。——译者注

蕾莎对西班牙王位继承权的放弃遭到废除，继承权被确定到安茹公爵或他的弟弟身上。[①]

> 我认可国务大臣们和法务大臣们进行几轮磋商后所取得的结论：西班牙女王、我的姑妈和姐姐唐娜·安娜（Doña Ana）[②]和唐娜·玛丽亚·特蕾莎（Doña Maria Teresa），放弃对王国继承权的原因在于回避将它们并入法兰西王国的偏见。我认为，这种基本动机已经不复存在，如果这种继承权符合这些国家的法律，而且今天法国道芬的次子满足了这一条件，那么，根据这些法律，我宣布我的继承人（上帝将让我无嗣而终）是道芬的次子安茹公爵；因此，我要他成为我的全部王国和领地的继承人，没有一块土地例外。[6]

路易十四的小孙子贝里公爵（Duc de Berry），被指定为第2顺位继承人，第2顺位才是皇帝的次子奥地利的查理大公，他也是最不讨国王喜欢的。如果这3位年轻的王子都拒绝接受西班牙王位，那么王位将传给萨伏依公爵，尽管这种情况几乎不可能发生。与此同时，在新任国王（无论是谁）抵达马德里继位之前，会成立一个管理西班牙的摄政政府。新遗嘱中不得瓜分帝国的条款，与法国和海上双雄新达成的但没有得到维也纳批准的协议条款之间的差别显而易见，如果不能慎重地照顾各方利益，那么就很有可能在大范围内重新引发冲突。

路易十四知道遗嘱中的提议，他怀揣着忐忑不安的心情等待这个意料之中、决定命运的消息到来。"我从各方面得知，你们写信告诉我的卡洛斯二世在遗嘱中为我的孙子做出的安排是属实的。"国王在写给他的驻马德里大使的信函中说道：

---

① 法国王太子大道芬路易共有3个儿子——勃艮第公爵路易、费利佩五世和贝里公爵夏尔。卡洛斯指定费利佩五世和夏尔分别担任第1、2顺位继承人。——译者注

② 唐娜是唐（Don）的阴性形式，唐出自拉丁文的 dominus，意为主人、老爷，在后世的西班牙、葡萄牙、意大利，成为大人物的头衔。例如小说《教父》中的教父柯里昂，就被尊称为唐·柯里昂（Don Corleone）。唐娜意为女主人、夫人，等等。唐娜·安娜、唐娜·玛丽亚·特蕾莎西是班牙语中对奥地利的安妮和玛丽亚·特蕾莎的称呼。——译者注

西班牙大臣向奥地利皇帝的大臣保密，却向法国大臣泄密，没有什么比这更能说明问题的了。但是，由于我不能改变我对你给我这一简单消息所做的决定，我有必要等遗嘱公之于众。如果国王的身体有所好转，人们促使他改变他做出的安排也大有可能。[7]

3个星期后，卡洛斯二世又振作起来了，健康状况似乎有所好转，以至于奥地利大使冯·哈拉奇（Von Harrach）居然认为国王还有生育继承人的希望。1700年11月1日，万圣节下午稍早的时候，国王驾崩了。多年以来，他一直是一位无力治国、半残多病的人，尽管他的短暂生命中明显存在精神和肉体方面的困难，以及那个时代的经济贫弱，他还是得到了人民的哀悼。他是一位仁慈宽厚、广受爱戴的君主。国王的驾崩和王位继承人的选择问题，正式向聚集在一起等待消息的显赫人物公布，他们佩戴着具有象征意义的短刀，站在奥地利大使的身旁。

终于，折叠门敞开了，阿布兰特斯公爵（duke of Abrantes）出现在众人面前，大家鸦雀无声，聆听他宣布继承人的名字。门口站着法国和奥地利的两位大臣——布莱库尔和哈拉奇。布莱库尔信心满满地走上前去，他以为公布的结果对他有利，但是西班牙人向他投去冷漠的目光，走向了哈拉奇，热情地拥抱后者，宣布了最令人兴奋的消息。他故意加长了谀辞，反复拥抱奥地利人，说道："先生，这是我的最大荣幸——先生，这是我一生中的最大满足——我要向奥地利最煊赫的家族说再见了！"[8]

卡洛斯二世驾崩的消息经过加密，于11月8日早晨送到了位于枫丹白露（Fontainebleau）的法国宫廷，不久之后，西班牙国务委员会将两封关于准确消息的信函送到了路易十四的手上，汇报了在马德里发生的关于将王位传给他孙子的额外细节：

随函奉上一份遗嘱和附录的副本，这是得到上帝宽宥的我们的主公、已故的国王留下来的遗嘱和附录的副本，以便陛下能够完全了解其中包含的所有情况。我们利用这个机会（正如我们在其他场合所做的那样）禀告陛下，贵族和平民都以难以想象的担忧和急切，渴望他们的新任国王入继大统……我们祝贺陛下，您的二孙子被指定和宣布为西班牙国王。[9]

接受遗嘱的压力很大，但国王还面临着无法回避的特殊困难，暗流涌动的风险是显而易见的。在得到西班牙人接受遗嘱的保证之后，路易十四咨询了他的国务委员会，尤其是他的儿子大道芬、外交大臣托尔西（Torcy）、总理大臣蓬查特兰（Pontchartrain）、王室子女总管博维利埃公爵（Duc d'Beauvilliers）。关于最佳行动方案的意见出现了分歧，博维利埃建议拒绝这一提议，而托尔西指出，如果王位被查理大公占据的话，法国的利益将濒临险境，因为法国将再次被哈布斯堡王朝包围，对意大利的影响也将丧失殆尽。王太子大道芬懒散怠惰、优柔寡断，因其母亲玛丽亚·特蕾莎是卡洛斯二世同父异母的姐姐，所以他在王位继承主张方面一反常态地异常强硬，但他愿意将继承权授予他的小儿子。圣西蒙公爵（Duc de St Simon）路易·德·卢富瓦（Louis de Rouvoir）是一位擅长察言观色的廷臣，也是宫廷备忘录的编修官，他写道：

> 令国王和大臣们大吃一惊的是，当轮到他发言时，他以强烈的语气表示赞成接受遗嘱。他强硬地要求继承属于他的遗产，说西班牙君主国属于他的母后，因此也属于他；为了欧洲的安宁，他心甘情愿将继承权让给他的次子，但是他对其他人都寸步不让。[10]

路易十四清楚地意识到了他们面临的窘境，但他绝不能拒绝西班牙人的好意，他在王公大臣面前暂未表态，几乎一言未发，但是几天之后，他以几近戏谑的口吻问孔蒂王妃（Princess of Conti）①，对西班牙人的提议做何感想，她直截了当地答道："安茹公爵应该去西班牙。"国王一脸严肃地说："无论我怎么做，都会受到很多人的指责。"[11]这位法国国王同意他的孙子接受西班牙王位

---

① 孔蒂王妃玛丽亚·特蕾莎·德·波旁（Marie Thérèse de Bourbon, 1666—1732），著名的大孔代亲王的孙女。1688年，她嫁给孔蒂亲王弗朗索瓦·路易（François Louis），从而成为孔蒂王妃。——译者注

几乎是预料中的事情，尽管他陷入了严重的两难境地。"如果国王拒绝接受这份遗嘱，整个继承权将转让给查理大公，那位已经被派往法国的廷臣会前往维也纳（Vienna）。"[12]

11月12日，路易十四致函马德里，告诉对方自己接受遗嘱，在发表任何公开声明之前，需要关注欧洲范围内对他的孙子接受马德里王位的反应，以及将发生的变化。11月14日，他从枫丹白露写信给他在联合省（United Provinces）[①]的大使布里奥尔伯爵（Comte de Briord），信中写道：

> 西班牙大使请求接见，我已经于11日上午接见了他。他呈交给我一封信，上有西班牙王后、已故国王以及国王任命的国务委员会成员的签名，信中记载着关于那位国王传位于我的几个孙子的遗嘱细节。如果他们不接受遗嘱，那么继承人将是大公（查理），再后面是萨伏依公爵（维克多·阿玛都斯）。[13]

路易十四向伯爵保证，他已经对整个事件做了最严肃认真的考虑，预先推演了他所采取的所有方针会遭遇的困难，并考虑了如何缓解其他国家对此的忧虑：

> 当众接见西班牙大使之后，我决定接受这份遗嘱。我告诉他，我马上就派安茹公爵去西班牙。次日，我交给他一封写给摄政委员会的信函，我向他指出，有必要对此事保密几天，这样我就有时间说服英国国王（威廉三世）和（荷兰的）议长了。[②]

国王可谓一语破的，如果他拒绝接受遗嘱，就等于将王位和整个帝国拱手让给了奥地利大公，他的口气严厉，仿佛在大发雷霆：

已经有人代表我告诉英国大使，实际上就像我写信给你一样……他已经被告知，对于要给西班牙大使的答复进行任何详细的审议都是危险的，而这很可能会发生，后者已经收到指令，一旦我拒绝接受遗嘱，将全部遗产让给大公的话，大使就立即向维也纳发出十万火急的快件。你要对大议长说同样的话，你要他们明白，既然皇帝没有同意，《瓜分协议》就得不到保障。事实上，如果英国国王和荷兰议会（States-General）向皇帝施加压力，要求皇帝批准，而不是偷偷摸摸地唆使他不同意，我们就不会陷入这种困境。

驻伦敦大使塔亚尔伯爵也收到了类似通知。如有可能，应该寻求和解，并做出相应的保证，但这位法国大使需要警惕可能出现的麻烦：

以任何方式指责他们都不可取。正如我在这封信中所指出的，与大议长对话就足够了……你得比以往任何时候都要更加警惕，以便及时获知荷兰议会做出的任何决定，以及他们下达的招募部队和装备船只的命令。

将在凡尔赛宫上演的一出历史大戏，已经万事俱备，只欠东风。11月16日，路易十四按照惯例上罢早朝之后，西班牙大使卡斯特尔·德尔·雷（Castel del Rey）被带进了国王的密室，被邀请来到年轻的新任国王费利佩五世面前，下跪、吻手。大使照做了，并泪眼婆娑、饱含感情地用西班牙语做了一次长篇演讲。然而，安茹公爵既听不懂也不会说西班牙语，所以在这个场合下，他的祖父替他做了答复。并于这一戏剧性场面，圣西蒙写道：

最后，11月16日，星期二，国王亲自昭告天下……国王违反了他的习惯，他打开了密室的两扇折叠门，命令所有人都进去。那一天，所有宫廷成员都进去了。国王威严地将自己的目光转向那一大群臣工，向他们展示了安茹公爵，然后说道："爱卿们，看看西班牙国王吧。他生来就承担着继承王冠的使命，已故国王也通过遗嘱要求他继位，整个国家都企盼着他，要我把他送给他们，这是天意，我愉快地答应了。"随后，他转身面对他的孙子说道："做一个优秀的西班牙人，这是你的首要职责，但你得铭记，你是一个出生在法兰西的法国人，必须维护法、西两国之间的联盟。"这是你让西班牙人民幸福和维护欧洲和平的方式。之后，国王去做弥撒，在他的右手边是西班牙的新国王，在其逗留法国的余下时间，在各个方面都公开受到一国之君的待遇。[14]

一走进王家礼拜堂，路易十四就把他的礼拜跪垫交给了孙子，通常这个跪垫只有国王才能用，年轻的国王满面通红地拒绝接受。结果，包括国王和未来国王在内的所有人，都直接跪在地毯上聆听弥撒。

当茫然无知的奥地利帝国大使走进来的时候，有迹象表明一定会发生麻烦，正如圣西蒙补充的："当听到这个消息时，他手足无措。"近来冯·哈拉奇在马德里令人不安的表现，在凡尔赛宫也得到了显著的反应。国王对西班牙国务委员会的彬彬有礼的答复一语中的，极大地改变了欧洲历史进程。当时的外交信函开头往往有辞藻华丽的寒暄之语，寒暄完毕后，信中便这样写道："我们接受已故国王的遗嘱，赞同我的孙子安茹公爵继位；我唯一的儿子道芬也接受了，心甘情愿放弃他的已故母后、我心爱的妻子的正当权利。"[15]

维也纳肯定会怨恨和烦恼，但伦敦和海牙（Hague）不可避免地会深表关切，尽管各方还远不清楚如果想做的话，应该做些什么。遗嘱是合法有效的，年轻的法国王孙继承王位的权利也是合法的，因为他的祖母与刚刚驾崩的国王有近亲关系。就所知的信息而言，西班牙对这一安排心满意足，而《瓜分协议》没有得到维也纳的批准，更没有得到海上双雄的保证，因此它不能成为引发争端的真正理由。人们对路易十四的动机疑虑重重，但是，伦敦议会几乎肯定不会投票赞成发动一场新战争，即使有充分理由走上这条戏剧性的道路，何况事实似乎就是如此。1700年12月22日，法国驻伦敦大使塔亚尔致函凡尔赛宫，说威廉三世和海牙的荷兰议会都承认费利佩五世为西班牙国王，似乎这场狂风骤雨是可以平息的，如果奥地利皇帝打算代表他的小儿子争夺王位，他很有可能不得不孤军奋战。

与此同时，新国王已经启程前往马德里了，随行人员数量众多，他的祖父赠给他21个口袋作为礼物，每个里面都有1000枚金路易（Louis d'Or）。然而，法国国王小心翼翼地不让他的孙子越过边境进入西班牙，直到《瓜分协议》允许皇帝的2个月宽限期届满为止。利奥波德绝不会就范，他公开整兵备战，所以路易十四可以安慰自己，正如他所看到的，他一直站在合法的一边。"皇帝确认了国王的观点，认为他做了正确的事情，因为他（利奥波德）拒绝签署《瓜分协议》。"[16]路易十四总是喜欢为他所做的任何事情提供合法支持，而且这似乎是可以做到的。甚至费利佩五世在离开凡尔赛宫之前，就被巴伐利亚选帝侯承认为西班牙国王，而萨伏依、波兰、不伦瑞克（Brunswick）、马耳他、但泽（Danzig）、黑森-达姆施塔特（Hesse-Darmstadt）也都匆忙地如法炮制，海上双雄也承认了既成事实。1701年2月18日，费利佩五世出现在马德里城外的布恩-雷蒂罗宫（Buen-Retiro palace），他受到了喧哗吵闹、兴奋欣喜的民众的欢迎。他身着西班牙风格的华贵服装，戴着浆洗变硬的宫廷硬领围脖，留着和祖母一样的金发，表现得淡定从容，但又渴望取悦别人与被人取悦。圣西蒙公爵回忆道：

> 2月18日，西班牙国王抵达马德里。他一踏入这个国度，就受到了热烈的欢迎。当他出现时，人们迸发出欢呼，节庆和斗牛都奉献给了他，贵族们花团锦簇般地围着他。不久前，在一片狂欢中，他在马德里被宣布继位。现在，他来到了他的臣民中间，那种喜悦又重新迸发了出来……我们不可能想象出更盛大更普遍的欢乐场面。新国王下榻的布恩-雷蒂罗宫挤满了廷臣和贵族。国务委员会成员和许多大人物在宫门口迎接，波托卡雷罗（Portocarrero）也在场，他屈膝跪倒，想吻国王的手，但国王不许他这样做，并将他扶起来，拥抱他，待之以父亲之礼。[17]

已故卡洛斯二世的日耳曼裔遗孀玛丽亚娜·冯·诺伊堡（Mariana von Neuburg）被迫隐居，过着默默无闻、不太舒适的孀居生活，她在隐居地将无法滋事生非。"西班牙王后被逐出马德里，流亡到托雷多（Toledo），她在那里只有一小套院落，不会成为影响大局的因素。"[18]非常能干的亲奥地利的加泰罗尼亚副王——黑森-达姆施塔特王子乔治（George），被波托卡雷罗的侄子取代。路易十四驻马德里大使阿尔古公爵（Duc d'Harcourt）被任命为国王的国务委员会成员，法国的影响力由此得到增强，同时国家财政大权落入了法国顾问们的手里。4月14日，费利佩五世正式进入马德里，王家游行队列从普拉多（Prado）启程前往太阳门（Puerta del Sol），随后前往城堡（Alcázar），倾盆大雨也丝毫没有减弱欢迎人群的热情。一切都表明，新国王的统治有了非常良好的开局，其后不久，在英国议会施加的避免发动新战争的压力之下，英国国王威廉三世发来了振奋人心的消息，代表英国和荷兰向这位年轻的法国人道喜，祝贺他继承西班牙王位。

国王得有一位妻子，不过不到18岁的他不可能在这种国家大事上做出自己的选择。在婚姻大事上，路易十四代表孙子积极活动，选择了萨伏依公爵维克多·阿玛都斯二世的13岁小女儿玛丽-露易丝（Marie-Louise）为其妻子。公爵的大女儿已经嫁给了道芬的长子——最终成为法国王位继承人的勃艮第公爵（Duc de Bourgogne），因此这桩新婚姻使两个家族的关系更加融洽，而且，人们满怀信心地希望，这将使萨伏依与法国更加紧密地捆绑在一起。然而，这一希望成了泡影，维克多·阿玛都斯有自己的王朝野心，将适时加入反对法国和法国候选人继承西班牙王位的军事行动，这是当时可以预见或想象的。1701年9月11日，他们的代行婚礼（Proxy Marriage）①庆典在马德里和都灵举行。两天后，新娘动身前往尼斯（Nice），西班牙战舰在这里等候她上船，去她的新家和丈夫那里。费利佩五世一得知在海外领地举行了他的继位欢庆活动，便踏上了穿过阿拉贡（Aragon）和加泰罗尼亚（Catalonia）去迎接妻子的旅程。他首先去了萨拉戈萨（Saragossa），在当地确认了本地法律（fueros），承认当地人的传统权利和自由，随后去了巴塞罗那（Barcelona）。那里的加泰罗尼亚议会（Cortez）与国王举行了正式对话，他们的本地法律也得到了确认。

这对年轻的王室夫妇在费卡洛斯（Figueras）举办了婚礼，孀居的于尔森王妃（Princesse des Ursins）安妮-玛丽·德·拉·特雷莫勒（Anne-Marie de la Trémoille），作为王后的家务主管（camarera mayor）、监护人、伴娘，一直不离王后的左右，事实证明，她将成为王座背后的决策者（éminence gris）。由于

---

① 也叫"代理婚礼"或"代理婚姻"，指新婚夫妇中的1个或2个人没有实际出席的婚礼，缺席者通常由其他人代替。如果双方都缺席，就是双重代理婚礼。——译者注

对自己的角色和地位的误判，她在某些方面使自己彻头彻尾地令人厌恶。[19]这段婚姻从一开始就不吉利，由于年幼的新娘意志坚定，当她得知萨伏依公国的侍从不能陪伴自己前往马德里时，她好几个晚上都拒绝上丈夫的床。路易十四获悉这一问题之后，觉得有必要对孙子说几句有益的话，聊聊什么能促成幸福的婚姻：

> 她是个聪明的女人，她会明白她应该专一地关心你、取悦你。我相信，一旦她约束了自己的行为，就会致力于此，为了你和她的幸福，她抛弃别人灌输给她的管束你的想法是很有必要的……暴露在公众视野中的国王们，当他们受到妻子支配时，会受到更多的蔑视。你面前有你的前辈们做榜样。王后是你的第一个臣民，在臣民角色和妻子角色上，她应该服从你，你应该爱她，如果眼泪有足够的力量使你违背你职责的事情，你就不会爱她。从一开始你就要坚定不移，我知道，第一次拒绝会带来痛苦，这违反你天性中的仁厚，但不要害怕引起王后的轻微懊恼，因为此举会在她的一生中，让她摆脱真正的烦恼……让王后在不知不觉中享受幸福吧。[20]

对于祖父的善意规劝，年轻的国王究竟给予了多少重视还不太清楚，但这对夫妇很快就变得相亲相爱、如胶似漆了，只要宫廷礼仪允许，他们就蜜里调油，尽管玛丽-露易丝具有其父那种倔强的性格。在宫廷和家庭生活中，她始终是一股不可忽视的力量。在即将到来的战争中，她会证明自己作为费利佩五世配偶的价值。

1701年9月，在祖父的敦促下，费利佩动身前往那不勒斯，接见他的意大利臣民。但是，他在那里受到的接待并不特别热烈，有报道称："由波旁家族还是哈布斯堡家族的王子来统治他们，他们似乎漠不关心。皇帝在那里有个相当大的党派，但拥有一位属于他们自己的国王一直萦绕在他们的脑海中。"[21]波托卡雷罗被任命为国王缺席时的西班牙总督，王后留在西班牙看家，但是，马德里的大人物对西班牙需要他们的新国王更多关注时，新国王却更愿意在意大利盘桓一事并不开心。新国王自然也思念家乡，想他的妻子做伴，因而不久就回来了。

尽管遇到的困难不大，从表面上看王位继承问题似乎已经解决了；尽管法国的影响力显然已经扩大了，但只要路易十四在处理与邻国的邦交时表现得理智审慎，法国、西班牙两国的王冠合二为一就不会成为现实。海上双雄英国和荷兰，肯定不愿意为了奥地利大公的主张而开战，特别是如果她们在西班牙帝国的贸易利益得到保证，甚至得到提升的话。而法国对西班牙的长期威慑和影响力，实际上似乎也是有限的。肯定没有人真的想要为这个问题发动一场全面战争，花费金钱和精力。一切似乎都会好起来，尽管西班牙在签署关于奴隶贸易的协议时，英国和荷兰提升贸易权利的希望受到了打击。之前的奴隶贸易特权在葡萄牙人手中，眼下转给了法国公司。[22]伦敦议会对于再打一场战争的代价和风险毫无兴趣，如果能在与西班牙帝国的贸易问题上取得一些进展，或许已经黑云压城的暴风雨就会散去。

　　试图以达成一个友好和持久的协议来解决这个问题，被证明是难以实现的，路易十四错误地低估了他所面临的不可调和的反对力量。虽然费利佩五世被广泛承认为西班牙的合法国王，但在维也纳遭到了否认。在战略上，路易十四处于强势地位，在遇到麻烦时，他能够把西班牙、葡萄牙、萨伏依、巴伐利亚、科隆（Cologne）和列日（Liège）的选帝侯视为潜在盟友。既然如此，除了付出巨大和艰苦的努力之外，很难想象法国本身会遭到攻击，而对敌视新国王的势力而言，伊比利亚半岛（Iberian Peninsula）也同样难以攻取。相反，与法国、荷兰和奥地利作对的势力，可能会暴露在潜在的打击之下，而这种显而易见的弱点将主导盟国的议会，并在历时数载的时间内决定它们的战略走向。

　　与此同时，意大利北部开始了激烈的敌对行动，皇帝在那里集结了一支军队，把守着穿过蒂罗尔（Tyrol）南部的通道，以阻挡大批法军进入伦巴第（Lombardy）平原。

　　过了一段时间，整个欧洲都等候和期待的战争终于爆发了，帝国军队向阿尔巴雷多（Albaredo）附近的一小股人马开火。一个西班牙人阵亡，其他人悉数被俘。帝国军队在谈妥战俘交换协议之前不会放人。一得到消息，国王就立即派遣将军级军官前往意大利。我们的部队将由卡蒂纳（Catinat）指挥，接受萨伏依领主（维克多·阿玛都斯二世）的调度；西班牙军队由时任米兰督军（Governor-General）的沃蒙特（Vaudemont）（亲王）指挥。[23]

米兰是法国战略的一个关键组成部分，因为控制米兰就能有效地迫使哈布斯堡王朝远离西班牙和意大利的大部分地区。在路易十四的指示下，尼古拉·德·卡蒂纳（Nicolas de Catinat）元帅镇守曼图亚（Mantua）和波河（Po）流域，他的左翼扼守加达尔湖（Lake Garda），摆出了良好的防御态势。然而，卡蒂纳与沃蒙特的关系并不融洽，这妨碍了他们的行动。自1701年5月起，由令人敬畏的萨伏依的欧根亲王（Prince Eugene）指挥的帝国军队，集结在里沃利（Rivoli）以北的洛维洛多（Roverodo），做出看起来要向米兰进军的威胁姿态，将法国人的注意力吸引到了那个方向，随后取道陡峭的山口挺进到了维琴察（Vicenza），无视威尼斯的中立，于1701年7月9日渡过了阿迪杰河（Adige）和波河，继续压向卡普里（Carpi），完全指向了法军阵地的右翼。使大批人马和物资通过了崎岖的道路和恶劣的地形是一项巨大成就。"撤军是必要的，但撤退的秩序良好，没有受到敌人的阻挠。"[24]卡蒂纳匆忙撤退，据守明乔河（Mincio）防线，但是欧根机警地改变了他的进攻路线，在靠近加尔达湖的佩斯基耶拉（Peschiera）指向了法军新阵地的左翼。"我相信，"路易十四在获悉卡蒂纳遭遇不幸的消息后愤愤不平地写道，"我的士兵们履行了他们的职责。"[25]

现在，法国与米兰之间的交通线受到了威胁，卡蒂纳再次撤退，但他已经失去了国王的信任，在1701年8月23日被维勒鲁瓦公爵（Duc de Villeroi）弗朗索瓦·德·纳夫维尔（François de Neufville）取代。"每个人都对此大吃一惊，"圣西蒙回忆道，"因为没有人认为维勒鲁瓦元帅能够弥补卡蒂纳的过失。"[26]然而，路易十四却对新的胜利信心十足，他致信维勒鲁瓦说："我无法告诉你，我对由你来指挥是多么欣慰。我有理由相信，你会光荣地完成这场战役，但请你保重，你知道你对我是多么重要。"[27]这时候，帝国军队已经进抵了基亚里（Chiari），欧根来到了奥格利奥河（Oglio）河畔的法军阵地前的一个坚固营盘。9月1日，法、西联军与萨伏依队部队在这个阵地上进攻欧根，由于不了解欧根的防守能力，他们在激烈战斗中被击退，损失惨重。亲王写道：

我在基亚里的阵地，尽管它很坚固，但是由于法国人空前猛烈的进攻而几乎失陷；房屋、磨坊等都已经失守。我从未见过如此骁勇的场面。道恩（Daun）将他们赶了回去。我的右翼部队隐藏在一道壕沟后面的地面上，当敌人逼近时，突然一跃而起，猛烈开火。维勒鲁瓦下令对中央阵地再进行一次进攻尝试，但是当侧翼被击败时，中路进攻几乎不会成功。可敬可赞的卡蒂纳集结了队伍，率领他们重整旗鼓再度进攻，结果胸部受了重伤，手上挨了一枪。[28]

陪同维勒鲁瓦的还有维克多·阿玛都斯公爵、卡蒂纳和沃蒙特，因此指挥链条相当复杂。"萨伏依领主，"圣西蒙写道，"带头发动进攻，但遭到欧根亲王的坚决抵抗，后者身处有利的防御位置，以至于他无可奈何，一无所获，最后不得不撤了回来。"[29]这场代价高昂的失败令路易十四大惊失色，但他对军队指挥官们的责备颇有分寸。"我命令你去找到敌人，尽可能地靠近他们，但是你应该小心翼翼地做到这一点。"国王与维勒鲁瓦是老朋友，这句话的语气温和，暗指他的对手明显展现出来的技巧。"我对你很有信心……你要谨慎持重，不要与那些知道如何不择手段地牟利的人冒险，不要攻打在你面前固守不出的敌人。"[30]

除了准备进入冬令营别无他法，维勒鲁瓦把军队安顿在克雷莫纳（Cremona）的营盘里。"战役结束了，我军部队后撤，帝国军队不断蚕食地盘，人数与日俱增，而我军人数却与日俱减。"[31]通过这场巧妙的战役，曼图亚被牢牢地掌握在帝国手中，欧根亲王将占据了大片意大利北部土地的法国人赶了出去，在此过程中重创了维勒鲁瓦的军队，鼓励意大利各国要么支持反路易十四的联盟，要么至少保持中立，不要过深地介入战端。在战争爆发前的这一初始阶段，帝国在争夺西班牙王位的斗争中取得了重大优势。如果帝国军队能够在意大利北部占领足够多的西班牙领土，那么可以说，西班牙帝国的分裂正在飞速进行。这一点得到了广泛的承认，并有助于说服勃兰登堡（Brandenburg）选帝侯明智地加入反法同盟。更大的利好还在后面，马尔伯勒伯爵（Earl of Marlborough）很快就受命指挥北方的英国、荷兰联军，他一直密切关注着发生在意大利的事件和在那里取得的战略重要性。他写道："国王陛下（威廉三世）对法国进犯荷兰的可能性深感不安，（但是）绝不可以忽视欧根亲王的力量。"[32]

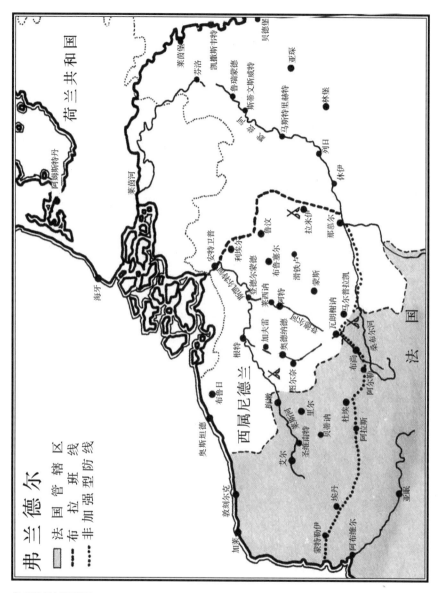

弗兰德尔

◻ 法 国 管 辖 区
╌╌ 布 拉 班 型 防 线
⋯⋯ 非 加 强 型 防 线

荷兰共和国

阿姆斯特丹

莱茵河

海牙

弗兰德尔

西属尼德兰

法 国

莱茵堡
芬洛
凯撒斯特
鲁斯文斯威特
马斯特里赫特
亚琛
林堡
贝德堡

列日

休伊

那慕尔
拉米伊
鲁汶
安特卫普

利埃尔
布鲁塞尔
滑铁卢
蒙斯
瓦朗榭讷
马尔普拉凯

桑布尔河

登德尔蒙德
莱西讷
阿特
昂吉安

加夫雷
奥德纳德
根特
图尔奈

布鲁日
格蒙
莱斯河
里尔
杜埃
贝蒂讷
阿拉斯
布尚
阿尔多

奥斯坦德
艾尔
圣维南特

埃丹

敦刻尔克

加莱
蒙特勒伊
阿布维尔
亚眠

◎ 17世纪末的尼德兰

注释

1. Nada, p. 251.
2. Wolf, pp. 497–8.
3. Churchill, Book One, p. 456.
4. Wolf, p. 506.
5. Ibid, p. 500.
6. Nada, pp. 255–6.
7. Wolf, pp. 504–5.
8. Coxe, Memoirs of the Kings of Spain, Volume III, pp. 85–6.
9. Langallerie, p. 104.
10. St John, Volume I, p. 182.
11. Cronin, p. 311.
12. Trevelyan, Blenheim, p. 133.
13. Petrie, pp. 279–81.
14. St John, p. 183.
15. Langallerie, p. 106.
16. Wolf, p. 509.
17. St John, Volume I, pp. 185–6.
18. Ibid.
19. 《圣约翰》第一卷第262—263页。圣西蒙公爵把于尔森王妃（Princesse des Ursins）形容为："个子高挑，黑发，拥有表情丰富的蓝眼睛，完美身材，最精致的胸部；她的面庞谈不上美丽，但很迷人；她的气质极为高贵，举止非常威严……她非常适合搞阴谋诡计。"
20. Wolf, p. 524.
21. Kamen, The War of Succession in Spain, p. 248.
22. See Francis, p. 19 for interesting comments on this.
23. St John, Volume I, pp. 190–1.
24. Ibid, p. 192.
25. Wolf, p. 516.
26. St John, Volume I, p. 192.
27. Wolf., p. 526.
28. Shoberl, p. 65.
29. St John, Volume I, p. 193.
30. Wolf, p. 518.
31. St John, Volume I, p. 193.
32. Churchill, Book One, p. 481.

第二章 大联盟

没有哪一场伟大的战争是如此不情愿地进行的。[1]

早在1701年2月，在戏剧性和高度亢奋的情绪驱使下，法军被派去占领西属尼德兰的主要城镇。只有在该地区督军——巴伐利亚选帝侯马克西米连·埃玛努埃尔·维特尔斯巴赫（Maximilien-Emmanuel Wittelsbach）的默许下，才能做到这一点。这位选帝侯名义上效忠于身居维也纳的皇帝，但他早已与路易十四结盟，并谈妥了一份密约，核心条款是："他会允许法国军队在某一天进入低地国家的某个要害地点。"[2]

此外，如果与奥地利或海上双雄发生冲突，那么选帝侯将退出西属尼德兰，将总督职权交给贝德玛尔侯爵（Marquis de Bedmar），自己前往巴伐利亚，在那里"他将在他的领土上，接纳一支由国王认为适合于指挥的将军率领的法国军队。"选帝侯的动机和这样做的诱因是明确的，而且他能得到的回报是丰厚的，协议进一步规定："如果上帝保佑选帝侯殿下拿起武器推翻皇帝，那么两位国王（路易十四和费利佩五世）将动用一切力量将选帝侯推上皇帝宝座。"维特尔斯巴赫是一位很有天赋的军人，在战场上威名远播，但他的野心掌控了他，事实将证明他是一位蹩脚的政治家。

法国采取这次占领行动的表面原因，是为了保护国王费利佩五世（刚刚还是安茹公爵）的领地，但实际结果却极大冒犯了荷兰人。那些为荷兰议会提供了屏障的城镇，有庄严的条约规定保障他们未来不会受到法国的侵略，眼下一枪没放，就落入了路易十四的士兵之手。几乎没有发生任何抵抗，当地西班牙官员欢迎法国部队的到来，在卢森堡、那慕尔（Namur）、蒙斯（Mons）、沙勒罗瓦（Charleroi）、奥德纳德（Oudenade）、阿特（Ath）和纽波特（Nieupoort）的1.5万多名荷兰驻军遭到包围和拘押。与此同时，当列日与法国结盟后，列日、休伊（Huy）和鲁尔蒙德（Ruremonde）等城镇处在了法国的影响之下。只有在囤积着大批军用物资的马斯特里赫特（Maastricht），荷兰总督约翰·魏刚·范·古尔（Johan Wigand van Goor）才坚决拒绝了法国人的召唤，但是荷兰的南部边境似乎一下子就向路易十四未来的野心敞开了大门。法国国王得到了重要和坚固的阵地，用于在未来采取军事行动，肯定无意迅速将它们移交给西班牙驻军照管："西班牙人从未担心过荷兰人会留在他们位于弗兰德尔的城镇里面，赶走荷兰人的不是他们，而是法国人，法国人永远不会把堡垒还给西班牙。"[3]路易十四所得甚多，但他要为这一不明智的行动付出更大代价，而且他付出的代价将非常高。

路易十四不是一个缺乏理智的人，为什么他会如此笨拙和不明智地占领这些壁垒城镇，进而冒犯和警醒他的邻居们，尤其是荷兰人，还是一个未解之谜。也许这只是纯粹的妄自尊大:他习惯了为所欲为，做他自认为符合他自己、家族和法兰西利益的事情，而对自己冒犯他人的行为视而不见。原因很简单:作为国王，他看不到这一点，因为他的孙子现在是西班牙国王，得到了威廉三世及其他君主的承认，除了维也纳，他的孙子国土上的重要城镇怎能落入即使他不与之开战，也会与之发生争执的其他人之手呢？无论如何，一旦战争爆发，这些城镇是守不住的。它们是一个警钟，让荷兰人警惕法国的侵略，而威廉也意识到了这一点，他知道路易十四要把它们攥在手里，但他秘而不宣，或许是不想看到在这个过程中出现麻烦。

海牙和伦敦怒火中烧是意料中的事，英国和荷兰的利益很大程度上是一致的。荷兰人更容易遭到法国的侵略，但海上双雄都被排斥在西班牙帝国的贸易之外，眼下相关贸易更容易地落入法国商人和航运之手。人们逐渐意识到，在上个世纪末的漫长战争中，对法国采取坚定的反对立场的联盟必须重新建立。英国议会两院成员受到触动，决心采取行动并于6月授权威廉三世在日益恶化的气氛中寻求盟友。7月，英国国王前往海牙，指派马尔伯勒伯爵作为英国的特命全权大使，与荷兰议会进行深入会谈，探讨未来的联合行动方针。

事情进展得很顺利，1701年9月7日，英国、荷兰和奥地利达成了组建"大联盟"（Grand Alliance）的协议（条约的主要内容参见附录1）。[4]丹麦与德意志各邦的支持和协助，是在接下来的几个月依靠辅助性条约争取和获得的。各国支持大联盟的原因五花八门，有的是为了自身利益，有的是为了现金，有的是为了追随皇帝，有的是因为对强大的法国有挥之不去、毫无理性的恐惧。

丹麦的援助得到了落实，部分原因在于安妮公主的丹麦丈夫——乔治王子的影响，部分原因是瑞典国王查理十二世（Charles XII）被说服脱离路易十四及其称霸计划，并停止与邻国斯堪的纳维亚（Scandinavian）的敌对。[5]在需要提供外交、道义和军事支持的情况下，大联盟内的主要势力，尤其是英国和荷兰，为这些国家提供部队和现金的能力是一个显著因素。

然而，对汉诺威选帝侯乔治来说，关键问题在于《大联盟条约》中保障新教徒继承伦敦王位的条款，同时，该条约也承认勃兰登堡选帝侯为普鲁士国王。尽管条约的具体细节是保密的，但在11月10日，瑞典驻凡尔赛大使对法国国王泄漏了条约内容。

西班牙问题仍然有可能在不诉诸新的武力冲突的情况下得到解决，因为最重要的考量在于，费利佩五世已经被普遍承认为马德里新上台的、完全合法的国王。然而，瓜分西班牙帝国的棘手问题依然存在。条约签署后不到1星期，事态就严重恶化，路易十四来到了圣日耳曼（St Germaine），站在他的老朋友——流亡在外的英国国王詹姆斯二世的病榻前。他情绪激动地宣布，国王的小儿子詹姆斯·爱德华·斯图亚特①，被法国视为伦敦王位的合法继承人：

> 国王的臣仆们以为国王打算清静一下（当时房间里挤满了人），于是打算退出房间，国王察觉到了这一点，大声说道："任何人都不许走。"然后继续说："陛下，我来这里是为了告诉您，无论何时上帝欣然召唤您离开这个世界，我都会保护您的家族，我会尊您的儿子为威尔士亲王（Prince of Wales），然后，我会像对待您一样，承认他是下一任英国国王。"闻听此言，在场的所有人，包括法国人和英国人都泪流满面，他们无法用其

---

① 詹姆斯二世是一位天主教徒，所以与新教徒支配的英国议会关系恶劣，好在他的2个女儿玛丽和安妮都是新教徒，英国议会本打算熬死詹姆斯二世，拥戴玛丽或安妮继位。但在1688年6月，詹姆斯二世与意大利妻子生下了詹姆斯·爱德华·斯图亚特（James Edward Stuart），史称"老僭位者"（Old Pretender）。作为男孩，小詹姆斯挤掉两位姐姐成了第一顺位继承人，因为母亲是天主教徒，他将来肯定会成为天主教徒，英国议会不能容忍再来一位天主教国王，于是勾结玛丽公主及其老公、荷兰执政威廉三世发动光荣革命。同年11月，荷兰军队登陆英国，赶走詹姆斯二世一家，英国议会拥戴玛丽、威廉夫妻为英国的共治国王。从法理上说，詹姆斯二世和小詹姆斯还是合法的英国国王和太子，国内外拥戴詹姆斯一家为英王的党派，史称"雅各宾派"，注意不要与法国大革命期间的雅各宾派混淆。路易十四承认小詹姆斯为英王，就等于与英国双王和议会彻底翻脸，没有缓和余地了。——译者注

他方式来表达突然触及心灵深处的喜悦和悲伤……国王自己也被感动了，禁不住啜泣起来。[6]

这一不明智的声明，违背了法国国务委员会的建议，是对1697年《里斯维克条约》的践踏，显然国王企图干涉英格兰、爱尔兰和苏格兰的内政。入侵的可能性、特定原因引发的内战、篡夺伦敦王位的可能性都被提了出来。可以理解的是，当这一粗暴行径被公之于众的时候，在英国议会和民众中间引起了巨大愤怒。然而，路易十四说到做到。几天后，詹姆斯二世去世，他的儿子在凡尔赛宫和马德里被正式宣布为英格兰、苏格兰和爱尔兰的国王。宣言华而不实，没有什么意义，只有礼仪上的虚名，就如英国国王怀旧，喜欢像中世纪和百年战争时期那样以法国国王自居。[①]这样的安排无法安抚任何人，因为众所周知路易十四一直对什么对法国最有利保持着警醒，一旦威廉三世去世，他就会努力促成雅各宾（Jacobite）家族[②]复辟，这样可能会动摇英国对西班牙王位继承问题的立场。

路易十四反复犯下的这种极不寻常的外交错误，在一定程度上刺激了他的对手们，其强烈程度至今还无人知晓。当然，所有这些举动都是在《大联盟条约》签署后发生的，但在伦敦激起了反对法国、支持重新对法开战的舆论浪潮。更糟糕的是，当法国宣布不再允许英国制造的产品出口到法国时，经济上的损害叠加到了违反条约而产生的侮辱之上。"这是在奥兰治亲王（威廉三世）最柔软的部位上施加的伤害，把英国和荷兰推向了皇帝的反法同盟。"[7]英法之间一度断绝了外交关系，驻伦敦的大使塔亚尔伯爵和驻凡尔赛的大使波特兰伯爵（Earl of Portland）都被召回。这是一件不幸的事，因为精明强干的法国驻圣詹姆斯宫代表塔亚尔，一直在有效地运用他那冷静克制的外交技巧，达成良好

---

① 1328年，法国卡佩王朝国王查理四世驾崩，无嗣，也没有可以继位的兄弟和侄子，他的父亲美男子腓力四世以下没有男性后裔了，与腓力四世血缘关系最近的是他的外孙，伊莎贝拉公主生的英国国王爱德华三世，因此爱德华三世作为腓力四世的第一近亲和直系后裔自立为法国国王。但是法国施行萨利安继承法，王位只能由男性后裔继承，爱德华三世是外孙，没有资格继位，法国贵族们拥立腓力四世的侄子瓦卢瓦伯爵腓力六世为王，是为瓦卢瓦王朝。爱德华不服，率军夺位，于是爆发了百年战争。虽然英国最终战败，英国国王却长期以法国国王自居——译者注

② 如前注，这个雅各宾指詹姆斯二世、小詹姆斯一系。——译者注

的效果，当他离开时，他对事态的影响也生效了。

　　人们不难看出，路易十四的赌注很高，尽管他犯了错误，也因此激起了敌意，但他玩得炉火纯青。众所周知，他的老对手威廉三世病入膏肓，当其去世后，其对法国的顽固反对立场肯定也会随之而去。如果法国军队及其西班牙盟友向北涌向暴露无遗的荷兰边境，届时巴伐利亚选帝侯很可能不顾维也纳皇帝的反对，宣布支持法国，那么荷兰可能就会妥协求和。利奥波德皇帝的注意力集中在意大利北部，同时又被匈牙利（Hungary）的叛乱和奥斯曼土耳其人对东部制造的威胁分散，尽管眼下奥斯曼帝国还算消停。这一切都是法国国王的重大误判，他显然没有考虑到伦敦各党派对王位继承问题的愤怒。《大联盟条约》甚至加入了一项条款，规定敌对行动一旦开始，就绝不中止，直到路易十四承认新教徒继承英国王位的合法性，现在这是一个关键因素，但在大联盟将要发动的战争中是无关紧要的。此外，英国议会还通过一项法案剥夺了年幼的詹姆斯·斯图亚特的权利，使他事实上被视为不合法的继承人。

　　自从1697年九年战争结束以来，英国主和的托利党（Tories）一直主宰着英国政坛，而且监督了陆军的解散①，现在正渐渐失去对议会的控制。尽管已经承认费利佩五世在马德里继位登基，威廉三世还是能够动员民众遏制法国日益增长的影响力。1701年秋季，他在议会大厦发表了一篇激动人心的演说，宣称：

　　　　承认和拥戴那位伪威尔士亲王为英国国王，不仅最大限度地侮辱了我和整个国家，而且涉及几乎每一个人，涉及国家现在和未来的幸福……如果不采取迅速而有效的措施，法国国王把他的孙子送上西班牙王位后，可能就会压迫欧洲其他国家。利用这个借口，他将成为西班牙的真正主宰，他已经使西班牙完全依靠法国，把它当作自己的领土。他以这种方式包围了他的邻国，尽管名义上的和平可以延续，但各国却需要付出战争的代价和不便……我应该告诉你们，全欧洲的目光都在注视着这场议会。8

---

　　① 英国是个岛国，海军是抵御侵略和对外扩张必需的工具，而陆军在对外方面用处不大，所以往往被视为国王压迫民众的工具，因此托利党主张限制、裁减陆军。——译者注

威廉的呼吁合情合理，以至于新教徒和平继位，避免内战和宗教纷争，以及英国的贸易利益等问题都紧密地捆绑在了一起。为重建陆军和海军提供经费的提案，被迅速投票通过了，重启战争的准备工作紧锣密鼓：4年前被解散的那些团被重新组建起来，为军事行动和在德国、丹麦招募外国兵员筹集了资金。

特别令人担忧的是，一旦战端开启，法国可能会在盟国集结起适当的兵力之前就进犯荷兰，从而在奥地利人忙于意大利事务的时候，迫使（荷兰）共和国退出战争。在意大利，萨伏依的欧根亲王已经获得了一些胜绩，但如果法国放手一搏，集中兵力对付他，他就可能陷入孤立并败北。1702年2月19日，奥地利驻伦敦大使瓦拉提斯拉夫伯爵（Count Wratislaw）致信皇帝，转述了他与马尔伯勒伯爵约翰·丘吉尔（John Churchill）之间的对话：

> 他说，国王对法国全面进攻荷兰的可能性深感不安。此外，他希望在所有方面都开展一场强有力的行动，只要看到这场行动，就可能促使共和国随时准备继续扛起沉重的负担。加强欧根亲王的力量是必要的。因为从总体而言，国王（威廉三世）输掉一场战役的危害，小于欧根亲王被打垮。[9]

这样的建议固然合情合理，但用处不大，大联盟仍在努力扩充实力，其威胁来自低地国家和西班牙，费利佩五世正在马德里巩固其在西班牙的地位。1701年11月，路易十四派兵占领列日主教区，继而占领了科隆主教区内的波恩（Bonn），巩固了在北方的局面，荷兰控制的马斯特里赫特因此陷入孤立和脆弱的境地，法国的开局良好。科隆选帝侯约瑟夫-革利免·维特尔斯巴赫（Joseph-Clement Wittelsbach）曾宣布支持法国，但他的臣僚们持相反意见，请盟军来抵抗法国的入侵。国王一直在增加军队的规模和实力，尽管组建新兵团是为了满足廷臣及其亲戚对官职和指挥权的浮夸需求。由于缺乏兵员和用于招兵买马的资金，这些新建部队往往装备低劣、缺乏训练。圣西蒙回忆道："那些（老兵）团的优异表现，军官们的功绩，指挥他们的将军们，都被年轻而冲动的（战争大臣）巴伯齐厄（Barbezieux）遗忘了，国王纵容他为所欲为。"[10]

法国国王的死敌威廉三世，不会活到与路易十四再打一场战争。1702年3月19日【新历（N.S.）】①，威廉驾崩，死因是两周前的坠马事故摔断了他的锁骨。他的小姨子安妮公主，即刚刚去世的老国王詹姆斯二世的最小女儿在伦敦登基。伦敦议会宣布："我们失去了一位伟大的国王，但是我们得到了一位最仁慈的女王。"[11]

在凡尔赛宫，人们对英国的战争准备会在新国王的领导下发生动摇抱有很高的希望和期待，但是这种希望很快就破灭了。新任女王在枢密院（Privy Council）的第1次会议上就强调，她首要关切的是确保新教徒继承王位，并且限制法国的势力，鉴于法国明确而公开地支持雅各宾家族的事业，这两个问题紧密相连。反对路易十四及其野心时，她需要证明她与已故姐夫一样坚决，对她实现目的的坚决态度，荷兰议会心满意足：

> 大联盟对这一损失深感悲切，但发现联盟得到了巩固，威廉的精神继续激励着大联盟，而他的心腹（大议长）海因修斯使其坚如磐石，并且激励着共和国的所有首脑、盟友和将军们继续奋斗。[12]

女王的特别大使马尔伯勒伯爵被派回海牙，在那里，法国大使使尽浑身解数捣乱，试图打消荷兰部长们的斗志，因为他们的君主和执政已经去世。有人提议，如果荷兰退出大联盟，就单独与荷兰媾和，但是，由于没有迹象表明法国会归还西属尼德兰的边境城镇，所以这样的提议几乎毫无吸引力。在安妮女王坚定意志的保证下，马尔伯勒的到来很快就平息了荷兰议会的紧张情绪，伯爵与安东尼·海因修斯（Antionius Heinsius）之间的亲密友谊，也帮了很大的忙。

1702年5月15日下午1点，大联盟向法国与西班牙的法国君主宣布进入战争状态，嘉德首席高级纹章官（Garter King of Arms）在圣詹姆斯宫大门口发表声明，同时海牙和维也纳也发表了战争宣言。安妮女王的宣言以新近尚

---

① 当时英国有新、旧两种历法，新历法（New Style dates）简称 N.S.，即1582年颁布的格里高利历，旧历法简称 O.S.，就是更古老的儒略历。如果按照旧历，威廉三世死于3月8日。——译者注

定的《大联盟条约》的条款为坚实基础，而荷兰议会的宣言以1697年的《里斯维克条约》为依据，该条约不允许法国侵略或公然威胁荷兰领土。对荷兰来说最重要的是，夺取边境城镇是路易十四犯下的严重罪行，必须彻底消除。"法国国王曾把目光投向荷兰的省份，要么是想成为它们的主人，要么是想毁灭它们，并且在两场血腥的战争中进犯过它们。"[13] 利奥波德皇帝几乎不需要宣战，因为他的军队在意大利北部已经与法国人打了一段时间了。然而，利奥波德这样做是为了走形式，指出对方没有履行《里斯维克条约》中的条款，以他自己的名义，也以帝国的选帝侯们、王子和属国的名义宣战。开战的消息很快就传给了路易十四，他"拿着宣言，随即愤怒地把它扔在了桌子上[14]。"随即他镇定下来，相当风趣地说，既然一位女士（安妮女王）向他宣战，那么他一定是老了。

正如战争结束一段时日后一位英国大臣所概括的那样，大联盟的目标明确，即专注于一个压倒一切的主要目标：

> 波旁家族的一位王子已经被我们和荷兰人承认为西班牙国王，坐在那个快四分五裂的国家的宝座上，由威廉国王策划、安妮女王发动的这场战争的目标就是瓜分这个国家。这些幕僚们的智慧使他们认识到，欧洲的和平可以在这个基础上得到恢复和保障，且欧洲的自由不会处于危险中。[15]

大联盟会在多大程度上允许自己偏离这一明显值得赞许的、理性和可践行的道路，很快就会见分晓。

然而，对海上双雄来说，一个棘手问题是，在战争中由谁来指挥英荷联军。马尔伯勒被任命为由安妮女王的国库出资的军队的总司令，但荷兰将派遣更多军队奔赴沙场，有权任命一位最高统帅。女王希望她的丈夫——丹麦的乔治王子能够接管指挥权，但是荷兰人不会接受这个不明智的建议，因为乔治是一个善良但无能的军人，因此这个想法被悄无声息地放弃了。汉诺威选帝侯（Elector of hanover）乔治在帝国内部拥有相当大的影响力，可能是个不错的人选。几位荷兰将军也一度得到了考虑，他们都是经验丰富、声名远播的名将，渴望获得这个职务，包括拿骚（Nassau）的亨利、奥维科克伯爵（Count Overkirk）、阿斯隆伯爵（Earl of Athlone）高德特·雷德·范·金克尔（Godert Rede van Ginkel）。英国的财政实力雄厚，对战争的贡献最大，所以决定由马尔伯勒伯爵接受这个任务，时间会证明大联盟做出的是一个明智的选择，可以用完美的事实给予概括："从50岁到60岁的10年间①，他率领一半欧洲军队经历了他的伟大战役。"[16]

现在，只要联合起来对抗路易十四及其孙子的人能够在诱导下携手合作，他们的力量将是令人震撼的，当然这还有待证明。英国、荷兰和奥地利可以指望得到汉诺威、勃兰登堡【很快会被称为普鲁士（Prussia）】、丹麦、明斯特（Munster）和维尔茨堡（Wurzburg）主教区、普法尔茨（Palatinate）选帝侯、特里尔（Trier）、美因茨（Mainz）、梅克伦堡·什未林（Mecklenburg Schwerin）公开和暗中的支持。此外，其他德国诸侯和选帝侯中的大多数人，如荷尔斯泰因 - 戈特尔普（Holstein-Gottorp）、黑森 - 卡塞尔（Hesse-Cassel），虽然不准备向路易十四宣战，却非常愿意为了换取优厚的现金津贴，将他们的优秀士兵送给大联盟。在战争的第一幕中，汉诺威选帝侯直截了当地把不伦瑞克 - 沃芬布德尔公爵（Duke of Brunswick-Wolfenbüttel）赶下了台，因为后者在其弟弟的煽动下，轻率地与路易十四结盟。在这一过程中，大联盟的事业在德意志北部得到了加强，韦尔夫（Guelph）家族的帝王事业也吉星高照。相比之下，路易十四能够算作盟友的只有萨伏依、巴伐利亚、列日主教区和相当勉强的葡萄牙，而费利佩五世的西班牙军队装备不良、训练不足，萨伏依和葡萄牙不久之后就会抛弃法国，转投大联盟，而巴伐利亚选帝侯的积极参与，对法国来说是一件喜忧参半的事情。

---

① 马尔伯勒伯爵约翰·丘吉尔生于1650年，战争爆发时51岁，结束时64岁。——译者注

注释

1. Churchill, Book One, p. 450.

2. Langallerie, pp. 121–3. 在巴伐利亚服役的法军军官让 - 马丁·德·拉·科隆尼上校，对巴伐利亚选帝侯背弃早已宣誓效忠的皇帝，转而与路易十四结盟的原因，做出了一个更加合理的解释："他被强邻环绕，且他胆小如鼠的朋友们日益抛弃了他……他只有两条路可走，要么成为皇帝的盟友，与他的外甥安茹公爵作战；要么加入法国国王的阵营，支持他的外甥坐稳被合法赋予的西班牙王位。" 见 Horsley, p. 77.

3. Trevelyan, Blenheim, p. 138.

4. 威廉三世下达给马尔伯勒伯爵的关于组建大联盟的指示是准确无误的。伯爵接到的任务影响深远，他：

   > 有权在任何其他地方为上述目标进行谈判，只要认为适于达成目标……你必须立即与法国、西班牙的大臣们和海牙的其他大人物谈判，配合荷兰议会的部长们达成以下条件：国王陛下（路易十四）应命令其所有军队，即现在和将来驻扎在西属尼德兰城镇中的人马切实从驻地撤离，就这样，法军将完全撤离。

   （请参阅 Churchill, Book One, pp. 1000–2, 了解关于这份信函的更多详尽信息。）

5. 英国接受条约的约束，如果需要就去支援瑞典，但这并未发生，因为查理十二世踏上了自己的不归路。

6. Cronin, p. 315.

7. St John, Volume I, p. 231.

8. Chandler, Military Memoirs: Robert Parker and Comte de Merode-Westerloo,

9. pp. 12–13.

10. Churchill, Book One, p. 481.

11. St John, Volume I, p. 237. Barbezieux was the son of François-Michel de

12. Tellier, Marquis de Louvois, the formidable and talented French Minister

13. for War who served Louis XIV so long and so well.

14. Trevelyan, Blenheim, p. 162.

15. St John, Volume I, p. 242.

16. Langallerie, p. 171.

17. St John, Volume I, p. 176.

18. Trevelyan, Blenheim, p. 146.

19. Ibid, p. 180. See also Hatton, George I, p. 103.

第三章 法国的攻势

勇敢而果断地执行。[1]

战争初期，路易十四拥有明显优势，他占据着整个战场的中央位置，手握一支数量庞大、装备精良的军队，随时可以在他认为合适的时候投入战场。他在巴伐利亚和萨伏依的盟友会欢迎法国军队，并威胁到维也纳和帝国中较小君主们的安全，从而动摇大联盟的基础，而法国与葡萄牙的联盟则保护了西班牙面向大西洋的海岸。法国东北部有最近在沃邦（Vauban）的监督下，花费了大量人力和财力建造起来的精心设计的完善防线，东部和南部边界上有险峻的山脉和难以通行的乡村，法国本土几乎暂时不会受到威胁。再加上国王的孙子在马德里登上了王位，即使西班牙的军事实力相对薄弱，法国也不大可能受到来自南部的进犯。费利佩五世要想保住王位，不久就需要部署大量法国军队。[2]与其对手们相比，国王可以选择几个战略方向中的一个发动进攻，这取决于哪一条路看起来最有希望获得成功。

莱茵河（Rhine）为法国提供了天险，同时也为支持大联盟的德意志君王和选帝侯们提供了便利。莱茵河上游的大部分地区，是由巴登侯爵（Margrave of Baden）路易·纪尧姆（Louis Guillaume）镇守的，他是一位略显老派的精明指挥官，在东欧与奥斯曼帝国军队作战时声名鹊起。从斯特拉斯堡（Strasbourg）到下游16公里左右的斯托尔霍芬（Stollhofen），建立了漫长而完善的防线，巧妙地粉碎了法国指挥官试图在莱茵河与黑森林之间开辟一条通道的企图。然而，巴登侯爵的兵力不足，只能采取防御态势，这使大量法国军队得以部署在其他地方，只留下一支由卡蒂纳元帅指挥的规模相对较小的人马来监视侯爵。

卡蒂纳在意大利北部的指挥权被维勒鲁瓦取代，他眼睁睁地看着自己在基亚里的失败，却无力扭转败局，于是他返回凡尔赛宫，回到了他位于圣但尼（St Denis）的家宅，有段时间赋闲在家，更没有指挥权。现在，他被任命为莱茵河上的法国军队的指挥官，起初他不愿意接受，因为他觉得国王对他的能力已经失去了信心，导致他在意大利的兵权落入他人之手。3月11日，他被路易十四召去进行密谈，他们讨论了最近战役中发生的事，以及沃蒙特亲王与米歇尔·德·沙米拉（Michel de Chamillar，法国战争大臣，在巴伯齐厄死后接替了其职位）之间的密谋——将他从指挥官位置上撤下来而由维勒鲁瓦取而代之。最后，卡蒂纳重获信任，被国王派去莱茵河担任司令官，但他的心情并未因这一任命而得到平复。圣西蒙写道："他得到了他一直想要的指挥权，但没有在岗位上呆多久……很快他就辞职了，因为他发现自己遇到了太多的阻碍，什么事情都做不成，于是退休回家了。"[3]

即使意大利北部已经发生了战斗，凡尔赛宫和马德里也都高度重视那里的事务，却不大可能尽早做出果断决定。鉴于西属尼德兰被路易十四的军队牢牢抓在手心里，荷兰边境暴露无遗，所以法国发动大规模进攻最有希望的目标是荷兰。荷兰议会对威廉三世的新近驾崩忐忑不安，尽管安妮女王宣称要对法国采取行动，但对他们来说，安妮女王还是一个陌生人物。荷兰人的记性很好，许多人还清楚地记得17世纪70年代法国入侵荷兰时，他们靠一场令人绝望的洪水免于遭受路易十四的统治。因此，对荷兰南部的破坏性进攻将很容易瓦解大联盟，让国王及其孙子成为西班牙王位继承战争的胜利者。身经百战的陆军元帅布夫莱（Boufflers）稳健沉着，他率领一支6万多人的军队去北方完成这一任务。

在意大利北部，维勒鲁瓦元帅仍然在与欧根亲王指挥的军队对峙，到目前为止，欧根亲王的成功意味着主动权掌握在他的手里。然而，欧根亲王缺乏物资、弹药和资金，革利免十一世（Clement XI）宣布在战争中支持波旁（Bourbon）家族的事业，但当地商贾和交易者在不受胁迫的情况下有充分的理由拒绝提供给养。当他的军队开始断粮时，欧根不能再迁延下去了。他制订了一个计划，要占领位于法军阵地中央、波河沿岸的要塞克雷莫纳，如果成功拿下，就继续进军拿下米兰（Milan）。1702年2月1日，亲王成功利用一条已遭废弃、可能是被守军忽视的导水管穿过城墙潜入克雷莫纳；与此同时，一支突袭部队攻打城门。突然腹背受敌的守卫部队不知所措，当衣衫不整的维勒鲁瓦元帅飞奔到现场时，身边只有一名助手。他被麦克唐纳（MacDonnel）上尉俘虏和取笑，后者是一位在帝国军队中服役的爱尔兰军官。欧根所部的最初胜利没有持续多久，法国人很快就以极大勇气发动了反击，破坏了一座帝国援军可能用来进城的桥梁：

> 欧根亲王……发现他的部队正在溃散，就登上了大教堂的尖塔，看看城里各处都发生了什么……他发现各支部队都在波河河岸上，桥梁断了，导致援军无能为力。[4]

激烈的近战在克雷莫纳的街巷里进行了10个小时后，由于弹药几近耗尽，欧根别无选择，只能命令他的部下撤退。他们带上数百名战俘同行，其中当然包括不幸的法国元帅。[5] 结果，精明强干的旺多姆公爵（Duc de Vendôme）路易-约瑟夫·德·波旁（Louis-Joseph de Bourbon）①，被派去担任波河河谷的司令官，而且他很快就证明了自己是欧根亲王需要认真对待的强劲对手。

在海上，法国人似乎比他们的英国和荷兰对手拥有更加明显的优势。在地中海，士麦那（Smyrna）的船队从黎凡特（Levant）运来急需的异国货物，西班牙和意大利的港口都向路易十四的船只开放，拒绝海上双雄的船只进港。

与此同时，西印度群岛（Indies）也只对法国和西班牙商人开放，由强大的法国巡逻船队实施货物禁运。英国设在加勒比海（Caribbean）的前哨据点——宝贵的蔗糖和香料岛屿牙买加（Jamaica）、安提瓜（Antigua）、巴巴多斯（Barbados）和巴哈马（Bahamas），如果没有人努力去经营它们，就会有遭到攻击的危险。事实证明，此人就是海军上将约翰·本博（John Benbow）。1701年，威廉三世派他率领一支规模不大但装备精良的部队前往西印度群岛，以维持英国对牙买加的影响力，同时密切关注法国的动向。1702年6月，战争爆发的消息传来，此时开战已经有2个多月。本博还获悉，法国海军司令官夏多雷诺侯爵（Marquis de Châteaurenault），已经率部前往墨西哥（Mexico）海岸的维拉·克鲁斯（Vera Cruz），为一年一度的满载大量财宝的西班牙船队护航。

7月中旬，在夏多雷诺的30艘战舰的掩护下，西班牙宝船船队驶往欧

---

① 第三代旺多姆公爵，其母是敌对阵营的欧根亲王的母亲的姐姐，所以他是欧根亲王的表哥。——译者注

洲，这是一支本博无望挑战的强大舰队。然而，他可以攻击留守卡塔赫纳（Cartagena）的法国分遣舰队，结果当地的法军指挥官让·杜卡斯（Jean Ducasse）与本博指挥的英军舰队之间，发生了一场毫无结果的追逐战。1702年9月4日，本博终于将杜卡斯引到圣马耳他角（Cape Santa Marta）决一死战，在这场杂乱无章但激烈凶猛的战斗中，海军上将身负重伤，当时一枚法国链弹击中了他乘坐的"布雷达"号（Breda）的后甲板，他只得被绑在一把椅子上继续指挥战斗。事实上，他下面的一些舰长不愿意继续打下去，因此，法国人逃过了一场激战，本博和他的分舰队返回了牙买加，他后来在那里伤重身亡。"他的腿从未痊愈，他心中的愤恨不平加重了伤势，使他陷入了忧郁状态，从而结束了他的生命。"[6] 本博手下的两位舰长，基尔比（Kirby）和韦德（Wade），因一直不愿意与法国战舰交锋而被送上了军事法庭，并且因怯懦行为被判枪决，安妮女王拒绝赦免他们。杜卡斯已经致函本博，哀叹自己没能成功地俘获"布雷达"号，并对他对手部下的卑鄙行为表示厌恶："至于你手下那帮怯懦的舰长，绞死他们吧，老天做证，他们罪有应得。"[7]

如果海上双雄要在地中海上重建有意义的存在感，那么就必须拿下西班牙南部的加的斯（Cadiz），因为法国和西班牙分舰队能够以它为基地冲杀出来，拦截直布罗陀海峡的所有航道。

该港口也会被证明是大联盟海军有用的前进基地。黑森-达姆施塔特的乔治王子非常能干，费利佩五世继位时，他已经遭到了外放，担任加泰罗尼亚副王，奥地利在马德里的影响也随之减弱。在威廉三世发生致命的坠马事故之前，他就向威廉三世提出了这个建议。梅诺卡岛（Minorca）的马翁（Mahon）港，或者巴伦西亚（Valencian）和加泰罗尼亚海岸的卡塔赫纳（Cartagena）和巴塞罗那（Barcelona），同样可以作为盟国战舰采取行动的基地，但是，在确保不受阻碍地通过直布罗陀海峡之前，不可能向那不勒斯进军，也不可能有对意大利南部的西班牙领土采取行动的机会。此外，加的斯是西班牙海军的主要基地，也是西班牙同美洲进行高价值贸易最方便的港口。因此，夺取这个港口将在几个方面为大联盟带来巨大好处：损害西班牙的商业和财政，对葡萄牙和萨伏依施加压力，并为确保正常进出地中海铺平道路。还有一个更诱人的地方是，法国为防止该港口被占领所付出的努力，将比为保护巴塞罗那和马翁港付出的更多，因为后2个港口离法国南部的大型海军基地土伦（Toulon）更近。为了保住加的斯，法国舰队会冒险走更远的路，很容易在路上遭到拦截和攻击。

费利佩五世曾短暂巡视过他在那不勒斯的领地，并成功地说服教皇支持他对西班牙王位的要求。皇帝急于在事态进一步恶化之前，让盟军在那里做出更大努力。拥有那不勒斯和在意大利南部发动战争的能力，并不是需要考虑的因素，因为劝说葡萄牙国王佩德罗二世（Pedro II）抛弃法西联盟，加入大联盟的工作已经取得进展。在加的斯被盟国牢牢掌控的情况下，葡萄牙改变立场会容易得多。1702年7月初，乔治王子前往里斯本开启谈判以实现这一目标。新到任的英国大使约翰·梅休因（John Methuen），对葡萄牙宫廷了如指掌，他受到了东道主的热烈欢迎，很快就积极地进行游说，但是国王小心谨慎，因为背弃法国需要承担的风险不小，他需要进一步确认大联盟拥有赢得战争的实力和意志。

攻打加的斯的决定是在威廉三世去世前不久做出的，计划的大部分由乔治王子执行。4月初，马尔伯勒伯爵在海牙给他的朋友西德尼·戈多尔芬（Sidney Godolphin）写了一封信，他清晰地看到了广范围推行一项积极主动的海军战略的好处：

> 我不怀疑荷兰人会来参加加莱（Calais）攻略，当我们成为加莱的主人时，我相信他们会认为，部分舰队可以装载六七千人去那不勒斯。当这支舰队进入直布罗陀海峡的时候，剩余部队必须被派去保卫加的斯。深入考虑是，在舰队返回家园之前，他们应该占领科伦纳（Corunna），并在那里留下守备部队。[8]

海上双雄利用她们的海上优势，时机和环境都会大为改善。两国打算开辟一条更有前途的战线来反对法国和西班牙，她们不仅会获得宝贵的海港作为今后行动的基地，而且会让法国和西班牙的贸易受到阻碍，声誉威望受损。此外，通过大举进军地中海，萨伏依公爵维克多·阿玛都斯会受到刺激而转投大联盟，加泰罗尼亚、巴伦西亚和安达卢西亚（Andalusian）海岸线会受到威胁，暴露在英荷的兵锋之下。驻扎在土伦的法国舰队肯定会前来干预，一场重大海上行动将在公海上展开。

占领加的斯是盟军实施两栖登陆的目标,这已经是一个公开的秘密,维也纳皇帝承认,在向那不勒斯进军之前,应该占领加的斯。还是在这个月,满载巨额财宝的舰队驶离西印度群岛后,一支英荷远洋舰队也启程了,其中包括50艘战舰和许多运输船,由52岁的英国海军上将乔治·卢克(George Rooke)和荷兰海军中将范·阿勒蒙德(van Allemond)指挥,从英吉利海峡(English Channel)出发,南下葡萄牙海岸。这支舰队在塔霍河(Tagus)河口进行了大张旗鼓又令人印象深刻的武力展示,但没有在当地港口停留,国王佩德罗大受震动。当时机成熟时,这些运输船运载着将近1.4万人,组成了一支由二世奥蒙德公爵(Duke of Ormonde)詹姆斯·巴特勒(James Butler)指挥的登陆部队。[9] 7月21日,乔治王子和英国驻里斯本(Lisbon)大使的儿子保罗·梅休因(Paul Methuen)乘坐一艘护卫舰出港,与卢克的旗舰会师。下达给海军将领们的宽泛指示是“捣毁或占领加的斯或任何属于西班牙或法国的城镇和岛屿”,如果有传言法国舰队将前往科伦纳,那么歼灭法国舰队将成为远征的主要目标。[10] 卢克很了解加的斯周围的道路和环境,认为该城和港口的防御工事羸弱。1702年8月23日,鉴于在南下途中没有遇到法国舰队,大联盟舰队就在该城附近抛锚停泊。于是,高级将领们花了好几天时间来讨论怎样才能最好地采取下一步行动,有些人建议在加的斯以南的地峡实施两栖登陆,另一些人则认为封锁和轰炸港口才是上策。最后,将领们达成了在公牛湾(Bay of Bulls)——罗塔(Rota)与圣卡特琳娜(Santa Caterina)之间的港口以北,距离加的斯比理想的登陆点更远一些,但为舰队提供了更好的锚泊点——发动两栖登陆的共识。

8月26日,在一股清新的海风中,盟军在加的斯以北的海湾登陆,海风吹翻了一些船只,把士兵们掀到了海浪中,一些人溺亡,另一些人被桨手救起。除了附近炮台零星而无效的炮火以及唐·菲利克斯·瓦列罗(Don Felix Vallero)指挥的西班牙骑兵小分队的示威,几乎没有其他抵抗。然而,瓦列罗也没有靠近,只是在海滩上与第一批登陆的盟军互放了几枪。

次日,小镇罗塔被盟军兵不血刃地占领了,为登陆人员和物资提供了一个有用的码头。盟军宣读了一份公告,主张查理大公在西班牙王位问题上的权利，乔治王子升起了帝国的旗帜，但令人失望的是，当地人的反应即使不带有敌意，也是相当郁闷的。

大部分兵员、枪炮、马匹和装备的登陆，只花了2天时间，这是一个值得称道的成就，但又过了一个星期，盟军才觉得有能力向加的斯推进。盟军军纪严明，由于有必要说服当地人支持哈布斯堡王朝的事业，所以禁止抢劫。在第一名士兵因犯下这一罪行而被绞死之后，如果不是当地百姓恳请赦免，还会有4名士兵受到惩罚，尽管他们实际上没有造成什么伤害。经过短暂的战斗，圣卡特琳娜堡（Santa Caterina）很快就被占领了，圣玛丽堡（Santa Mary）也很快被拿下，200名西班牙人被俘。不幸的是，一些口渴的盟军士兵在这个几乎被市民彻底抛弃的城镇中发现了大量葡萄酒，混乱随之而起。对仓库和房屋的抢劫迅速蔓延，那些还没逃离的市民受到了暴力威胁。军官们似乎无意对他们手下好勇斗狠、酒气熏人的士兵们发布禁令，而且诺斯（Norris）上尉随后因为在大街上与一名军官就一些偷来的红酒发生激烈争吵而被送上了军事法庭。

盟军胡作非为的直接后果是令当地西班牙人震惊不已和怒火中烧，并开始反对大联盟和哈布斯堡王朝的事业，此后，这个地区坚定地支持国王费利佩五世。海军上将卢克清楚地意识到了乱兵造成的肉体和精神上的损害，不无遗憾地汇报道："在圣玛丽港的不人道掠夺，制造出了巨大的不和谐的声音。"[11]加的斯行动再也没有恢复从前的活力，伦敦的命令传来，要对小镇遭受的暴行进行严厉调查。卢克还对他的舰船长期停泊在背风海岸感到不安，而登陆的士兵们在炎热的天气里缺乏饮用水——当地的酒店和酒窖现在受到严格保护。部队要穿越的地形是沼泽地，有许多需要徒涉和架桥的小溪，因此，向加的斯的进军慢如龟爬。盟军攻打位于圣克鲁斯（Santa Cruz）的西班牙堡垒，但未能得手，因为加的斯总督布兰卡乔公爵（Duc de Brancacio）已经将他的部队部署得妥妥帖帖，把守住了敌人可能利用的所有道路。

9月2日，盟军占领了圣卡特琳娜堡，2天后卢克同意强攻加的斯港，袭击停泊在港内的8艘法国战舰。然而，布兰卡乔已经在马塔哥达堡（Fort Matagorda）和圣劳伦斯堡（Fort Santa Lawrencio）之间的港口入口凿沉了3艘商船，迫使盟军放弃了这个企图。马塔哥达堡遭到炮击，但盟军的炮弹大多落入了他们停泊的沼泽地里面，经过3天的无效射击后，这一努力也不得不取消。

一些水手和海军陆战队员在岸上工作，为火炮铺设前进道路和炮击平台，结果船上人手不足，卢克回忆道："这种奴隶似的劳动不适合海员来干。"[12] 盟军发生的混乱和掠夺已经使整个计划乱成一锅粥，没有迹象表明西班牙民众、贵族或平民会起义支持哈布斯堡王朝的事业。乔治王子在信中对这次行动的失误感到恼火，盟军的海、陆军指挥官似乎漫无目的，行动拙劣而且越来越倾向于取消整个计划。"到目前为止所采取的一切手段似乎都没有什么目的性，只是在经过一番无法解释的耽搁后，为赶上第一股返回英国的顺风而撤军找个借口。"[13]

果不其然，9月26日，盟军决定放弃远征，让部队重新登船。有人考虑对加的斯进行最后一轮炮击，但这只不过是一种恼羞成怒的报复行为，幸运的是没有这样做。然而，他们已经对不幸的当地村民造成了足够的破坏，严重破坏了盟军在西班牙南部大部分地区成功发动攻势的前景：

> 西班牙人将查理三世[①]的事业与奥蒙德公爵的军队的可耻行径联系在了一起。奥蒙德的军队把圣玛丽洗劫一空，兴高采烈地洗劫教堂、强奸妇女，甚至修女都不放过。[14]

据说，军官们"甚至更加过分，出于龌龊的灵魂，他们居然在街上设置警卫，没收士兵们的战利品，囤积起来奉献给他们的上司"。到了9月28日，盟军主力已经重新登船，英国禁卫军步兵在后方进行了激烈战斗，以阻止西班牙军队破坏撤军行动。次日，舰队起锚出航，乔治王子和保罗·梅休因返回里斯本，而拥挤的船只向北航行。

在加的斯及其周边地区的惨败造成的失望情绪，被西班牙宝船船队已经抵达加利西亚（Galicia）海岸的消息缓解，船队躲开了由海军上将克劳兹利·肖维尔（Cloudesley Shovell）指挥的拦截舰队的监控，在比戈湾（Vigo Bay）避风头。船队到达的消息，是皇家海军"彭布罗克"号（Pembroke）战舰上的随军牧师，在阿尔加维（Algarve）海岸的拉各斯（Lagos）与人的一番闲聊中无意获得

---

① 西班牙语中的卡洛斯（Carlos）、英语中的查理（Charles）、德语中的卡尔（Karl）其实是一个词，本意是农夫。奥地利的查理大公自封为西班牙国王，就是继已故的卡洛斯二世之后的卡洛斯三世或查理三世。——译者注

的。"彭布罗克"号的舰长赶忙带着这个令人振奋的消息去与卢克及其舰队会合。这个能获得巨大奖赏的机会是不容错过的,机不可失,时不再来。10月22日,一支此前奉卢克之命前往西印度群岛执勤的小舰队乘风北上,成功地闯入了比戈湾。宝船船队由17艘满载财宝的商船组成,有15艘法国和3艘西班牙战舰护航。在夏多雷诺侯爵的指挥下,所有军舰都在雷东德拉(Redondella)港入口的最窄处排成一道坚固的封锁线。卢克因痛风而身体不适,一直在自己的船舱里休养,但是,他的舰队在霍布森(Hobson)中将的指挥下发动了进攻。霍布森驾乘"托贝"号(Torbay)战舰一马当先,突破了法军防线。随后,奥蒙德率领一支海军陆战队登陆,冲向并占领了西班牙的兰达堡(Fort Randa)——其炮火覆盖着港口的狭窄航道,可以用其毁灭性的炮火摧毁盟军战舰:

> 他命令香农(Shannon)爵士身先士卒,率领掷弹兵向炮台冲杀过去,那个炮台封锁着由法国战舰把守的港口,香农坚决英勇地执行了命令……看到这一喜人的胜利,丘吉尔中将所在的团冲上去支援那些掷弹兵。[15]

6艘装载着部分财宝和货物的运输船被俘,防线上的3艘西班牙战舰和另11艘运输船被焚毁或击沉。负责掩护的法国舰队也在战斗中被歼灭,10艘战舰沉没,6艘被俘并转而为盟军效力。[16]

此役沉重打击了法国,并使法国发动一场卓有成效的海上战役的希望破灭,因为法国既没有时间,也没有金钱来弥补这样的惨重损失。但盟军的胜利并不像看起来的那样辉煌,因为许多船上的白银已经在卢克发动进攻之前就卸到岸上成为费利佩五世的私人财产而非王国的公产,700万银比索(pesos)后来被费利佩用于保住马德里王位的战争。这笔资金在法律的掩盖下被扣押,被说成是提前交纳的税款。[17]当然,对卢克及其船员们来说,还有相当多的财宝能被夺来充当战利品,加上他们在这个海湾缴获的战利品,他们收获了令人咋舌的100万英镑。

比戈湾海战的胜利,一扫早先加的斯败绩和盟军士兵们在圣玛丽港实施的可耻洗劫留下的阴霾。那些针对某些罪犯的指控,要么被撤销,理由是这些指控在国外发生时,英国无法施加压力;要么被淡化为无关痛痒的指控,即军官未经适当许可就弃舟登岸。两名高级军官——中将亨利·贝拉西（Henry Belasys）爵士和少将查尔斯·奥哈拉（Charles O'Hara）爵士（按照一名诽谤者的说法，他曾是一名"拦路劫匪"被军事法庭传讯。[18]贝拉西遭到撤职，随后迅速官复原职，而奥哈拉被判无罪，且他的名誉显然没有受到玷污，两年后被擢升为中将。

说服葡萄牙加入大联盟的努力还在进行，但加的斯战役显然没有取得成功，因而无法鼓励佩德罗改变立场，尽管在比戈湾的掠袭战果首先是在里斯本被报道的。卢克决定不让船只在葡萄牙港口过冬，尽管他可以按照长期的条约条款这样做；同样，此举没有鼓励佩德罗冒险改变阵营。帝国大使瓦尔德斯坦伯爵（Count Waldstein）和荷兰外交部长麦因希尔·弗朗西斯·肖恩伯格（Meinheer Francis Schonenberg）在里斯本积极活动，但梅休因在葡萄牙的使命依然毫无进展。[19]梅休因和肖恩伯格在里斯本都有宾至如归之感，但瓦尔德斯坦没那么自在。英国、荷兰和奥地利之间的利益竞争和根深蒂固的敌意，尤其是贸易竞争，使得把葡萄牙拉进大联盟阵营的行动举步维艰。

1702年10月，卡斯提尔（Castile）的世袭海军上将胡安·路易斯·恩里克·德·卡布雷拉（Juan Luis Enrique de Cabrera），背叛了费利佩五世，带着包括科索纳伯爵（Count of Corzona）在内的一群令人印象深刻的随从来到里斯本，这些随员增加了他叛逃的分量。卡布雷拉不仅在卡斯提尔颇具影响力，而且在安达卢西亚和加泰罗尼亚，乃至西西里都拥有大片地产，因此，他宣布支持哈布斯堡王朝的消息是振奋人心的，在断断续续进行的旷日持久的谈判中，葡萄牙人没有忘记这一事实。卡布雷拉是卡斯提尔显贵的代表，而这些显贵依然对那位生于法国的新任马德里国王，以及他会对他们珍视的特权做些什么心存疑虑。为了不让卡布雷拉碍事，费利佩五世本打算让他担任派驻凡尔赛宫的大使，因为他在凡尔赛就不会惹是生非了。然而，在前往巴黎的路上，卡布雷拉拐了一个弯，去了里斯本，因而他事实上支持了查理大公。随着事态的发展，作为惯于骑墙的狡诈政客，他的名声显然名副其实。[20]

然而，有利于推动葡萄牙加入大联盟的强大动力是：法国和西班牙的海军指挥官们正在输掉与盟国的战争。这是显而易见的，而且会随着时间的推移日益明显，在经历了西印度群岛和比戈湾的失败后，路易十四与费利佩五世的势头已经不行了。国王佩德罗拥有一大批主张中立的高级幕僚，但他非常关切葡萄牙海外商业利益的安全，只要英国和荷兰愿意，就可以破坏他念念不忘的海外安全。卢克能够率领他的舰队抵达西班牙南部海岸，在不受任何干扰的情况下派遣军队登陆，同时，前往英吉利海峡的通道被盟军牢牢地控制住了，足以抵挡法国的任何入侵，而路易十四从来做不到这么多事情。无论葡萄牙是继续与法国结盟，还是试图在战争中保持中立，她的商船在公海都会成为双方攻击的猎物。事实上，除了加入反对费利佩五世的阵营，并且充分利用它之外，葡萄牙几乎没有其他现实的选择，除非佩德罗能通过谈判取得中立的地位。这种情况似乎越来越不可能发生了，那年10月从里斯本寄往伦敦的一封信，就把事情讲述得清清楚楚、明明白白：

> 法国人在海上没有舰队，而我们拥有这片海域，这些人（葡萄牙人）只能在我们的保护下从事贸易。对我们来说，他们的贸易当然是有益的，但对他们来说更是如此。他们的所有黄金、蔗糖和烟草，都是对我们制造商的回报，我们的人民向制造商们贷款，在与巴西（Brazil）的贸易结束后获得回报。在那里种植的玉米中的四分之三和全部鱼干被英国人买走，所以那些人明显是靠我们生活的。[21]

1702年10月4日，梅休因试图强行解决葡萄牙问题，在埃斯特雷马杜拉（Estremadura）和加利西亚向葡萄牙做出领土让步，同时加上慷慨的现金补贴，为参战部队提供物资，以换取葡萄牙对大联盟的积极支持。12月13日，他再次正式提出这一提议，不过，由于菲律宾（Philippines）、加那利群岛（Canary Islands），甚至布宜诺斯艾利斯（Buenos Aires）等地被提及，领土扩张的想法被悄无声息地放弃了，因为这显然是无法实现的。尽管国王佩德罗精明地利用了这一点以及联盟各国大使之间的敌意——他们每人都有充分理由怀疑别人会在不同时期两面三刀，确保自己能获得最优惠的条件，法国想与葡萄牙做盟友的努力依然失败了。1703年5月16日，葡萄牙与大联盟签署了同盟条约，7月14日，伦敦批准了条约。条约中的条款由葡萄牙与英国订立。奥地利和荷兰允许查理大公被宣布为西班牙国王卡洛斯三世，并让他前往里斯本，以武力强行将他推上马德里王位。当查理抵达时，佩德罗国王要向费利佩五世宣战，并提供一支1.5万人的强大军队，另外还有1.3万人的辅助部队，由大联盟提供津贴和补给。大联盟将提供1.2万人的部队与葡萄牙人一起作战，还有一支由12艘舰船组成的巡航舰队，足以抵御来自法国和西班牙战舰的任何威胁。葡萄牙的领土得到了海上双雄的保障，并对美洲的亚马孙（Amazon）和拉普拉塔河（La Plata）边界做出有利于葡萄牙的修正。当然，这样的让步取决于大公能否成功实现其王位主张，并处在能够履行诺言的位置上。利奥波德皇帝对于批准条约一如既往地犹豫不决，但最终还是签了字。[22]

注释

1. Langallerie, pp. 198–9.
2. 1702—1703年间，可供费利佩五世调遣的西班牙军队仅有5097名骑兵和13268名步兵，且训练和装备都相当拙劣。见 Kamen, The War of Succession in Spain, p. 60。
3. St John, Volume I, p. 245.
4. Ibid, pp. 196–7.
5. 维勒鲁瓦元帅在克雷莫纳被俘之后，作为一位高贵的囚徒被舒舒服服地羁押在奥地利，先在因斯布鲁克（Innsbruck）后在格拉茨（Graz）。9个月后，他被释放返回法国，他一丝不苟地交给欧根亲王5万利弗（livres），用于支付他的食宿费用，但这笔钱很快就被归还。圣西蒙公爵对维勒鲁瓦元帅这种级别的人被俘的罕见事件的看法是："事实上，元帅在遭到突袭前一天才抵达克雷莫纳，他走在大街上直接被俘不是他的错，他怎么可能知道水槽的事情呢？"更多详情见 St John, Volume I, p. 198。
6. Trevelyan, Blenheim, p. 253.
7. Jenkins, p. 96.
8. Churchill, Book One, p. 572.
9. Ibid, p. 573.
10. Parnell, p. 23.
11. Francis, p. 49.
12. Ibid, p. 51.
13. Parnell, p. 29.
14. Trevelyan, Blenheim, p. 265.
15. Langallerie, pp. 198–9.
16. 在比戈湾被俘获的法国船只有"敏捷"号（76门炮）、"封闭"号（68门）、"波旁"号（68门）、"节制"号（54门）、"坚定"号（66门）和"特雷顿"号（Triton，42门）。沉没或搁浅的船只有"耶稣-玛丽-约瑟夫"号（76门炮）、"希望"号（70门）、"壮丽"号（70门）、"塞壬"号（Sirene，62门）和"坚决"号（46门）。被焚毁的船只有"强健"号（76门）、"烈焰"号（64门，船长弗里坎鲍尔炸毁这艘船后自杀）、"谨慎"号（64门）、"稳重"号（56门）、"海豚"号（44门）、"大胆"号（24门）、"可憎"号（8门）和"恐怖"号（纵火船）。要想了解关于这一史诗般的行动的更多细节，另见 Parnell, p. 37。
17. 费利佩五世从已经在比戈湾上岸的货物中获得了将近60万银比索作为王室的份额，同时又保留了650万银比索（其中大部分来自荷兰和英国货物）资助军事行动，部分用于偿还其祖父为法国战争付出的代价。见 Francis, p. 54。
18. Ibid, p. 45.
19. 肖恩伯格可以说是个西班牙人，生于西属尼德兰的安特卫普，尽管他可能获得了威廉三世国王授予的英国国籍。
20. 1703年1月，卡布雷拉在马德里的财产被没收后，公开宣布支持哈布斯堡王朝的事业。见 Francis, p. 65。
21. 英国从与葡萄牙签订的条约中受益匪浅，贸易机会大有增加，这一点可以从1713年出版的小册子中看出："正是葡萄牙贸易在战争中为我们提供了支持，如果没有它，我们很快就会发现和平比战争更加难受。"见 Trevelyan, Blenheim, pp. 299–300。
22. 无论出于偶然还是故意，荷兰人从未正式批准与葡萄牙的条约，而且在此基础上拒绝推进1713年协议的条款。

第四章 低地国家的战事

你能够猜到我的不耐烦，我希望我的军队威震天下。[1]

1702年春季，驻低地国家的法军司令官路易·弗朗索瓦·德·布夫莱（Louis-François de Boufflers）元帅率军推进，打算击败荷兰军队，并希望能在安妮女王的军队集结起来支援荷兰人之前实施有效的打击。如果这一酝酿中的战役能迅速取胜，那么大联盟就会陷入彻底的混乱，荷兰南部的边界就会暴露无遗，路易十四及其身处马德里的孙子很快就会赢得胜利。布夫莱迅速在克桑滕（Xanten）集结起了主力部队，在那里，他可以监视当时由阿斯隆伯爵高德特·雷德·范·金克尔指挥的荷兰军队。荷兰人已经开始围攻莱茵河上的凯撒斯韦特（Kaiserswerth），在国王的指示下，塔亚尔伯爵率领1.3万名法军去阻止荷军的行动。6月初，也许是受到国王的长孙勃艮第公爵和国王的私生子、年轻气盛的缅因公爵（Duc de Maine）的怂恿，布夫莱推进到了克里夫斯（Cleves），与金克尔对垒。路易十四致信这位久经沙场的元帅，询问勃艮第公爵在这场战役中的表现：

> 我不怀疑他的勇气，他的血管里从来不缺乏勇气，但缺乏展现勇气的方式，军队对他（当时他正在军中）也不是特别满意。你可以猜到我的不耐烦了吧，我希望我的军队和勃艮第公爵通过进攻敌人而赢得赫赫威名。如果他能赢得一场相当大的胜利，那将是光辉灿烂的壮举。[2]

荷兰人与安妮女王目前为数不多的几支人马会师了，随后乱糟糟地撤退。他们在奈梅亨（Nijmegen）附近占据了一个阵地，阿斯隆伯爵可以在这里得到城镇工事的支撑。著名的荷兰军事工程师麦因希尔·范·科霍恩（Meinheer van Coehorn）出人意料地突袭了弗兰德尔西部地区，目的无非是向当地民众"征募捐款"。事实证明，这是一次令法国人忧心忡忡的分兵行动，因为法国军队不得不转移到那里发动反击。到目前为止，布夫莱精心策划的战役已经开始黯淡，他一心想尽快接近荷兰军队，却忽略了夺取默兹河【Meuse，荷兰语叫马斯河（Maas）】河上荷军的马斯特里赫特要塞。这个要塞令人不安，它截断了布夫莱的补给线和交通线。法国人最初的进攻力量也由于将部队转移到凯撒斯韦特和弗兰德尔而受到了削弱，确切无疑的是，战争主动权已经不知不觉间落入了敌人之手。

1702年6月30日，马尔伯勒伯爵抵达前线，接管了6万名英荷联军的指挥权。尽管其他指挥官心怀怨恨，尤其是金克尔认为自己更有资格担任联军总司令，却改变不了什么。虽然马尔伯勒伯爵相对缺乏经验，但荷兰人对他知根知底，他对军队的自信很快就消除了人们对他做总司令的疑虑。马尔伯勒坚信，尽早采取直截了当的行动，将当面的法军击退是当务之急，但是一些荷兰将军更谨慎。伯爵意识到，眼下只要塔亚尔前往凯撒斯韦特，他对布夫莱就会拥有兵力优势了。7月13日，他在营盘里面写了一封信：

> 我们应该在三四天前从这里出发，但是，当我们决定执行已经送交海牙的作战计划时，荷兰人对莱茵河和奈梅亨的担心制造了很多困难，荷兰议会不会形成任何决议，反而由于放纵荷兰将军们没完没了地进行讨论而让战局更加混乱，与此同时，荷兰议会还建议首先确保莱茵河和奈梅亨的安全。[3]

然而，两天后，英荷联军向默兹河河畔的格雷夫（Grave）挺进，进入距离法军主力部队只有11公里的营盘。与此同时，布夫莱与普鲁士国王腓特烈-威廉（Frederick-Wilhelm，之前是勃兰登堡选帝侯）鸿雁往来，试图说服国王脱离大联盟。威廉能得到的好处是整个列日省和科隆省，前提是要背叛大联盟，敞开用于攻打荷兰的道路，但是威廉明智而慎重地考虑这个提议，使法国元帅拿不准其意图，警惕起来的荷兰人同时给了威廉更加优厚的条件换取威廉支持大联盟。没过多久布夫莱就明白他的这一企图肯定徒劳无功，而这时候发生的更加迫切的事情引起了他的关注。

尽管联军中的汉诺威和普鲁士军队接到了本国的命令，不许渡过默兹河到河西，但马尔伯勒还是设法说服了他们的指挥官，让他们相信威胁法军交通线的行动并没有那么危险。7月26日，马尔伯勒率军南下，向里尔·圣休伯特（Lille St Hubert）进发。这让布夫莱猝不及防，他急忙向默兹河河畔的芬洛（Venlo）和鲁尔蒙德（Ruremonde）退却，试图恢复他的战术态势。8月2日，盟军错失了在皮尔（Peer）的希斯（Heaths）痛击撤退中的法军的机会，这让马尔伯勒十分沮丧。"对我们来说，这是个天赐良机，"贝里克公爵（Duke of Berwick）詹姆斯·菲茨詹姆斯（James FitzJames）①写道，"因为我们身处这样的局面本应被击败。"4 然而，尽管盟军失去了造成巨大杀伤的机会，法国人还是被迫离开了莱茵河下游。塔亚尔被召回，放弃解除凯撒斯韦特之围的企图，而布夫莱也不再对荷兰边境的安全构成直接威胁。在这一过程中，盟军显然把法国对手搞得手忙脚乱，为即将到来的战役赢得了宝贵的回旋空间。

路易十四发出了坚决的旨意，要求守住默兹河沿岸的要塞，因为此举能妨碍英荷联军在布拉班特获得物资和补给。8月16日，法军试图拦截盟军一支由700辆马车组成的辎重车队，并为此付出了很大努力，但马尔伯勒在法军前进时实施了机动，追上了这帮法国人。一星期后，由于荷兰将军奥普丹（Opdham）本可以完全避免的耽搁，他的部队没能及时进入阵地，从而让布夫莱免遭一场大败。马尔伯勒写道："我下达命令的时候，我军右翼的1万人没有继续前进。如果他们执行了命令，我相信我军会轻松获胜，因为敌军的整个左翼都陷入了混乱……明天就能围攻芬洛了。"5 法国国王致函布夫莱："如果他们占据了芬洛，那么格德司也会陷落，最后你会被逐出整个科隆主教区。"6

盟军正式围攻芬洛、斯蒂文斯威特（Stevensweert）和鲁尔蒙德。列日受到了威胁，路易十四再次致函、提醒他的陆军指挥官："如果他们攻克列日，那么科隆选帝侯只能被迫与他们议和……这将使敌人以围攻那慕尔或攻打卢森堡来拉开明年的战幕，然后就会进犯我国的边界。"7 尽管国王如此规劝，列日还是在10月底落入盟军之手。事实证明，布夫莱元帅为了拯救这个地方所做的努力都白费了，城堡里面的一座主要仓库爆炸了，但对法军的防御工作并无裨

---

① 一世贝里克公爵詹姆斯·菲茨詹姆斯（1670—1734），是英国废王詹姆斯二世的私生子。——译者注

益。马尔伯勒俘虏了1700多名法国守军，他致函伦敦汇报了这个消息：

> 这个要塞坚如磐石，我不得不写这封信让陛下知道，由于军官和士兵们超凡的英勇，城堡在猛攻之下被我军攻克了，托尊敬的女王陛下的福，第一个从突破口杀进去的是英国人，要塞司令【维奥兰侯爵（Marquis de Violane）】被斯图亚特团（Stewart's Regiment）的一名中尉俘虏了。[8]

科隆选帝侯宣布中立，因为他的领地落入了盟军之手，他别无选择。

随着战局的不幸逆转和形势日益严峻，勃艮第公爵与他同父异母的哥哥缅因公爵①离开军队，返回了凡尔赛宫，也许是为了避免失败的污点玷污一位甚至两位王子。路易十四对此却不以为然："真担心他们的离开会对我的军队产生不良影响，同时助长敌人的斗志，让敌人觉得我的军队没有能力对付他们。"[9]然而，据贝里克公爵回忆，事实上"国王陛下是看到战局的不利逆转，才召回了勃艮第公爵"[10]。路易十四坚持派遣军队支援莱茵河和阿尔萨斯的法军，此举进一步削弱了布夫莱的努力。9月中旬，朗多（Landau）要塞被皇帝的长子、罗马人的国王约瑟夫（Joseph）指挥的帝国军队攻陷，而法军的进一步分兵显而易见对局势不利。贝里克公爵写道："我们派往德意志的部队已经严重地削弱了我们的力量，我们不敢冒险采取行动。"[11]盟军抓住了貌似宝贵的机会，可以在法军还拥有人数优势的情况下，包围和击败驻扎在低地国家的法军。然而，荷兰人可以理解但令人沮丧的小心翼翼，阻止了马尔伯勒在开阔战场上与布夫莱一决雌雄，即使他已经拥有了优势。10月26日，随着列日的失陷，法国军队已经撤退到了防线的后面，马尔伯勒把他的部队派驻进冬令营，因为在天气日益恶化的情况下，他们留在战场上显然会一无所获。

尽管马尔伯勒被安妮女王封为公爵，以表彰他在今年夏季对法国的胜利，但总体而言，这一年对低地国家来说是失望的，因为盟军没有发动决定性的打击。与此同时，费利佩五世在马德里逐渐巩固了自己的地位，而且在西班牙民众中人气很高，在宫廷里也颇受达官显贵们的欢迎。他对朝政的控制有些松弛

---

① 原文如此，事实上缅因公爵是路易十四的私生子，勃艮第公爵路易的叔叔。——译者注

是可以理解的，因为他还得学西班牙语，而且马德里的政府机构与法国的相去甚远。一位敏锐的法国宫廷观察家评论道，他"已经到了当国王的年龄，但还没到拥有自己意志的年龄"[12]。尽管如此，如果大联盟想要实现他们宣称的目标，就必须做得比迄今为止所做的更加出色才行。

1703年，马尔伯勒向驻扎在波恩的法军发动进攻，拉开了这一年在低地国家实施的战役序幕，法国驻军坚持了12天后，于5月15日被迫投降。两天后，这位新晋公爵所率军队与奥维科克元帅指挥的荷兰军队在马斯特里赫特会师。现在，盟军的主要目标是夺取重要港口安特卫普（Antwerp）和奥斯坦德（Ostend），一支强大的荷兰分遣部队被派往贝亨奥普佐姆（Bergen op Zoom），其指挥官奥普丹于是忙着在乡村征募"捐款"，这实际上是一种获得许可的抢劫行为，结果他发现自己被暴露在敌人兵锋之下，得不到就近的支持。对这般轻率之举，马尔伯勒大为震惊，在当月的最后一天，他就奥普丹冲动的原因，略显粗暴地写道："作为弗兰德尔的总督，他聚敛了所有捐款的十分之一。"[13]

马尔伯勒从默兹河河畔启程，与先行的荷军分遣部队会师，科霍恩和斯帕尔男爵（Baron Spaar）于6月26日渡过了斯凯尔特河（Scheldt）。3天后，奥普丹进入了安特卫普正北的埃克朗村（Eckeren）。法国人很清楚，他们的敌人未能及时集中先头部队，布夫莱元帅于是率领2万人迅速进军，与贝德玛尔侯爵指挥的当地部队会合。无论马尔伯勒公爵怎样催促他的大军前进，他都无法追上法国元帅，7月2日，他写道："如果奥普丹元帅不戒备森严，那他可能会在我们前来帮助他之前就被敌人击败，而这就是分兵行动的后果，因此，敌人可以保全自己。"他不得不在那封已经写好但还没有寄出的信上加上附言："我封好这封信后，从布雷达传来的战报称奥普丹被击败了。"[14]正如人们所担心的那样，布夫莱于6月30日到达安特卫普，他与贝德玛尔迅速向前挺进，袭击了驻扎在埃克朗军营里面的奥普丹分遣部队。法军军官朗加莱里侯爵（Marquis de Langallerie）后来写道：

> 我们沿着不同的道路向敌人杀去，敌人没想到会遇到不速之客。下午4点左右，我们开始在埃克朗与卡佩勒（Capelle）之间进攻他们。我们

从四面八方向敌人发起猛烈的进攻，贝德玛尔侯爵的军队在正面，布夫莱元帅在侧翼。我从来没见过比这更激烈的战斗场面。[15]

除了送走辎重，荷兰指挥官奥普丹几乎没在这个地方做任何防御工作，当他侦察到法军正在接近时，他居然迷了路，往布雷达去宣布他全军覆没了。这条消息传到了马尔伯勒耳中，但是事实并非如此。由于奥普丹在埃克朗失踪，全军群龙无首，司朗根堡男爵（Baron Slangenberg）接过了指挥权，经过在村子教堂院落附近一番绝望的防御战，他设法把坚守阵地的荷兰步兵带出了战场，踏上了前往利洛（Lillo）的道路，尽管遭到了法军的沉重打击，大体上却完好无损。为费利佩五世效力的瓦隆（Walloon）骑兵军官梅罗代-滑铁卢伯爵（Comte de Merode-Westerloo）相当不屑地写道："我们所得到的，只是敌人想留在战场上的东西而已。"[16]

事实上，荷兰人蒙受了大约4000人的伤亡，不得不丢弃他们的伤员，然而，伤员们却在布夫莱的命令下得到了法国人的良好照料。此外，荷兰全部军士、6门野战炮、44门科霍恩式迫击炮（Coehorn mortars）以及150辆满载军用辎重的车辆都落入法国人之手。这是一记沉重的打击，荷兰人需要一些时间才能恢复。路易十四写道："如此辉煌的胜利，粉碎了敌人的计划，这要归功于将军们的指挥和部队的英勇。"[17] 尽管计划遭遇挫折，但在7月5日，马尔伯勒还是把主力部队转移到了保护安特卫普的法国防线。当行动被推迟时，荷兰指挥官们就谁应该对埃克朗战役的失败承担主要责任，谁能因在几乎是灾难性失败的埃克朗战役中死里逃生而赢得最多荣誉争吵不休，导致全军一事无成。

到了1703年7月23日，马尔伯勒不得不承认，攻克安特卫普已经没有什么胜算了，于是在8月的第2个星期，他率领军队返回了默兹河河畔，着手围攻休伊，从而继续前进，威胁法军控制的至关重要的那慕尔要塞。如果能够攻克这个要塞，那么整条河都将变成盟军运送补给的坦途，这对盟军的行动有巨大的利用价值。路易十四十分关心休伊的安全，他很清楚失去它将不可避免地令那慕尔的门户洞开，他致函布夫莱："你知道它的重要性，也知道失去它会引发什么样的后果；但是我不敢相信，当你指挥军队迫近敌军时，他们还敢打它的主意。"[18] 尽管如此，8月15日，马尔伯勒还是从梅海涅溪（Mehaigne）附近的一个地方开始掩护围攻行动，那慕尔要塞被包围。盟军的攻城车队从马斯特里赫特溯默兹河而上，于8月21日开始轰击休伊城堡的防御工事。在这番轰炸过程中，法军的一座仓库爆炸了，在驻军中造成了不可避免的混乱和损失。8月26日，法军指挥官米隆侯爵（Marquis de Millon）宁愿献城投降，也不愿意面对盟军的进攻。被俘的900名法国官兵最终换回了盟军在早先战役中失去的2个营，当时盟军的通格尔（Tongres）失陷。与此同时，马尔伯勒向现由维勒鲁瓦元帅指挥的法国野战军实施机动，但没有找到与法军进行野战交锋的机会，于是转而前去围攻小要塞林堡（Limburg），并于9月27日拿下了它。恶劣天气迫使军队再次进入冬令营，但这是盟军占领了小镇格德司之后的事情。格德司位于芬洛和莱茵堡（Rheinberg）之间，从春天开始，盟军就凭借着时断时续的活力和进取心对它实施了围攻。

尽管马尔伯勒公爵一次也没能把法国野战部队逼迫到角落，从而迫使法国人与自己决战，但他在布拉班特和莱茵河下游肃清法国和西班牙驻军方面取得了重大战果。荷兰的安全得到了保障，荷军指挥官们因此有了更多取得胜利的机会，而西属尼德兰——西班牙帝国最重要的部分——正面临着门户洞开，无险可守的局面。就在马尔伯勒在默兹河上节节取胜的同时，法军指挥官们在其他战场也取得了重大进展。

1702年9月，莱茵河上游的帝国战地指挥官巴登侯爵路易·纪尧姆——名义上还是罗马人的国王的代表——占领了奎希河（Queich）河畔的朗多要塞，但是当巴伐利亚选帝侯公开站在路易十四一边后，他被迫在要塞中留下一支守军，随后撤退到莱茵河东岸。此举导致了战争的战略性转变，对法国来说，这可能是非常有希望的机会，因为维也纳遭到了孤立，暴露在法军的兵锋之下。国王于是派遣大量人马去支持他的南德意志新盟友，尽管这些人马部署在低地国家或意大利北部会更加有用。1703年3月4日，在距离多瑙河河畔的帕绍（Passau）不远的海岑佩因村（Heyzempirne），巴伐利亚军队和帝国军队激烈交锋。地上的积雪还很厚，奥地利指挥官冯·施力克（von Schlick）将军率军突袭了还在营盘里面高卧的选帝侯军队。帝国军队没有得手便安营扎寨，然后在一场伸手不见五指的漫天大雪中遭到巴伐利亚人的突然袭击。让-马丁·德·拉·科隆尼（Jean-Martin de la Colonie）上校在那个严寒刺骨的日子里正为选帝侯军队效力，他回忆道：

胜利的天平一会儿倾向选帝侯骑兵，一会儿又向敌军骑兵倾斜，双方死战不退，因为选帝侯的胸甲骑兵是他最精锐的部队之一。我们的步兵没有遇到过这样顽强的抵抗，他们顶住了敌军的第一轮火力打击，在步枪上插上刺刀发起冲锋，旋即粉碎了一切抵抗。不久后，敌人的骑兵撤退，敌军全线崩溃。[19]

上校接着补充道："施力克与他的残兵败将逃之夭夭了。"战斗是残酷的，而且是近距离进行的，德·拉·科隆尼确实感觉到了他的"秘密"的好处，那就是骑兵们经常戴在帽子下面的那个很不舒适的铁质无檐帽：

在这次战斗中，我戴上了一个经过回火处理的铁制小架子，骑兵军官们而非胸甲骑兵们习惯于将它戴在帽子里面。它确实救了我的性命，在肉搏战中，我头上挨了2次马刀的大力劈砍。

把奥地利人打得丢盔弃甲后，选帝侯继续进军，占领了拉蒂斯邦城【Ratisbon，现在叫雷根斯堡（Regensburg）】，该城一枪没放就接纳了巴伐利亚军队，接着，他继续向诺伊堡进发，确保了对多瑙河沿线的掌控。"毫无疑问，敌人知道在海岑佩因战役后我军会进攻此城，于是在古老的城墙上增修了新建筑，但是这些没有多大用处，因为我们不到5天就占领了它。"[20]

旺多姆公爵仍然活跃在意大利北部，与帝国军指挥官圭多·冯·斯塔伦伯格（Guido von Starhemberg）交战。1703年5月8日，在莱茵河战线，活力四射、精明强干的肖德-路易-赫克托耳·德·维拉尔（Claude-Louis-Hector de Villars）元帅，经过10天的围攻，刚刚经斯特拉斯堡渡河夺取了凯尔（Kehl）。然后，他率领军队穿过黑森林，去支援巴伐利亚选帝侯在多瑙河上的行动。路易十四致函维拉尔："战争的成败取决于这个联盟，如果我失去一个可能为我带来辉煌而有利的和平的盟友，那么战争的胜利将更加难以取得，这不需要告知你。"[21]与此同时，匈牙利部分地区爆发了反抗帝国统治的全面起义，叛军得到了法国的津贴，以鼓励他们制造麻烦。简单地说，如果法国及其盟友能够击败帝国军队，占领维也纳，哪怕只是很短的一段时间，这种冲击及影响也会破坏大联盟，就像荷兰人在他们的边境被击败一样，因此，只有在路易十四和他的孙子在马德里已经取得成功的情况下，意大利北部反对法国的势力才会烟消云散，路易十四才可以集中兵力重新夺回尼德兰南部。

由于祖父的恩德，整个西班牙帝国都将完整无缺地掌握在费利佩五世的手中。对雄心勃勃的巴伐利亚选帝侯来说，有个想法很诱人：一旦占据维也纳，自己就可能取代利奥波德成为皇帝。这个想法可能有些不切实际，但与政治能力相比，选帝侯是一位出色的军人，何况他确实野心勃勃。从某种意义上说，有像路易十四这样强大的盟友在背后力挺，他的野心有可能实现。

1703年6月，维拉尔率领法国、巴伐利亚联军7万多人大胆地向维也纳挺进。关于该城荒废破败的防御工事，他写道："开战第一天我们就可以轻而易举地占据城外的反斜坡。"[22] 然而，选帝侯决定掉头进军蒂罗尔，希望与正在北上离开意大利的旺多姆公爵会师。路易十四对会师的前景充满热情，但是由于意大利北部的蒂罗尔人反抗激烈，这一雄心勃勃的联合行动很快就破产了，而旺多姆也没能打通南面特伦蒂诺（Trentino）地区的通道。盟军的巡航舰队在地中海上日益活跃，尽管迄今为止还没有受到法国舰队的挑战，却足以引人注目。法国人在意大利北部没占到便宜，虽然萨伏依公爵维克多·阿玛都斯二世还没有叛离，但他对路易十四的支持已经动摇。事实上，旺多姆不同寻常的无所作为，至少部分原因是他怀疑维克多·阿玛都斯正打算改变立场，进而威胁他的补给线和交通线，而且维克多·阿玛都斯确实这样干了。旺多姆拒绝在侧后受威胁的情况下北上，路易十四只好略有怒气地写信告诉他：

> 你认为当我给你下达的命令与你收到的一样精确时，我就没有比你更加充分的理由将它发出去吗？你专注于眼前的事务时，我却高瞻远瞩地看到了那些可能会产生影响的远景，从而使我做出选择适合于肩负政府重任的人的决定……征服蒂罗尔本来很容易的。[23]

选帝侯的部队占领了因斯布鲁克（Innsbruck），但是法国国王无视了他们在犹豫不定的进军过程中遇到的当地抵抗。他对旺多姆行动的不满，很快就缓和下来了，当时正如人们所担心和意料之中的那样，维克多·阿玛都斯不顾一切地背弃了与法国的联盟。

在阿尔卑斯山天险以北，法国和巴伐利亚人在合作中出现了危险的裂痕，7月中旬，维拉尔在多瑙河上遇到了巴登侯爵和一支帝国军队。8月，巴伐利亚的自由市奥格斯堡（Augsburg）遭到了帝国军队的围攻，但是选帝侯把部队从蒂罗尔撤了出来，并且再次与维拉尔会师。"现在我们发现自己被迫进行了一番仓促的撤军行动，因为如果延迟24小时的话，我们会面临被起义的蒂罗尔人屠杀的危险。"[24]与他们对峙的帝国军队还没有完全集中起来，巴登侯爵在多瑙河南岸，冯·斯蒂罗姆（von Styrum）伯爵的1.8万多人还在河北。伯爵启程与巴登会师，但是他在霍施塔特（Höchstädt）平原正东的施威宁根（Schwenningen）等了1天，以便炮兵靠拢。1703年9月20日，他在那里被维拉尔和选帝侯追上，帝国骑兵初战告捷，随后便被打得大败。"两军实力悬殊，冯·斯蒂罗姆伯爵看到自己被敌人包围了，只得退却。"[25]斯蒂罗姆伯爵的部队丢盔弃甲，向北撤退到法兰克尼亚（Franconia）的诺德林根（Nordlingen），丢了火炮和许多辎重，与此同时，受到了后方威胁的巴登侯爵逃离巴伐利亚，带上军队向莱茵河方向退却。帝国对抗法国和巴伐利亚威胁的努力，显然陷入了混乱，路易十四欣喜地致函选帝侯："当你统率我的军队时，对于他们取得的进展，我从不感到惊讶。"[26]

就在这一切发生的同时，塔亚尔公爵卡米勒·德·霍斯滕（Camille d'Hostun）已经占领了阿尔萨斯新建的布里萨赫（Brisach）要塞，勃艮第公爵又一次被派去担任名义统帅指挥部队作战，但是塔亚尔机智圆滑，实际上掌握了指挥权。影响力和指挥权分散造成的潜在影响又一次出现了，一位心地善良但对战争一无所知的王子，与军队指挥官一起在司令部中出现。路易十四对选择布里萨赫为目标感到不安，因为沃邦元帅曾警告过人们不要这么做。他致函塔亚尔，说那位工程天才坚称：

> 除非莱茵河水退去，否则不可能占领它，如果勃艮第公爵在8月底或9月初之前进攻它，他会蒙羞受辱，进攻弗莱堡（Freiburg）或朗多会更好。[27]

显然，国王很担心他的孙子，认为其不应该参与一场毫无进展乃至失败的行动，但他不会就这一点向塔亚尔下达明确指令，国王还说："你知道，只要你认为某件事情对我的事业有好处，我就会满怀信心地去做……然而，我不能对沃邦元帅这样为我效力这么久又这么出色的人的经验置若罔闻。"为了确保无虞，国王派工程师参加攻城行动，在写给米歇尔·德·沙米拉（Michel de Chamillart）的信中说："勃艮第公爵可以像信赖塔亚尔元帅一样信赖沃邦元帅，但是在战壕外的行动，由塔亚尔元帅负责。"[28] 8月23日，攻城开始，2周多就大功告成了，至少部分原因是河水上涨淹没了防御工事。就这样，连接阿尔萨斯的法国仓库和军火库与深入巴伐利亚作战的部队的道路，得到了保障，为了进一步确保交通线，塔亚尔继续围攻奎希河上的朗多。

法国和巴伐利亚人在莱茵河流域和德意志南部的军事行动似乎形势大好，但这只是一种幻觉而已。维拉尔和选帝侯发现他们不能融洽地合作，路易十四不得不致函元帅，要求他"不应该对一个与他出身和地位不相上下的人颐指气使。在重要的事情上，你应该坚定不移，但得坦率地表达出来，这样你就会对他的行为产生比其他方式更大的影响"[29]。然而，这两位很有主见的人继续争执，最后，维拉尔不得不被派去平息法国南部塞文（Cevennes）地区的一场叛乱，路易十四启用新近提拔的费迪南·马尔桑（Ferdinand Marsin）元帅接替维拉尔，指挥巴伐利亚军内的法国军队。

1703年11月，企图解朗多之围的黑森 - 卡塞尔亲王指挥的大联盟军队，在斯佩尔巴赫（Speyerbach）惨败于塔亚尔之手，几天后，要塞守军开门向法军投降。在凡尔赛宫看来，来年的战争前景似乎一片光明，法国有能力部署不少于8支的野战军团，它们分别是：维勒鲁瓦在低地国家指挥的军团、拉·弗亚德（La Feuillaide）的萨伏依军团、维拉尔的塞文军团、贝里克的西班牙军团、马尔桑的巴伐利亚军团、塔亚尔的上莱茵军团、法国大修道团长（Grand Prior）的伦巴第军团、旺多姆公爵的北意大利军团。[30]

一切都令人欢欣鼓舞，盟军能做些什么来抗拒如此庞大的兵力，还有待观察。

大联盟的命运似乎摇摇欲坠。费利佩五世在马德里牢牢地巩固了地位；荷兰人巩固了他们的边界，不愿意在开阔战场上与法国人交锋；伦敦的议会厌倦了战争的费用和风险；法国军队占领了意大利北部，莱茵河上游沿岸的要塞都已经陷落，远方的维也纳也受到了威胁。盟军在公海上拥有优势，但战争不能在海上赢得。因此，战争的主动权似乎牢牢地掌握在路易十四的手中。事实上，这都是幻觉，因为法国军队的战线过于漫长，特别是马尔桑元帅，他位于漫长而脆弱的补给线——途经难以逾越的黑森林—阿尔萨斯——尽头。要维持在巴伐利亚境内的法军并确保其安然无虞，将会耗费大量的注意力和付出艰巨的努力，而这些关注和努力用在其他地方本可以发挥更好的作用。巴伐利亚选帝侯拥有很高期望和勃勃野心，而且做出了很多承诺，但他为自己和盟友法军提供补给的尝试，只取得了部分成功。

在政治层面改变战争平衡的努力，在其他地方继续进行。葡萄牙加入大联盟的一个关键条件是：查理大公和一支1.2万人的军队应该前往里斯本以支持他的事业。此外，应该在葡萄牙海域组建一支英荷联合巡航舰队，以防范任何海上来袭。葡萄牙军队将按照原计划，提供2.8万名骑兵和步兵投入战场，其费用由大联盟支付。1703年9月12日，查理大公在维也纳称王，号称卡洛斯三世，尽管英国和荷兰在战争爆发之前就已经承认费利佩五世为西班牙国王。6个星期后，萨伏依的维克多·阿玛都斯二世，置条约义务和他与波旁家族的密切姻亲关系于不顾，与法国决裂，宣布加入大联盟。圣西蒙写道：

> 萨伏依公爵对我们背信弃义，而且已经表明他与皇帝狼狈为奸。因此，国王断绝了与他的一切联系，派遣军队入侵他的领土。所以，萨伏依公爵承认查理大公为西班牙国王就不足为奇了。[31]

尽管公爵的女儿玛丽-阿德莱德（Marie-Adelaide）已经嫁给了将来会成为法国王位继承人的勃艮第公爵，另一个女儿玛丽-露易莎（Marie-Louisa）嫁给了西班牙国王费利佩五世，这两位都是法国国王的孙子，但公爵还是采取了这一戏剧性的行动。

这一变化当然带有很大风险，由于拉·弗亚德指挥的大量兵力控制着皮埃蒙特（Piedmont）和萨伏依公国境内的大部分地区，法国的运势依然兴旺发达。这可能有助于转移法国人对反维也纳战争的部分注意力。也许，确保法国在意大利北部的影响力难以为继，最符合作为一个独立国家的萨伏依的利益。维克多-阿玛都斯很高兴地接受每个月80万王冠金币的英国津贴，但也希望利用法国和奥地利的固有弱点牟取利益，法、奥都因为其他地方的紧迫问题而无法在这个地区建立和维持大量军队。法国是由于要处理低地国家暴露的边界，而奥地利忙于镇压挥之不去的匈牙利叛变，还有始终存在的、只是目前暂时消停的来自东方的奥斯曼帝国的威胁。维也纳还面临着更加直接的威胁——来自马尔桑元帅和选帝侯，很快这个威胁就会引起奥地利的注意。维克多-阿玛都斯无疑是个狡猾诡诈之徒，他仔细权衡自己的胜机后，才去承担经过反复斟酌的风险。

　　皇帝不愿意让他最小的儿子冒险，是可以理解的。1703年12月底，经过皇帝安排的一番拖延，查理大公去了英国，随后抵达温莎（Windsor），得到了安妮女王的款待，女王的金库很快就成了他的事实金主。通过欢迎查理来访的这一轮令人愉悦的庆祝活动，有机会探讨马尔伯勒公爵在低地国家或途经摩泽尔河（Moselle）河谷对法国采取的联合行动，以及从葡萄牙向马德里发动进攻的最佳方式。查理是个讨人喜欢的青年，给人留下了很好的印象。英国战舰"皇家凯瑟琳"号（Royal Katherine）被妥善地重新武装起来，准备载着新近称王的查理及其随从前往里斯本。在经历了几次逆风的延误后，2月底，"皇家凯瑟琳"号扬帆起航了，并于1704年3月6日顺利抵达塔霍河河口。黑森-达姆施塔特的乔治王子被任命为此番远征的总司令，由于他对西班牙了如指掌，而且熟知在半岛上作战必须用到的崎岖道路，而被视为上佳人选，查理抵达的几个星期前，乔治已经乘坐英国战舰"黑豹"号抵达了。为了哈布斯堡王朝的事业，大联盟赢得了葡萄牙的支持，在塔霍河河口掌握了一个安全的避风港，军舰可以在那里继续驶向地中海。尽管如此，对加的斯暴行的描述已经改变了民众的普遍情绪，葡萄牙军队迅速入侵西班牙领土的威胁，使整个卡斯提尔、大部分阿拉贡、埃斯特雷马杜拉和穆尔西亚（Murcia）都反对哈布斯堡王朝的野心。因此，维克多-阿玛都斯最终加入大联盟，为大联盟的声威大大加了分。

　　整个1703年，皇帝派往英国的使节约翰·温策尔·瓦拉提斯拉夫（Johann Wentzel Wratislaw）伯爵，一直在奔走呼吁：部署在多瑙河上的帝国军队应该得到维也纳盟友的增援。但是迄今为止，他的呼吁徒劳无功。精明强干的汉诺威公爵乔治也在敦促各方提供更多的支持,使维也纳免受法巴联军的攻击。然而,马尔伯勒夺取安特卫普的计划,在盟军作战计划的优先级排序中长时间名列前茅。一支由12个荷军营组成的军团,在非常能干的约翰·魏刚·范·古尔(Johan Wigand van Goor)中将的指挥下,被派往莱茵河上游,但并没有其他作战安排。在那个战区,古尔与顽固的帝国军队指挥官巴登侯爵发生了争吵。1703年11月,双方的矛盾进入了白热化,当时古尔拒绝了为一个小要塞提供驻军的命令,因为这样做会违反荷兰议会给他下达的明确指令。巴登试图解除古尔的兵权,但他没有权力这么做。荷兰人大失所望,建议将他们的将军召回荷兰,当然他的部队也得随行回国。"这一命令的执行,将完全放开塔亚尔元帅的手脚,让他随心所欲地向巴伐利亚投放大量新的援军。"[32]巴登低下了高傲的头,前倨后恭起来,谨慎地做出让步,因为这样的兵力削弱将会在与巴伐利亚选帝侯及其法国盟友作战时产生严重后果。显而易见,在斯佩尔巴赫战役失利之后,盟军在莱茵河上游的努力毫无头绪,除非采取行动,否则帝国在这场战争中的战略态势有全面崩溃的危险。

注释

1. Wolf, p. 521.

2. Ibid.

3. Coxe, Memoirs of the Duke of Marlborough, Volume I, p. 89.

4. Petrie, The Marshal, Duke of Berwick, p. 153.

5. Coxe, Memoirs of the Duke of Marlborough, Volume I, p. 94.

6. Wolf, p. 521.

7. Ibid, p. 522.

8. Murray, Volume I, pp. 48–9.

9. Wolf, p. 521.

10. Petrie, The Marshal, Duke of Berwick, p. 154.

11. Ibid.

12. Wolf, p. 523.

13. Coxe, Memoirs of the Duke of Marlborough, Volume I, p. 119.

14. Ibid, p. 123.

15. Langallerie, p. 219.

16. Chandler, Military Memoirs; Captain Robert Parker and Comte de Merode- Westerloo, pp. 151–2.

17. Langallerie, p. 221.

18. Chandler, Marlborough as Military Commander, p. 118.

19. Horsley, pp. 131–2.

20. Ibid, p. 134.

21. Wolf, p. 527.

22. Trevelyan, Blenheim, p. 319.

23. Wolf, p. 529.

24. Horsley, pp. 144–5.

25. Langallerie, p. 212.

26. Ibid.

27. Ibid, p. 531.

28. Halevy, p. 629.

29. Wolf, p. 629.

30. 尽管人们经常称旺多姆为法国元帅，实际上他从未获封为法国元帅。

31. St John, Volume I, p. 268.1703年10月8日，萨伏依公爵维克多·阿玛都斯致函海牙的荷兰议会：

> 法国对我们满怀妒恨，在我们维护共同事业的时候，法国使用了一种闻所未闻的暴力来对付我们，他们违背了所有承诺，解除了我们在意大利两个王国的所有军官和士兵的武装，随后将他们囚禁起来。我们很欣喜地通知阁下，遭到这种性质的对待，使我们有机会向你表明我们必须加入大联盟的愿望；依靠你们的友谊，帮助我们获得一切必要的援助，大力维护这样一个正义事业，为此我们准备牺牲属于我们的一切，并祝愿你们的事业繁荣昌盛，我们祈求你们相信，我们是诚心诚意的。

见 Langallerie, p. 231.

32. Churchill, Book One, p. 719.

第五章 德意志南部的冒险

敌人已经开始进军。[1]

　　值得铭记的溯莱茵河而上的著名行军，是由马尔伯勒公爵率领军队进行的，这是大胆无畏、冷静判断和良好的后勤保障培育出来的杰出壮举。1704年年初，低地国家无法做出果断决定，维也纳受到了威胁，多瑙河上的帝国军队必须得到支持，而马尔伯勒急于摆脱荷兰盟友的羁绊。"他看出来了，维勒鲁瓦和布夫莱元帅都躲在他们的布拉班特防线内固守不出，不可能把他们引诱到战场上去。"[2] 荷兰议会极不可能同意他们的军队向南推进这么远，但是，他们几乎也不能阻止马尔伯勒率领安妮女王的军队进行这样的冒险，就像在组团作战时经常发生的那样，说服盟友或对他们进行一些巧妙的欺骗还是有必要的。出于必要的考虑，进军计划是由马尔伯勒和瓦拉提斯拉夫在几乎完全保密的情况下共同策划的。1704年3月，安妮女王同意公爵率军前往德意志南部，实施"兵贵神速的救援"，用来对抗威胁利奥波德皇帝和维也纳的法巴联军。

　　一旦马尔伯勒率军离去，法军对荷兰南部的潜在威胁就成了现实，这种风险必须仔细研究，并与维也纳遭受的威胁进行权衡。荷兰人的恐惧和担忧并非空穴来风，但是马尔伯勒能够向荷兰议会保证，法国人不会无视他的南下进军，一定会重新调整部署，以应对他构成的尚不明朗的新威胁。这样一来，法国对荷兰构成的威胁就减小了，而且奥维科克伯爵指挥的荷兰军队无论如何还会留在原驻地，以确保边境安全。另一个考虑是，在马尔伯勒进军必须经过的道路沿线上，强大的法国各军团之间有间隔，贝德玛尔在摩泽尔河河谷，而塔亚尔在阿尔萨斯。在战争中，这样大规模调遣军队的准备工作不可能完全保密，但行动的真实意图必须尽可能长时间地保密。突然和迅速的行军主动权必须掌握在盟军手中，不能让法军指挥官们判断出意图或前来干预，否则法国人可能会在行军时被迫与法军进行交战，从而远离盟军的支撑点和仓库。

　　1704年4月19到21日，马尔伯勒从英国出发，渡海来到了海牙，宣布打算在今年夏天前往摩泽尔河河谷与贝德玛尔侯爵开战。不过，公爵在写给伦敦的一位朋友的信中说：

> 我不会向你隐瞒的，我决定率领英军溯多瑙河进军，我们的若干辅助部队和其他一些安全部队可以不去。此举可能最有利于大联盟的共同事业——支持帝国和保护奥地利皇室，为此，女王陛下特地下达了指示，我将尽心竭力地为女王效力。[3]

特别值得一提的是，西兰省（Zealand）的代表强烈反对在摩泽尔河发动夏季战役，更不要说向更远方进军了。但公爵富有说服力的建议最终赢得了胜利。奥维科克与马尔伯勒相处融洽，事实上，荷兰人起初并没有对这项提议表示强烈反对。拥有女王的坚定支持，无论荷兰人是否同意，公爵都可能放心大胆地率军走人，荷兰人对此心知肚明。尽管心有不甘，荷兰议会还是在5月4日赞同了这一方略，15天后，接受安妮女王支付薪饷的1.9万人从贝德堡（Bedburg）启程南下。[4]荷兰人并不像人们经常认为的那样天真无邪，5月21日，马尔伯勒致函荷兰大议长安东尼·海因修斯："你应该派给我更多人马，使我足以战胜（巴伐利亚）选帝侯，奥维科克先生可以在弗兰德尔做你认为最应该做的事情。"[5]几天后，马尔伯勒畅通无阻地抵达了位于摩泽尔河与莱茵河交汇处的科布伦茨（Coblenz），按照安排，他在这里与一支汉诺威和普鲁士军队组成的分遣队会师。罗伯特·帕克（Robert Parker）上尉记述了这次井井有条的行动。"无论对步兵还是骑兵来说，类似的行军肯定从来没有像这次一样井然有序、正规齐整又舒服省力过。"[6]

驻扎在低地国家的法军司令官维勒鲁瓦元帅，虽然知道盟军可能已经制订了在摩泽尔河河谷发动进攻的计划，但他对马尔伯勒的行动速度困惑不已。在行军过程中，荷兰边界似乎被暴露出来，因此他向路易十四请示该如何是好。然而，盟军行动中的显著战略改变不能受到忽略或无视，凡尔赛宫迅速给予的答复是：如果公爵行军，那么元帅也必须随之而动，同时留下一支规模不大的部队继续监视奥维科克及其荷兰军队。"国王立即命令维勒鲁瓦元帅率领2万人尾随马尔伯勒公爵。"[7]正如公爵所预料的那样，荷兰依然安如磐石，而马尔

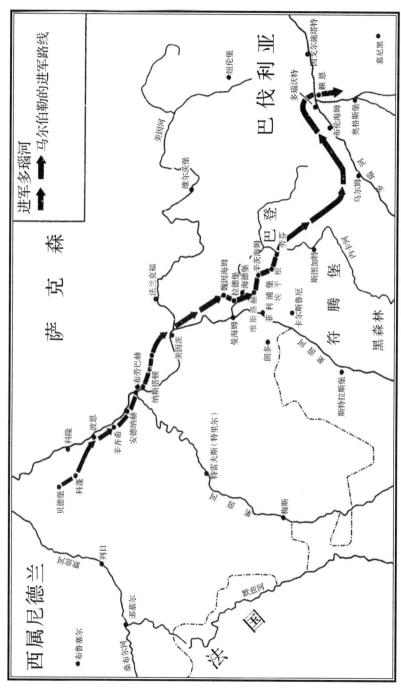

◎ 1704年马尔伯勒公爵著名的多瑙河进军

伯勒则在5月27日轻松愉快地渡过莱茵河去了东岸，摩泽尔河战役的伪装逐步烟消云散了。他依然可以去阿尔萨斯进攻塔亚尔，这将是一个非常有效的选择，因为法军在阿尔萨斯的失败将进一步孤立马尔桑及其巴伐利亚军团。公爵没有采取这个方案，而在6月3日渡过了美因河（Main River），他在巴伐利亚开辟战场的意图昭然若揭，更加安全的新补给线和交通线通往德意志中部，远离法国干预的威胁。

6月7日，马尔伯勒的远征军渡过了内卡河（Neckar），现在公爵向荷兰议会坦承，他的真正意图是前往多瑙河。正如我们所看到的，海因修斯对此并不感到惊奇，但他好像一直守口如瓶。荷兰人以令人钦佩的镇定接受了这个并不怎么出乎意料的消息，并同意马尔伯勒动用范·古尔的荷军小部队，后者自去年以来一直在莱茵河上游作战。加上黑森和丹麦部队即将前来会师，马尔伯勒可以指挥大约4万人，在行军途中或到达多瑙河河畔时，他的人马会比向他开来的任何一个法国军团都多。在此期间，路易十四的战地指挥官们没有按兵不动，塔亚尔元帅设法带着满载物资的辎重车队穿过黑森林的隘口，把马尔桑的兵站、库房都塞得满满当当，此后，斯托尔霍芬（Stollhofen）战线的帝国军队司令官图根男爵（Baron Thungen），试图拦住塔亚尔返回阿尔萨斯的道路，但是塔亚尔避开了对手的进攻企图。

在国王的督促下，维勒鲁瓦元帅尾随马尔伯勒向莱茵河上游进发，把贝德玛尔留在了摩泽尔河河畔，6月初，他在阿尔萨斯与塔亚尔会师。当他们的对手打算穿过士瓦本（Swabian）侏罗山（Jura hills）前往巴伐利亚开战的意图显而易见的时候，两位元帅陷入了进退两难的窘境。不能把没有援军的马尔桑孤零零地扔在那，但是如果他俩都向巴伐利亚前进，兵合一处对付马尔伯勒的话，他们又对巴伐利亚选帝侯是否有能力供养一支新来的法军没有信心。路易十四对这场正在展开的战役满腹狐疑，显然他的司令官们从一开始就失去了主动权，有些不知所措，国王的心绪可以从他写给塔亚尔的信中看出：

> 你和维勒鲁瓦元帅应该拧成一股绳，制订一个计划，防止帝国的所有兵力与英荷联军合流，进而打击无力抵挡他们的选帝侯。[8]

塔亚尔元帅依然困惑迷茫，于是又向凡尔赛宫请示。终于，国王指示塔亚尔率领军队前往多瑙河，与马尔桑和选帝侯会师，而维勒鲁瓦及其人马留在原地，保卫阿尔萨斯的安全，还要阻止盟军从莱茵河向马尔伯勒的远征军提供更多援军。国王的痛苦经历迫使他在这一点上谨小慎微，并且指示塔亚尔，保证他的部队独立于马尔桑与选帝侯领导下的法巴联军，除非盟军成功地合兵一处。这样一来，如果维特尔斯巴赫像葡萄牙国王和萨伏依公爵最近所做的那样背叛路易十四，塔亚尔也可以相对自由地采取行动，将马尔桑及其人马从巴伐利亚解救出来。

1704年6月10日，马尔伯勒第一次见到了帝国战争委员会主席萨伏依的欧根亲王，4天后，在格罗斯·海帕西（Gross Heppach），巴登侯爵也与他们聚首了。他们制订的联合作战计划要求欧根亲王去防守莱茵河上的斯托尔霍芬防线，尝试粉碎法国向巴伐利亚增兵的企图。与此同时，马尔伯勒与巴登联手，强占多瑙河防线，将他们的人马楔入维也纳与法巴联军之间。尽管盟军的三路人马会完全分开、各自为战，但是法国人突然采取行动并试图在盟军分散期间击败他们中的任何一路的危险并不明显。然而，恶劣天气降低了盟军士兵们的行军速度，6月19日，马尔伯勒写道：

> 我们希望每个小时都能听到关于（巴登侯爵）路易王子的消息，我们可能会与他会师。但是，连绵数日的阴雨阻碍了我们的计划。巴伐利亚选帝侯率领全军再次渡过了多瑙河，将他的全部辎重都安置在了乌尔姆（Ulm）。明天，普鲁士军队会与欧根亲王会师，届时，欧根亲王将率领3万人坐镇莱茵河监控敌军的动向。我们还没有听说他们采取了什么行动。[9]

6月22日，马尔伯勒与巴登侯爵会师，除了欧根在莱茵河上指挥的部队之外，他们现在拥有6万人。马尔桑元帅和选帝侯的联军只有4万人，不可能冒险进行野战，他们在迪林根（Dillingen）扎下营寨，深沟高垒，坚守不出。迪林根位于多瑙河北岸、自由城市乌尔姆的下游，去年才被巴伐利亚人占领。

要想在巴伐利亚开展行之有效的战役，马尔伯勒就必须掌握一个良好的前线基地，并且抢占一条通往多瑙河的通道，以便在多瑙河南岸采取行动。诺德林根（Nordlingen）完全没有遭到法军进军的危险，它坐落在一条向北通往公爵的主要补给基地纽伦堡（Nuremburg）的古老罗马大道上。然而，诺德林根距离多瑙河太远，一旦盟军渡过多瑙河它就不适合做基地了。此外，无论巴伐利亚选帝侯作为政治家是多么差劲，他依然是一位精明的战术家，他会不遗余力地实施机动来坚守多瑙河防线。如果他能成功，那么马尔伯勒和巴登将被困在河北岸，而法国和巴伐利亚人对维也纳的威胁，会随着路易十四可能向德意志南部派遣援军而加剧。

小镇多瑙沃特（Donauwörth）坐落在多瑙河与沃尼茨河（Wornitz）的交汇处，位于诺德林根以南约32公里，似乎满足了盟军指挥官们对前线基地所需要的一切条件。它易于抵御来自南方的任何威胁，拥有多瑙河上的一座优良桥梁。该镇还有宽敞的仓库可容纳盟军作战所需的物资。问题是，选帝侯也清楚多瑙沃特的价值，他已经在镇子里派驻了完善的守备力量，由法军的杜博尔代（DuBordet）上校指挥，而且俯瞰着镇子的舍伦贝格山（Schellenberg hill），也被拥有炮兵支持的1.2万名法巴联军严防死守，指挥官是非常能干的皮埃蒙特军官让·德·阿尔科（Jean d'Arco）伯爵。

马尔伯勒和巴登的选择有限，任何针对舍伦贝格的进攻都要付出高昂的代价，因为德·阿尔科作为一名战士，威名赫赫，何况放弃阵地也要付出高昂的代价。然而，由于通往山岗的前沿地带狭窄，将守军赶出阵地是一项耗时费力的工作，根本不可能保证轻易取胜，而且一旦选帝侯得知盟军有夺取多瑙沃特的意图，就肯定会加强德·阿尔科的守备力量。盟军指挥官们可以顺多瑙河向因戈尔施塔特（Ingolstadt）进发，并在那里发动强渡，但是该镇也有一支强有力的巴伐利亚守军，而且任何类似的行动都会导致马尔伯勒向北通往诺德林根和纽伦堡的补给线和交通线暴露在敌人的兵锋之下。巴登侯爵习惯于以一种相当持重的方式作战，不愿直接进攻舍伦贝格，但是马尔伯勒强调了及早采取行动的好处，于是得手了。事实证明，山上的防御并不完备，当公爵获悉塔亚尔规避了斯托尔霍芬防线上的欧根亲王，正在率领一支法国生力军穿过黑森林跋涉去增援马尔桑和选帝侯杀向维也纳的战役时，他决定加强山上的进攻。[10]
1704年7月2日，由于时不我待，盟军指挥官们向驻守舍伦贝格的阿尔科发动进攻，打得难解难分之际，守军发动了一次精妙的反击，但法巴联军最终还是被赶下了山，并在山后宽阔的多瑙河河面上惨遭灭顶之灾。让 - 马丁·德·拉·科隆尼上校回忆了战斗的激烈程度：

> 敌人的炮兵阵地向我们喷射火蛇，一遍又一遍地扫射我们……炮火是如此的精准，以至于每一声炮响都把我们的一些将士打翻在地。眼睁睁地看着那些英勇的战友死去，我心如刀绞。[11]

取得胜利的代价是高昂的：约5000名盟军士兵或死或伤（其中巴登侯爵脚上中弹，范·古尔将军阵亡）。但是，现在公爵拥有了前进基地，可以安然无恙地渡过多瑙河，巴伐利亚向盟军敞开了怀抱。阿尔科的精锐部队中，只有3000人逃生，他们集结起来继续为选帝侯在未来的战役效劳。阵亡的盟军名单誊在公爵写于战后次日的致荷兰议会的信函中：

> 我们失去了许多勇敢的军官，对在这次行动中丧生的古尔先生和贝因海姆（Beinheim）先生，我们的哀悼之情无以复加。巴登王子和图根将军受了轻伤，斯蒂罗姆伯爵遍体鳞伤，但有望痊愈，黑森 - 卡塞尔的世袭亲王和霍恩伯爵（Count de Horne）、中将、少将伍德（Wood）和（准将）范·帕朗特（van Pallandt）也都负了伤。[12]

由于损失惨重，马尔伯勒遭到严厉抨击。他在伦敦的一位批评者质问："以如此惨重的损失占领德意志心脏地带的一座山岗有什么意义？"随后又毫不出人意料地问道："那里不是有很多这样的山丘吗？"[13]尽管有这样的批评和保留意见，但现在公爵可以渡过多瑙河，把盟军安插在法巴联军与维也纳皇帝之间，他达到了这场战役的主要目的。除非巴伐利亚选帝侯与马尔桑元帅走出营寨决一死战，否则，他们就暂时不能对维也纳的安全构成威胁了。事实上，法巴联军不可能出战，因为他们的兵力劣势更大了。利奥波德皇帝真切地知道所取得的胜利的价值，他用热情洋溢的语调致函马尔伯勒，祝贺舍伦贝格的胜利：

我的将军和大臣们宣布了这一捷报（这是最令我欣慰的消息，比目前任何可能降临在我头上的好事都更像及时雨）。胜利主要缘于你们的判断、远见、执行，以及你麾下部队的炽热斗志和坚忍不拔。[14]

　　对用如此沉重的代价才取得的成绩，其他人并不那么乐观，年迈的汉诺威选帝侯太夫人索菲亚（Sophia）①，鉴于她的汉诺威步兵团在战斗中损失惨重，便以尖酸的语气写道："选帝侯（她的儿子乔治）为伟大的马尔伯勒将军犯下错误失去了这么多英勇的臣民而难过。他说巴登侯爵做得更加出色。"[15]选帝侯太夫人还抨击道，有关这场战斗的报告没有充分肯定参战的汉诺威军队。的确，巴登发动了一场非常巧妙的侧翼进攻，彻底达成了这场战斗的胜利，海牙的荷兰议会铸造了一枚纪念胜利的勋章，但勋章上的人物是侯爵，而非公爵。马尔伯勒是整场行动的幕后推手，也是进攻舍伦贝格的主要指导者，但这一点似乎遭到了忽视。惨重的伤亡无疑造成了心理震撼，各方对此的态度各有不同。

　　然而，路易十四对于此战给予盟军事业的助力毫不怀疑：

　　现在，没有什么能够阻止皇帝成为慕尼黑（Munich）②的主人、生擒选帝侯夫人及其子女们、夺取选帝侯认为最宝贵的一切了。我以为可以阻止敌人前进。[16]

　　马尔伯勒与巴登渡过多瑙河，部分人马利用了被他们占据的巴伐利亚浮桥，从而进入巴伐利亚的领土。7月6日，公爵致函伦敦："现在，我们正准备渡过莱希河（Lech），我希望明天，即星期二做到，然后我们将进入巴伐利亚的腹心地带。"[17]尽管巴登未能送来承诺提供的重炮，公爵还是成功包围了小要塞赖恩（Rain），他把攻坚任务留给了侯爵，看起来，在欧根到来之前的几星期内，盟军不会在河南岸站稳脚跟。

---

　　①汉诺威的索菲亚（Sophia of Hanover, 1630—1714）是现任汉诺威选帝侯、未来的英国国王乔治一世的母亲，时年74岁。——译者注
　　②慕尼黑是巴伐利亚的首府和最大的城市，占领慕尼黑暗指占领整个巴伐利亚，推翻选帝侯。——译者注

尽管巴伐利亚选帝侯夫人敦促她的丈夫与大联盟达成协议，但盟国奉劝巴伐利亚选帝侯抛弃路易十四的谈判还是失败了。"你瞧，我的选帝侯丈夫把他的领地糟蹋成什么样子了，我已经做了我所能做的一切，试图让战争远离如此美好的国度。"[18]由于没有与选帝侯达成令人满意的谈判结果，马尔伯勒公爵派骑兵在富饶的巴伐利亚乡村展开了一场破坏运动，任由骑兵们焚烧和掠夺，尽管公爵下令不得侵犯选帝侯的庄园，还是有许多巴伐利亚军队被派出去保护选帝侯的财产，从而削弱了法巴野战军的兵力，对这种浪费兵力的分兵行动，马尔桑元帅火冒三丈。巴登侯爵抗议焚掠之举过于野蛮，但马尔伯勒置之不理，反而向伦敦写信，向他的妻子保证英国军队没有参与焚掠行动，当然这不是真话。7月29日，公爵写道：

　　　　今天早上，图尔伯爵（Comte de la Tour）率领一支强大的骑兵和龙骑兵（dragoons）出营，去蹂躏、焚烧慕尼黑周围的乡野，我担心我军会被迫在其他地方做同样的事情，摧毁（多瑙河）河这边现在和将来为敌人提供支持的物质基础。[19]

　　关于蹂躏巴伐利亚乡野的行动的报告，似乎夸大了暴行的酷烈程度，德·拉·科隆尼上校写道："我沿着一条穿过了几个据说已经沦为废墟的村庄的道路行军，虽然我发现了一些被焚毁的房屋，但与目前全地区的破坏报告相比，损失微不足道。"[20]对乡村地区的无情蹂躏具有双重目的：盟军希望向选帝侯施加压力，促使他妥协媾和，如果不能如愿，就破坏巴伐利亚，让它不能在未来几个月成为一支大军的冬季战役的基地。平民百姓当然会挨饿，但这在战争中是所难免的。

　　无论遭受的蹂躏多么严重，选帝侯仍然坚定地维持与法国人的联盟，法国国王把莱加尔（Legall）将军派到了他的军营，并且保证塔亚尔麾下的大批援军正在前往多瑙河的路上。8月6日，塔亚尔元帅率领一支法国生力军成功抵达巴伐利亚，力挺针对维也纳的进攻战役，此举似乎阻止了马尔伯勒的进攻。盟军在数量上不再具有明显优势，随着金风送爽的秋季来临，公爵似乎很快就要撤退到德意志中部，依靠自己在纽伦堡周边建立的粮草仓库和弹药库房来维持军队的补给。鉴于多瑙河上的夏季战役在付出了巨大的努力及财力和鲜血的代价后只取得了部分成功，所以一旦他这么做，荷兰大议长很可能会要求公爵在春天返回低地国家。因此，维也纳极有可能在1705年再次面临进攻，而且马尔伯勒也必须向伦敦议会做出解释，为什么他把他们的军队带领到如此遥远的地方，收益却微不足道。

欧根亲王未能阻止塔亚尔穿过黑森林，尽管塔亚尔浪费了几天时间来尝试夺取小要塞威灵根（Villingen）。欧根亲王如影随形地跟着法国元帅穿过了难以通行的森林地带，亲王一直在监视塔亚尔，不过他很谨慎小心，从不离得太近，从而被迫卷入一场全面会战。到了8月6日，欧根已经率领1.8万人的部队在多瑙河北岸的霍施塔特（Höchstädt）村附近安营扎寨。马尔伯勒公爵和巴登率领更庞大的军队在东南方约39公里外的赖恩驻扎。3位司令官会面，就他们的下一步行动达成了共识，他们一致同意巴登率领1.5万人去围攻巴伐利亚人据守的因戈尔施塔特，此举将为盟军提供另一个便捷的多瑙河渡河点，万一多瑙沃特在未来某个时刻守不住的话，还能渡河。然而，对马尔伯勒而言，立即与欧根会师还为时过早。如果会师发生在多瑙河南岸，那么法巴联军就可以向北移动，拦腰截断马尔伯勒通往诺德林根和纽伦堡的补给线。另一方面，如果盟军在多瑙河北岸集中，那么通往维也纳的交通线可能会再次暴露，而且正在攻打因戈尔施塔特的巴登可能会遭到打击。与此同时，塔亚尔、马尔桑和选帝侯会从他们设在迪林根的深沟高垒中走出来，趁着欧根远离马尔伯勒的机会攻击他。

这正是法巴联军指挥官们打算去做的，8月10日，他们经浮桥到了多瑙河北岸，与欧根对峙。亲王将他的军队撤向紧靠多瑙沃特的小村庄明斯特（Münster），从而使自己远离迫在眉睫的攻击，同时也使得与马尔伯勒会师更容易实现。他给仍在赖恩的公爵写了一封信，邀请公爵前来，强烈要求盟军在多瑙河北岸作战：

　　阁下：

　　　　敌人已经上路了。几乎可以肯定的是，敌人全军正从劳因根（Lauingen）渡过多瑙河。他们把我派去侦察的一名中校赶回了霍施塔特。

迪林根平原上挤满了敌军。我在这里已经坚持了一整天，但是我只有18个营，所以不敢冒险过夜。我很遗憾，（这个阵地）很不错，但放弃了，如果敌人占领了它，我需要用很大代价才能夺回来。因此，我率领步兵和部分骑兵前往我已经在多瑙沃特城下标注出来的营盘。只要骑兵能与我同在，我就会留在这里……阁下，一切都取决于速度，你得马上行动起来，明天就来与我会师，否则恐怕就为时已晚了……就在我写这封信的同时，关于全军渡河的确切消息正在传来，因此，一秒钟都不能耽误了，我认为阁下可能会冒险沿着莱希河和多瑙河前进。那样会大大缩短行程，路况也会更好。我恭候阁下的答复，大人，按我的建议采取行动吧。[21]

现在，由于塔亚尔及其同僚已经决定渡河前往北岸，马尔伯勒没必要那么匆忙了。公爵立即派遣27个骑兵中队去支援欧根，主力部队也开始拔营上路了，以不疾不徐的速度行进，不到24个小时就走完了全程。8月11日晚上，盟军在明斯特成功会师，被分割孤立和各个击破的危险已经不复存在。

现在，敌对双方的司令官们终于都实现了会师，但是，由于早先派遣巴登前往因戈尔施塔特，盟军丧失了宝贵的数量优势。法巴联军在广袤的霍施塔特平原上占据了坚固的防御阵地，可以说时间是站在他们一边的，因为盟军很可能无法在秋季到来之前将多瑙河战役推进到决定性时刻。法巴联军的营盘固若金汤，两翼分别倚靠在多瑙河和士瓦本侏罗山林深树密的山丘上，两位法国元帅和选帝侯可以坐观事态变化，如果马尔伯勒公爵如他们所愿，必须撤回德意志中部为其人马寻找冬令营的话，他们可能会从侧翼打击其行军纵队。

1704年8月13日，风云突变，局势逆转，马尔伯勒和欧根突然袭击驻守在营盘里面的法巴联军。位于施威宁根的狭窄隘路本来很容易防守，却因无人值守而使盟军毫无阻力地进入了霍施塔特平原，盟军指挥官们向对手实施的打击完全达到了突袭效果。位于盟军右翼的欧根亲王受命进攻并牵制马尔桑元帅和巴伐利亚选帝侯指挥的部队，而马尔伯勒在左翼利用他强大的骑兵部队打击塔亚尔元帅及其位于布林海姆【Blindheim，英语叫布伦海姆（Blenheim）】村附近的部队。经过一天艰苦激烈的战斗，盟军终于取得了胜利，消灭了塔亚尔的骑兵，造成2万人的伤亡，抓获了1.3万名毫发无损的俘虏，其中大部分是法国步兵，他们毫无用处地塞满了布林海姆村，在村子里面他们无法有效地使用步枪来发挥火力。巴伐利亚选帝侯和马尔桑元帅成功守住了阵地，坚持到了傍晚，但也付出了沉重代价，随着夜幕降临，他们将麾下损兵折将的部队带出了战场。

塔亚尔和许多高级军官成了战俘。法巴联军策划的战役已经破产，路易十四为赢得战争所做的主要战略努力也是如此。一位法国军官写道："我们惊慌失措，目瞪口呆。我们全军中只有250名军官没有负伤或阵亡。"[22] 盟军获胜的捷报在荷兰和英国引发了震动和狂欢。人们曾经忧心忡忡，丝毫没有料到法军的损失居然如此惨重，以至于这场胜利被视为奇迹。他们由于兴奋激动，根本无法入睡。毫无疑问，他们认为，这场战争很快就会为大联盟带来一个有利的结局。维也纳的利奥波德皇帝惯于吹毛求疵，却在送给马尔伯勒的信件中献上了毕恭毕敬的恭维之词：

> 胜利是如此辉煌，尤其是在霍施塔特附近的这场对法国人的大捷，没有哪个时代的胜利能与之媲美。恭贺你以雷霆一击粉碎了法国人的骄傲，挫败了他们的险恶妄想，再次平定了德意志，乃至整个欧洲的事态，我们还希望看到欧洲在短时间内就从法国势力的笼罩下恢复全面和彻底的自由。[23]

6月25日，凡尔赛宫举办了庆典，祝贺勃艮第公爵和公爵夫人诞下麟儿。"这桩喜事使得国王和宫廷都喜气洋洋，全城的人都分享了他们的喜悦。游行和庆典进行得太过火，人们的热情几乎达到了疯狂的程度。"[24] 但是，当"战败的消息传来，每个家庭都惊慌失措时"，欢乐场面戛然而止了。随着多瑙河河畔的噩耗一个比一个更惨烈地传来，圣西蒙公爵回忆起凡尔赛宫的痛苦和彻底的茫然无措：

> 整整六天，国王对蒙受的真正损失依然不能确定。每个人都害怕写坏消息，因此，他收到的所有信函，对所发生的事情都陈述得不尽人意。国王运用一切手段来搜罗信息。每一封寄来的信函都由他检查，但没有什么能使他满意。国王和其他所有人都无法理解，就他们所了解到的情况来看，一支

完整的军队是怎样被部署在一个村庄里面，并且签署投降协议的。这件事令每个人都很困惑。[25]

相关细节信息得到证实后，圣西蒙接着说："几乎每一个显赫家庭都有一个成员阵亡、负伤或被俘……公众的悲痛和愤怒毫无节制地爆发了出来。"

马尔伯勒和欧根在会战中蒙受的损失也很惨重，大约1.2万人伤亡，因此他们疲惫不堪的军队只能在战后循序渐进地取得胜果。驻守乌尔姆的巴伐利亚小分队投降了，两位获胜的指挥官与战役进行期间夺取因戈尔施塔特的巴登侯爵会师，在通往莱茵河的路上追击被他们打败的残敌。阿尔萨斯的维勒鲁瓦元帅挺身而出，把在路上屡遭愤怒农民队伍袭击的战败和沮丧的部队护送到了河对岸的安全地带。随后，他进行了谨慎而有效的防御行动，以延缓盟军的攻势。欧根和巴登包围了朗多，同时马尔伯勒率领自己的军队穿过艰险的洪斯吕克（Hunsruck）原野，来到摩泽尔河河谷，在那里着手围攻特里尔和特拉巴赫（Trarbach）。他与奥维科克胜利会师了，后者及其指挥的荷兰军团曾被调往南方参战。现在，法国人进攻荷兰南部边界的可能性极为渺茫，奥维科克毫不犹豫地响应了公爵的召唤。在瞎眼的劳巴尼侯爵（Marquis de Laubanie）指挥下的朗多守军，进行了历时70天可歌可泣的防守，由于凛冬将至，大大延缓了盟军的进展速度，但11月29日，朗多的法国守军最终还是投降了。与辉煌的夏季战役相比，整个秋季战役枯燥乏味，但马尔伯勒还是设法巩固了阿尔萨斯的朗多要塞、摩泽尔河河谷中的特里尔和特拉巴赫，就这样突破了法国架设在莱茵河上的战略防线，为来年的新一轮攻势做好了准备。

结束了一场疲惫不堪却又振奋人心的战役后，马尔伯勒造访了柏林、汉诺威和海牙，与他的盟友们进行了磋商，并接受他们的热烈祝贺。随后，他与他擒获的身份显赫的俘虏们一同去了伦敦，从舍伦贝格和布林海姆缴获的军旗和旗帜被沿街展示，然后送到了威斯特敏斯特厅堂（Westminster Hall）悬挂展览。英国议会毫不吝惜对公爵的溢美之词，对他在那年夏季所取得的成就发表了一篇阿谀奉承的演说，其中的措辞反映了人们对发生的事情普遍感到惊愕的气氛：

在阁下您的指挥下，女王陛下的大军在德意志取得了最近一场战役的喜人胜利，这是一场真正伟大、辉煌的大捷，无论在什么情况下，前代历史上都罕有战例能与之媲美，更不必说它的辉煌更胜一筹了。与阁下对垒的绝非年少无知的将军，缺乏经验、纪律涣散的部队，但是，阁下却征服了法国和巴伐利亚军队，那是一支深通韬略的军队，由精挑细选的百战老兵组成，正因先前的胜绩斗志昂扬，且由经验丰富、勇猛无畏的伟大将军指挥。阁下在舍伦贝格和霍施塔特取得的辉煌胜利，本身就是非常伟大、杰出的，但是，这对女王陛下及其盟友的影响更大。[26]

考虑到马尔伯勒和欧根在那年夏季所取得的巨大成就，人们可能觉得赞美之词过于空洞无物，于是投票决定出资为公爵建造一座宏伟的宫殿，宫殿将被恰如其分地命名为"布伦海姆宫"[27]。

注释

1. Churchill, Book I, p. 807.

2. Langallerie, p. 225.

3. Murray, Volume I, p. 258.

4. 由马尔伯勒率领的沿着莱茵河前往布伦海姆的军队，吟唱了一首打油诗，援引自 Trevelyan, Blenheim, p. 220。

   战鼓上放着四十先令
   许多志愿者为了它们奔赴战场
   穿着衣服，拿着军饷
   翻山越岭万里赴戎机
   来吧弟兄们，你会看到
   我们每个人都会成为军官
   像他们一样咆哮
   翻山越岭万里赴戎机

5. T'Hopf, p. 105.

6. Chandler, Military Memoirs, Captain Robert Parker and Comte de Merode- Westerloo, p. 31.

7. Langallerie, p. 237.

8. Wolf, p. 534.

9. Murray, Volume I, p. 319.

10. Horsley, pp. 32–3.

11. Ibid, p. 162.

12. Langallerie, p. 239.

13. Churchill, Book One, p. 807.

14. Lediard, Volume I, p. 344.

15. Churchill, Book One, p. 807.

16. Wolf, p. 536.

17. Murray, Volume I, p. 345.

18. Langallerie, p. 244.

19. Murray, Volume I, pp. 378–9.

20. Trevelyan, Blenheim, pp. 368–9.

21. Churchill, Book One, p. 837.

22. Trevelyan, Blenheim, p. 401.

23. Coxe, Memoirs of the Duke of Marlborough, Volume I, p. 223.

24. St John, Volume I, pp. 284–5.

25. Ibid, p. 290.

26. Tindal, p. 77.

27. 布伦海姆宫的建造工期比预期要长得多，而且建筑成本也比原先想象的高很多。当公爵的影响力江河日下时，有关他在军事上取得的辉煌胜利的记忆也烟消云散了，这个正在进行的工程成了许多争议的起因。

第六章 贝里克公爵参战

为此目的，一支军队必不可少。[1]

　　1703年年末，对路易十四而言，是时候派出大量援兵去巩固他孙子的马德里王位了。11月29日，英裔贝里克公爵詹姆斯·菲茨詹姆斯被任命为8个法国骑兵和龙骑兵团以及20个步兵营的远征军司令，次月，他受命率部前往西班牙。[2]贝里克是一位非常能干的军人，尽管他以前从未担任过军队司令官，同样颇具天赋的让-弗朗索瓦·德·沙特内（Jean-François de Chasteney）、普伊塞居侯爵（Marquis de Puységur）（后来两人都做了法国元帅）担任他的助手。然而，普伊塞居侯爵很快就与费利佩五世的财务顾问让·奥瑞（Jean Orry）发生了争执，他怀疑后者，甚至几乎要指控他侵吞和挪用公款。"令他震惊的是，"圣西蒙公爵写道，"从马德里到边境线，居然没有为远征军做任何准备，因此，奥瑞在纸上向他展示的一切都完全是空中楼阁。"幸运的是，普伊塞居与奥瑞之间的争执得到了平息，因为这些显然是起草信函时产生的误会，不是什么严重的问题。[3]2月15日，贝里克风风光光地进入马德里，次日，费利佩五世任命他为驻伊比利亚半岛的法国和西班牙军队的总司令。

　　两个联盟都遇到了各种问题，尤其是在战争中。大联盟指挥官面临的困难，不亚于贝里克公爵试图在西班牙和葡萄牙发动一场行之有效的战役；而对贝里克而言，在西班牙和葡萄牙打一场卓有成效的战役所面临的困难，不亚于对阵大联盟指挥官们。经验表明，西班牙士兵足够勇敢，但他们装备低劣、薪饷菲薄，接受的训练也过时了。在几位优秀的法国军官的严厉监督下，这些缺点可以得到纠正，但西班牙军官对法国的干预和影响深感不满，尽管他们为了能有效学习如何打仗必须接受。马德里宫中野心人物之间的敌意，增加了贝里克的困难，一些人想用谀辞软语讨好费利佩五世，有些人希望取代他和他的祖父，有些人只对凡尔赛宫的所思所想感兴趣，还有些人认为待在马德里的法国人太多了，这些法国人肆无忌惮，已经到了完全不能忍受的程度。当贝里克为未来的战役做准备时，他需要使用大量外交手腕。公爵记得：

> 我不愿意与他们争吵，事实上，我有一件非常重要的事情要做，我不愿意承认我卷入了他们的争执，因为争执对我受命负责的主要事务毫无用处，所以我很不开心。[4]

依靠一贯的充沛精力和圆滑世故，贝里克与普伊塞居着手实施改革，改善和培训他们指挥下的西班牙军队，在令人吃惊的短时间内就搞定了一支装备不错、训练有素的4万人的军队，其中约有1万人是骑兵。这支军队的核心仍然是贝里克从西属尼德兰带来的1.2万名有作战经验的士兵，但是奥瑞在马德里推行的财政改革使士兵们能定期得到军饷，这在当时的西班牙是一大创举。

葡萄牙国王佩德罗迫于压力而加入了大联盟。按照条约的规定，1704年3月6日，查理大公率领4000名英国和荷兰士兵，与由海军上将乔治·卢克指挥的一支强大的巡航舰队一同抵达了里斯本。一直勇敢地劝说国王重新与路易十四结盟的法国驻葡萄牙大使，匆忙离开里斯本前往马德里（他在里斯本附近购置了尽可能多的马匹，并把它们先期送往西班牙）。查理进入里斯本，受到了盛大庆典的迎接，而卢克则率领他的舰队主力在直布罗陀海峡巡航。此时佩德罗有病在身，为即将到来的战役所做的准备工作进展缓慢，人员和物资都没有按照条约规定的数量提供。根据条约规定，荷兰以现金形式提供津贴，但是在会计的算计下，津贴被用来偿还葡萄牙欠荷兰商人的旧债，而非供养葡萄牙军队，尽管安妮女王的国库迅速支付了英国该承担的款项份额。[5]英国远征军司令官朔姆贝格公爵（Duke of Schomberg）梅因哈特（Meinhardt）没能控制住局势，浪费了许多宝贵的时间，他麾下许多军官的信心也受到了考验。事实证明骑兵和龙骑兵的装备尤其难以筹备，因为许多马匹在从苏格兰南部和荷兰出发的远航途中死掉了，葡萄牙人早已习惯了从西班牙运来的补充马匹，但这个选项已经不复存在了。现已离境的法国大使最近的活动完全徒劳无功。由于盟军指挥官们认为，当地强壮的罗夏纳特矮马（Rosianates）不适合承担骑乘者的体重，所以向塔霍河运输马匹是成本高昂、辛苦费力的工作，还有许多马匹在途中死去。

在针对法国人的巡海任务中，卢克设法占了些便宜，于是在4月中旬返回了里斯本。5月16日，安妮女王致信查理大公时，卢克得到了进一步指示，指示阐明了英国在陆地和海洋上的策略是多么灵活和高瞻远瞩：

> 我的海军上将将奉命与陛下的军队合作（现在女王总是称查理为陛下，仿佛他已经当上了西班牙国王），以平定你的王国。由于他需要驶往地中海援助尼斯和弗朗什城（Ville Franche，萨伏依公国领土），所以他不会前往加泰罗尼亚海岸，除非他确保了那两个地方的安全，在阿尔特亚湾（Bay of Altea）集结了舰队之后，他的活动范围会超出西班牙海岸。在纳普斯（Napes）①、西西里和亚得里亚海（Adriatic）的行动会视情况而定。[6]

在遥远的亚得里亚海的一切行动计划都没有落实，因为人们普遍担心法国的地中海舰队会得到增援，并试图与效忠费利佩五世的西班牙残余舰队联手，阻止盟军通过直布罗陀海峡。在这种情况下，萨伏依会暴露在法军的兵锋下，得不到任何支持，就像查理在那不勒斯的立足点没得到支持一样：

> 有那么一段时间，他一直在等待将人马运送到加泰罗尼亚，但是无法指望他们能在明确的时间点到达，同时得到消息说一支法国舰队正在驶离布雷斯特（Brest），要与加的斯的另一支法国舰队在土伦会师，看来，他毫不拖延、倾巢出动的出海决定应该得到批准，因为他当时的处境不错，也拥有充裕的时间来阻止图卢兹伯爵（Count de Toulouse）穿过海峡……我没有忘记里斯本港的安全问题。[7]

这位海军上将显然获得了宽泛的指示，如果可行，他会向法国南部塞文地区的叛军乱党提供援助，甚至可以尝试影响北非的摩尔人（Moors），使之公开宣布支持大联盟。缺乏可用作登陆力量的部队是令人遗憾的，那些在港湾里面舒舒服服地享受生活的船只，无法与在海上积极战斗的舰队相比。国王佩德

---

① 原文如此，怀疑是那不勒斯（Naples）。——译者注

罗答应为此派出他自己的2个营，但这2个营还得从设在内陆的营盘启程行军，卢克的时间紧迫，刻不容缓。他起航拦截驶离布雷斯特的法国战舰，但一无所获。不过他畅通无阻地通过了海峡。然而，海军上将发现，此时在巴伦西亚海岸登陆并不现实，尤其是他不能让他的海军陆战队长时间上岸，所以他率军北上，想看看在加泰罗尼亚的运气如何。

葡萄牙人惴惴不安地看着英国舰队出航，根据与大联盟商定的条约条款，他们的安全能得到保障，但这很大程度上取决于这些战舰在塔霍河附近的存在。现在，这些战舰已经跟着卢克驶向地中海了，但是，老练精熟的外交官约翰·梅休因向国王佩德罗保证，确保安全的最佳手段是在任何能找到法国舰队的地方进行搜索并与找到的法国舰队交战。为了确保在积极的准备活动中保持一定程度的和谐，国王不大情愿地答应了。当来自布雷斯特的法国舰队继续南下而没有尝试袭击葡萄牙港口或航运时，大使说的话被证明是正确的。但是，人们依然怨恨不已，尤其是在克劳兹利·肖维尔（Cloudesley Shovell）爵士指挥的一支舰队驶入塔霍河却又于6月末离开，且拒绝在那里留下1艘警卫战舰的时候。

鉴于葡萄牙加入大联盟造成的威胁与日俱增，贝里克公爵必然要发动战役，尝试迫使里斯本退出战争。5月，他让法西联军兵分5路越过边境。而他亲自指挥1.4万人的主力部队，沿着塔霍河的右岸顺流而下直取维拉·韦利亚（Villa Velha），并打算在那里与由泽克莱斯·提利亲王（Prince de Tzerclaes Tilly）指挥的5000人的分遣队会师，亲王正要肃清河左岸的波塔莱格雷（Portalegre）。一支辅助纵队由唐·弗朗切斯科·德·龙奎罗（Don Franciso de Ronquillo）指挥，经贝拉（Beira）的阿尔梅达（Almeida）挺进，其他两支由西哈尔公爵（Duke of Hijar）和比利亚达列斯侯爵（Marquis de Villadarias）指挥。加上当时御驾亲征的费利佩五世的部队，贝里克共有2.8万名野战兵，其中大多是法国人。戈尔韦和葡萄牙将军米纳斯侯爵（Marqués Das Minas）安东尼奥·路易·德·索萨（Antonio Luis de Souza）能用来对抗贝里克的野战兵力只有2.1万人，但是双方都有不少问题，包括马匹缺乏草料，给养困难和连续不断开小差的逃兵。因此，对贝里克而言，最大限度地发挥人数优势绝非易事。

尼古拉·法热尔（Nicholas Fagel）男爵堵在贝里克的主要进攻路线上，但是由于他手下只有2500名荷兰士卒，无力阻止法国和西班牙的进攻。葡萄牙的几座小要塞，萨尔瓦铁拉（Salvatierra）、塞古拉（Segura）、罗斯玛利诺（Rosmarinos）、卡布雷索（Cabresos）和佩纳·加西亚（Pena Gacia）没怎么抵抗就开门投降了，孟山都（Monsanto）、艾达纳-拉-维耶哈（Idanha-la-Vieilha）都在法军的猛攻下陷落。由于地形的原因，法国和西班牙的各路纵队之间难以进行密切配合，补给只能缓慢地向前推进。然而，贝里克的挺进是如此成功，以至于在葡萄牙为英荷联军效力的斯坦霍普伯爵（Earl Stanhope）詹姆斯写道："如果敌人利用他们的优势高歌猛进，我认为没有人能解救里斯本，除非通过条约。"[8]

尽管贝里克发动的战役取得了令人振奋的初步成功，米纳斯侯爵还是率领葡萄牙军队从贝拉的阿尔梅达启程了，法热尔为了缓解自己的给养短缺问题，分派出数百荷兰人与米纳斯同往。里斯本方面发来了命令，要求盟军放弃原定目标罗德里戈城（Ciudad Rodrigo），转向塔霍河去阻止法西联军的进攻。朔姆贝格、米纳斯和法热尔都没有架设浮桥的设备，意味着塔霍河将他们分隔开了，而不像他们的对手那样可以随心所欲地架桥渡河。提利抵达葡萄牙人占领的阿雷格里港（Porto-Alegre），守军被迫投降。5月27日，法国将军图伊（Thouy）指挥一支4000人的部队，迫使荷军的2个步兵营在扎切达（Zarceda）投降。尽管补给依然很困难，马匹的饲料短缺，大批牲口或病或死，贝里克与提利还是在阿雷格里港会师了。最初有备无患控制边境地区的行动明显放慢了步伐。

与此同时，米纳斯侯爵抵近了孟山都，并在6月11日与唐·龙奎罗指挥的法西联军狭路相逢。葡萄牙骑兵发动冲锋，被击退，但是他们的步兵表现得非常坚强，当部队遭到炮击时，龙奎罗便匆忙撤退了。次日，米纳斯侯爵继续挺进，占领了孟山都的堡垒，驻防的120名法军士兵成了战俘，随即这里被洗劫一空。之后，侯爵向蓬苏尔河（Ponsul river）进发，但获悉贝里克就在附近的白堡（Castel Branco）后，他又返回了佩纳马科（Penamacor）。贝里克公爵没有追赶米纳斯，而是与比利亚达列斯率领的从安达卢西亚北上的一支4000人的队伍会师。贝里克设法占领了维德堡（Castello de Vide），部分原因是城中胆怯的守将坚持尽快弃守。贝里克以嘲讽的口吻回忆道："我们的大炮已经开始刮他们的墙皮了，葡萄牙守将渴望投降。"[9]这番评论有些无厘头，因为他曾发出威胁，如果守军不立即投降，他就要洗劫城市，屠杀居民。

葡萄牙人控制的一些次要要塞保住了，到目前为止，战役中取得的零星荣誉全部属于贝里克，但他没有取得很大的战果。在炎热的夏季，战争几近停止，缺乏日常补给的问题日益严重，游击队对贝里克的辎重车队和落伍的士兵发动的袭扰也越发频繁。必须在与葡萄牙接壤的边境地区采取防御态势，因为在那里，盟军指挥官们仍然可以部署2万多人。法国和西班牙骑兵坐骑的状况每况愈下，公爵悲戚地写道："我信任这个国家的人民，他们向我们保证，他们绝对会向西班牙战马提供大麦，如果大麦供应不上，这些战马便会死光……我们已经习惯了用我们能找到的各种饲料喂马。"[10] 1704年7月1日，贝里克从边境撤回他的军队，摧毁了他占据的葡萄牙城镇的防御工事，只在塞古拉（Segura）、马尔旺（Marvão）和萨尔瓦铁拉城堡留下了驻防部队。

费利佩五世御体欠安，无力为余下的战役做出太大贡献，所以返回了马德里。贝里克在萨拉曼卡（Salamanca）建立了一个阵地，比利亚达列斯返回了南方。"本应取得更大战果的第一次战役，就这样结束了。"[11]对盟军而言，此役的结果喜忧参半，尽管法国和西班牙的组团反攻被认为是一大成就，而且士兵们在许多情况下，例如在孟山都表现得很不错。然而，对贝里克来说，此役的一个好处是，他和他的部队耗尽了塔霍河沿岸地区的全部给养物资。如果盟军指挥官们冒险杀入西班牙，将会发现沿着这一地区的破败道路，没有可以用来充当给养的东西，只能自己携带辎重。在漫长炎热的夏季，双方的士兵都驻扎在营盘和帐篷里面，同时进行着各种准备工作，以便秋季发动新一轮行动时，给养供应有所改善，但成效不一。朔姆贝格公爵的才干遭到了怀疑，他与盟友的合作也未能得到肯定，因此他很快就被人取代了。

由卢克上将指挥的英国和荷兰舰队，在把黎凡特舰队安然护送过直布罗陀海峡之后，未能在巴伦西亚（Valencia）实施两栖登陆，也未能与法国海军上将图卢兹伯爵率领的舰队——从布雷斯特出发，即将抵达土伦——发生会战。进攻土伦的计划被搁置了，因为此时萨伏依公爵不会参加这样的冒险。相反，1704年5月30日，在加泰罗尼亚的巴塞罗那附近，卢克将黑森－达姆施塔特的乔治王子指挥下的1600名英、荷海军陆战队员送上了海岸。早在舰队出发之前，里斯本就已经讨论过这个计划，人们对支持查理大公的加泰罗尼亚起义寄予厚望。然而，尽管当地人对盟军部队并没有表现出多少敌意，盟军也很快就发现，当时加泰罗尼亚人并没有特别支持查理的情绪，而且巴塞罗那总督唐·贝拉斯科（Don Velasco）拒绝接受查理发来的一封信函。轰炸巴塞罗那的威胁，只会引发当地民众的群嘲和憎恶，何况威胁往往是考虑不周的举动，未能打动唐·贝拉斯科。由于缺乏真正的成果来证明乔治王子在海岸的存在是有价值的，6月1日，卢克再次让人马登船，扬帆起航前往法国南部海岸，看看能否迫使法国舰队与自己大战一番。但逆风将他吹了回来，"对帆桁、桅杆和风帆的破坏不亚于发生了一场海战"[12]。

试图拦截法国布雷斯特舰队的尝试又一次失败了，卢克再次指向直布罗陀海峡。6月26日，他与刚刚从塔霍河赶来，由肖维尔指挥的生力军会师，大家就如何再次夺取加的斯或者攻占梅诺卡岛上的马翁港进行了一番讨论，但没有达成共识。大家都知道直布罗陀有相对安全的航运港口，当地的西班牙守军防备空虚，它会成为一个非常值得争取的大奖。

1704年7月30日，盟军舰队在北非海岸的得土安（Tetuan）装载淡水后，穿过直布罗陀海峡。当日下午，1800多名英国陆军和海军陆战队员在连接大岩石（Rock）与大陆的狭长的砂质地峡上登陆。一些盟军战舰驶入港口，西班牙守军鸣炮示警，皇家海军战舰"拉内勒夫"号（Ranelagh）的桅杆被炮弹打断。盟军要求直布罗陀守将唐·迭戈·德·萨利纳斯（Don Diego de Salinas）立即投降，但他勇敢地拒绝了，尽管防备贫弱，守军不足，只有"56人，其中执勤的还不到30人"，此外还有从市民中招募的民兵。[13]两天后，猛烈的炮击开始了，一艘装载着一支登陆部队的武装小艇被派进了港口，试图捕获躲在老防波堤旁边的法国私掠船。这艘小艇安然无恙地撤了回来。舰炮炮火将新防波堤上的一个西班牙炮台打哑，英军未遇抵抗就登陆了，但一个火药库爆炸，造成了英军的若干伤亡，还炸沉了一些已经登上附近滩涂的小艇。一队全副武装的水手在大岩石最南端的欧罗巴海岬（Europa Point）登陆，守在那里的德·萨利纳斯看得出，继续抵抗无济于事。他的小股驻军和当地平民在敌人的舰炮轰击中，遭到了数量惊人的4万枚各种炮弹的轰炸。炮击造成了很大破坏，伤亡却寥寥无几。得到了优惠的投降条件后，守军投降了，他们与当地大部分居民离开了大岩石，因为居民们害怕自己会沦为英国士兵们的刀下之鬼（加的斯发生的那场记忆犹新的暴行给他们留下了长久的心理阴影）。盟军在西班牙大陆上构筑了一个营盘，从营中可以看见逃离的百姓的老房子，室内还有他们无法带走的为数不多的财物。驻扎在直布罗陀的几个法国人不得不举手投降，沦为战俘。盟军以查理大公的名义占据了直布罗陀，付出的代价不大，大约300人阵亡或负伤，大多数是因为火药库的爆炸，但没过多久，英国就把此地据为己有。即便如此，使用直布罗陀以确保盟军军队在海峡中畅行无阻的价值显而易见，伦敦人对此做了一定程度的夸张，说它是"西班牙国王（当然指卡洛斯三世）在那个国家最坚固的堡垒中的立足点，而且对保障我们的贸易和阻断敌人的贸易来说大大有用"[14]。

直布罗陀陷落的消息，在马德里引起了情有可原的沮丧，现在，在土伦指挥法国舰队的图卢兹伯爵起航出港，前去挑战卢克对海峡的控制。与卢克同来的4艘荷兰船只已经驶往荷兰，用于搭载更多部队去西班牙打仗，3艘护卫舰被派往亚速尔群岛（Azores），护送来自巴西的葡萄牙商船。卢克的舰队实力有所减弱，但是克劳兹利·肖维尔爵士率部与之会师，肖维尔的船只已在休达（Ceuta）重新补充了淡水。

1704年8月24日上午，法国舰队没有进入海峡，而是掉头返回，但是双方的舰队在马拉加（Málaga）相遇，发生了海战。卢克拥有59艘战舰和7艘纵火船，图卢兹拥有57艘战舰、6艘纵火船和28艘快速战舰。这些靠划桨驱动的船只证明了它们的价值，当风力减弱的时候，它们可以把更大的法国船只拖到合适的位置，而且它们的重型船首炮也给对手造成了重创。随着迅疾的东风吹起，卢克占据了上风头，但是激烈的海战没有取得决定性战果。虽然消耗了大量火药，大部分舰船都遭到了重创，英国战舰"格拉夫顿"号（Grafton，载有70门炮）的舰长安德鲁·列克（Andrew Leake）爵士伤重身亡，但双方都没有击沉或俘获任何一艘敌舰。圣西蒙公爵写道："在马拉加海岸，图卢兹伯爵遭遇了卢克的舰队，双方从上午10点钟一直打到晚上8点钟。如此顽强而激烈的接触战，已经很久没在海上见到过了。"[15]英国和荷兰伤亡了2718人，图卢兹伯爵的舰队伤亡3048人，其中包括海军上将德·贝莱尔（de Bellisle）和洛林（Lorraine）。

次日，图卢兹占据了上风头，但经过昨天的激战后，他没有与盟军舰队交锋。他还不知道，卢克的战舰在几星期前对直布罗陀进行了狂轰滥炸后，火药和炮弹都减少到了危险的程度，且此后一直没有机会补充。不过，法国人坚守不战是确定无疑的，他们本来有取得大胜的天赐良机。在旗舰上召开军事会议的时候，图卢兹极力主张次日早上与卢克再战一场，但他的高级军官们对于蒙受的巨大伤亡心惊胆战，不同意出战。结果，法国的地中海舰队在当天晚上离开战场驶往土伦，卢克如释重负，把他遍体鳞伤的破船开进了直布罗陀湾的掩体后面。由于一场意外，荷兰人的旗舰"阿尔贝马尔"号（Albemarle）在港内发生了爆炸，几乎全部船员罹难。

路易十四收到了一份非常具有倾向性的战斗报告，内容夸大了法军取得的优势，因此国王心满意足地致函德·诺瓦耶（de Noailles）：

> 我集中在地中海的舰队，在我的儿子法国海军上将图卢兹伯爵的指挥下，不仅令在加泰罗尼亚海岸合流的英荷舰队的计划破产，也以全面交锋和占尽优势而结束了一场辉煌的战役。尽管敌人数量大大多于我军，还占据了上风头，然而他们的最初努力被我们顶住了，我军的军官、水手英勇搏杀，将军以身作则鼓舞全军，因此在历时10小时的战斗中，敌军除了忙于阻止我军发动的几次登船企图之外，没有别的想法。我军击退了敌军。[16]

尽管国王心满意足，但两支舰队的交战是一场混乱不堪的战斗，双方都没有占到真正的便宜，图卢兹不愿意再冒险出动了。至于卢克的舰船，如果不进行大修，就无法继续服役，事实上，有些舰只根本不适合航海了。在凛冬到来之前的9月中旬，它们步履蹒跚地起航前往塔霍河，甚至还得去英国和荷兰修整。然而，尽管法国人声称已经获胜，但一个简单的事实是：从那时起，他们及其西班牙盟友再也没有认真向英国和荷兰舰队发起挑战，要求对手在海上与自己全面交锋。心理上的失败显而易见，尽管法国战舰的火力、索具和航行能力总体上明显优于它们的对手，船员素质也旗鼓相当。

与此同时，被摧毁的直布罗陀防御工事得到了修复和加强，由2300名荷兰和英国海军陆战队员驻守，另有担任炮手的大约70名志愿海员和一小支加泰罗尼亚非正规部队。黑森-达姆施塔特的乔治王子指挥守军，爱尔兰裔的亨利·纽金特（Henry Nugent）上校担任直布罗陀总督，获得了当地的少将军衔，而且他此前就已经获得了西班牙荣誉头衔瓦尔·德·索托伯爵（Count de Val de Soto）。

卢克要求查理大公允许海军陆战队脱离海上勤务，但无果而终。不过，在一位富有进取心的英国商人沃伦（Warren）的帮助下，他的船只在离开海峡之前，从北非港口获得了大量补给品。丹吉尔（Tangier）的摩尔人总督阿尔卡德·阿里·本阿卜杜拉（Alcayde Ali Benabdulla）出力特别大，因为他希望看到被他包围在飞地休达的西班牙军队滚蛋，去别的地方为马德里王位而战。最近几个星期大联盟海军的表现，给他留下了深刻印象，他显然认为现在采取这种合作方针是明智之举。乔治王子派遣一名使者与阿尔卡德谈判，希望得到马匹、粮食和大麦，甚至使用摩尔雇佣军，尽管这肯定意味着滋生的麻烦多于收益。对西班牙当地人来说，英国士兵在伊比利亚半岛上服役就够糟糕的了，如果摩尔人也出现的话事情就会变得更加复杂，幸运的是，这个危险的念头被放弃了。

没过多久，夺取大岩石的努力就在盟军的眼皮子底下蓄势待发了，一支600人的西班牙先遣队迫近了，随后9月初，由比利亚达列斯侯爵指挥的一支更加强大的队伍也到来了。这段时间，西班牙人建立了陆地封锁线，但此时还很少发生真正的敌对行动。卢克及其战舰已经离去，10月4日，由海军上将让·普安蒂（Jean Pointis）指挥的拥有20艘战舰的法国舰队驶入直布罗陀湾，护送运载着部队、枪炮和物资的运输船队，随后驶往加的斯。一旦在加的斯站稳脚跟，普安蒂及其舰队就会处于良好位置，足以拦截企图补充和增援大岩石守军的敌人。3天后，安妮女王亲笔致函大公，清楚地阐明了坚守直布罗陀对盟国的事业会多么有利：

> 陛下为了占领直布罗陀城向我道贺，此事的确令人欣喜，因为它将开辟进军陛下的王国的通道，保住直布罗陀无疑能取得更大的战争优势。我认可这一观点，且正在倾尽全力为我们的阵营工作，我希望陛下和葡萄牙国王能与我团结一致，采取必要的措施保卫此地。[17]

比利亚达列斯指挥下的8000名西班牙人已经位于直布罗陀的视线范围内，此外还有4000名法国援军在普安蒂的指挥下登陆了，同时一列由40门重炮和12门臼炮组成的攻城炮队付出了巨大努力，准备炮击防御工事。10月21日，他们在陆港门（Landport gate）对面挖掘了战壕，6天后炮击开始。11月9日，从里斯本出发的一支由海军上将约翰·列克（John Leake）爵士指挥的舰队，出现在大岩石附近，此前，舰队避开了驻扎在加的斯的法国舰队的注意，烧掉了在海湾内发现的几艘法国战舰后驶向海岸，英国战舰"海燕"号派出的一支武装突击队登上并俘获了1艘法国护卫舰"埃图瓦勒"号（Etoile，载有24门炮）。同日，纽金特少将被一枚开花炮弹炸伤，伤势严重。尽管守军染上了疾疫，西班牙人突袭防御工事的企图还是于11月11日以损失惨重被赶回去而告终。"今天破晓时分，敌人袭击了我们，圆塔和它上面的裂口是打击目标。"[18] 列克把物资和增援部队送上了海岸，包括改善和修复防御工事的工人，但是在本月底，获悉普安蒂率领他的舰队驶离了加的斯，正在步步紧逼（大岩石上的瞭望哨能看到毗邻的从开阔水域突入大西洋的西班牙陆岬）。海军上将把他的舰船转移到一个更好的位置，准备打一场全面海战，并为期待中的带来更多援军的船队提供掩护。

针对直布罗陀防御工事的轰炸一直在继续，不时炸出豁口，围攻者构筑的封锁工事越逼越近。到了12月的第一个星期，守军中大约只有1000人还能坚守他们的岗位，但是削弱了列克舰队的恶劣天气也延缓了工程的速度，消弭了西班牙人的攻势，导致比利亚达列斯部的士气低落，意志消沉。然而，一个装有36磅攻城炮的炮台拔地而起，很快就对沿着老防波堤构筑的防御工事造成了严重破坏。12月14日，一艘船为守军带来了好消息，一支运输船队从里斯本起航出发了，在斯巴特角（Cape Spartel）海域遭遇了一支法国舰队，损失了几艘船，但船队主力还是在12月19日之前安然抵达了直布罗陀湾。船队送来了一支拥有1700名援军的部队，包括英国禁卫步兵团，他们携大量物资和弹药登陆了。12月23日，盟军发动的一次突袭，以极小损失突破了漫长的围城工事，此举证明直布罗陀守军具有昂扬的进攻精神。一星期后，这种情况再度发生，并取得了成功。围攻行动的火星似乎已经熄灭了，西班牙和法国炮手的炮击与日俱减，伤亡和疾病使比利亚达列斯指挥的部队减少到不足6400人。

圣诞节那天，列克几天前率领的被海风吹跑的舰队重新在东方出现。1705年1月初，他把聚集在直布罗陀湾内形形色色的船只都带往里斯本，并于1月20日安然抵达目的地。比利亚达列斯侯爵被特塞（Tessé）元帅取代，海军上将普安蒂率领他的舰队在大岩石周围巡视，但针对盟军工事的新一轮猛攻被证明是徒劳无功的。2月5日，法军发动的猛烈炮击和步兵发起的进攻都被击退了，荷兰军队的犀利反击颇有斩获。3月底，列克再次为盟军守备部队提供了生力军，英荷与葡萄牙联合舰队大破法国舰队，3艘法国战舰被俘，另有2艘被赶上海岸搁浅而焚毁。普安蒂在交战中负伤，再也没有康复。[19]

到了4月，特塞意识到，如果没有比手头多得多的资源，收复直布罗陀的企图肯定是空中楼阁，因此，他的围困行动又变成了简单的封锁。无论如何，人们意识到，盟军会再次把注意力转移到向加的斯发动新一轮攻势上来，因此那里的驻军急需加强。费利佩五世不情愿地同意了放弃对大岩石的企图。到了4月的第三个星期，特塞开始撤回他的部队，要想不受盟军驻军的阻挠，会是一项困难的任务，而他以高超的技巧完成了。整场失败行动的代价高昂，因为在致力于夺回大岩石的1.8万人中，最终约有1.2万人患病或负伤。守卫部队的损失要小得多，而查理大公夺取马德里王位的事业，由于费利佩五世及其将军们的显著失败，得到了一定程度的推动。相比之下，盟军在西班牙南部的存在则得到了维持，在直布罗陀不仅夺取了大岩石，也在海湾的隐蔽水域取得一片虽然狭窄却安全的锚地。控制海峡通道的能力是一笔重大利好，但只有在一支海军舰队长久驻扎在大岩石时，才具备这种能力，而目前还不具备这个条件。法国和西班牙被拖入了一场徒劳无益的穿插表演中，被迫从更有前途的战役中转移资源，这给迎击从葡萄牙发动进攻的盟军的准备工作造成了令人厌倦和旷日持久的拖延。

从更广阔的视角来看这场战役，会发现贝里克公爵面临着明显的两难局面，因为费利佩五世在凡尔赛宫的催促下希望能够立即收复直布罗陀。此时，朔姆贝格公爵已经返回伦敦，其职位由经验丰富的宿将戈尔韦伯爵亨利·德·拉维尼（Henri de Ravigny）取代。安妮女王致函查理大公："发现葡萄牙国王对朔姆贝格颇有微词之后，我决定召回他，并派遣戈尔韦伯爵去接替他的位置，我急于通知陛下，我很快就会倾尽全力。"[20]米纳斯正准备从贝拉出动，发动针对西班牙的新一轮进军，而贝里克自己的人马由于伤亡、疾病和缺乏草料而减少。事实证明，在半岛发动战役是种考验，贝里克写道：

> 敌军将由37个营组成，其中10个营是英军或荷军，还有50个骑兵中队。我手中唯一能用于抵抗敌人是18个不堪一战的法国营、37个极为疲弱的骑兵中队，其中不包括驻扎在罗德里戈城的5个西班牙营。[21]

一个挥之不去的担忧是，位于瓜地亚纳河（Guadiana）河畔的巴达霍斯（Badajoz）的小股驻军可能会遭到盟军的攻击，因此贝里克坚决拒绝了一切要他派兵帮助收复直布罗陀的要求。可以理解的是，前线统帅与马德里宫廷之间存在着一定程度上的紧张关系，新上任的法国大使格拉蒙公爵（Duc de Gramont）试图通过干预和批评前线指挥来巩固自己的地位。就连一向乐于助人、沉着冷静的普伊塞居也认为，对西班牙南部安全的担忧言过其实了，无论盟军从直布罗陀攻入安达卢西亚还是从葡萄牙经巴达霍斯向埃斯特雷马杜拉挺进，都是如此。贝里克仍然坚信主要威胁是，敌军途经阿尔坎塔拉（Alcantara）和托雷多后长驱直入：

> 葡萄牙国王和查理大公肯定会来进犯我。然而，我的所有陈情都被置之不理，当时正在马德里的普伊塞居对此居功至伟，因为他固执地认为敌人没有足够兵力向我进军。[22]

果不其然，米纳斯和新来乍到的戈尔韦指挥下的联军，与法热尔男爵指挥下的荷军蠢蠢欲动。到了9月23日，他们已经率领将近2万人抵达了阿尔梅达，两天后，佩德罗国王与查理大公检阅了联军，对将士们的精神面貌、健康状态和装备状况心满意足。

米纳斯迫切地希望威胁罗德里戈城，一旦攻克了这个要塞，那么在凉爽的秋季向马德里进军的计划就能胜利实施了。卡斯提尔的世袭海军上将也为这个计划煽风点火，认为这是为了哈布斯堡王朝的事业而煽动农村起义的最佳途径。但是，戈尔韦和法热尔不以为然，而罹患痢疾的查理大公拒绝表达明确见解。然而，在马德里，大人物们终于意识到了敌人计划的危险性，于是，他们匆忙将西班牙皇家骑兵团作为援军派给了贝里克，同时下达了一个并不完全管用的指示，要求公爵必须避免采取全面交战行动，如果戈尔韦推进，他就后退。

公爵决定置之不理，从巴达霍斯征召提利来增援自己，并且决定守住阿奎达河（Agueda）防线。"我深信，如果我不这么做，西班牙就会落入敌手，所以，带着一些成功的希望去冒险打一仗，总比抛弃和放弃一切好得多。"[23]贝里克的判断合情合理，他的决策被证明是正确的，盟军不得不在补给物资运抵之前推迟行动，直到10月7日才到达河边。双方的炮兵猛烈互射后，米纳斯断定，贝里克占据的阵地过于坚固，根本无法攻取，于是计划内的进攻被取消。糟糕的天气从天而降，草料难寻，盟军无力攻破阿奎达河，于是沿着自己的交通线和补给线退回了葡萄牙。[24]

那年秋季，盟军失去了实施有效打击的机会，于是不可避免地相互指责，将军们也受到了毫无作为的责难，而国王佩德罗江河日下的健康状况，迫使他放弃了未来的作战计划。尽管他最初不愿放弃同法国的盟约，但这是可以理解的，事实证明他是一个不错的盟友，在因不利局面而不得不发动一场战役的可能成为现实的情况下，他当然不是傻子。对面阵营中的贝里克公爵很快就被召回法国，他的法西联军总司令的职位由特塞元帅取代，人们认为，特塞与那位"固执可恶的英国大魔鬼"不同，可能会更加重视来自马德里的指令。[25]人事变化并不是对贝里克在今年最后几个月把米纳斯、戈尔韦及其军队赶回去而取得的丰硕战果的否定，在公爵离开马德里之前，费利佩五世授予他声誉卓著的金羊毛骑士团（Order of the Golden Fleece）团员的荣誉。事实证明，特塞在维护战地指挥官的地位时十分强硬，甚至玩弄手腕让爱管闲事的格拉蒙公爵被召回了凡尔赛宫。

虽然马德里对未能收复直布罗陀感到遗憾，但这被视为暂时的挫折，在适当的时候加以弥补即可，如果有问题的话，就是盟军在安达卢西亚的胜利使当地已经相当冷漠的百姓更加愤怒。约翰·梅休因曾建议在该地区挺进，但没有得到落实，尽管使用瓜达尔基维尔河河畔科尔多巴来运送人员和物资具有潜在的好处。盟军指挥官之间的个人恩怨，妨碍了为来年春暖花开之际发动攻势所做的准备，身经百战且经验丰富的法热尔抱怨戈尔韦不能胜任未来的任务，尽管伯爵已经被擢升为行营主管（Mestre de Campo）①，与国王佩德罗任命的米纳斯并驾齐驱。

尽管法热尔从来没有不忠的表现，但是与戈尔韦职衔上的悬殊令他很不爽，导致两人很难合作。男爵为即将到来的战役准备了一份经过深思熟虑的评估和计划，于1704年年底呈送给了国王，但是佩德罗在新年年初染上了中风，布拉甘的凯瑟琳（Catherine of Braganza）王后（英国国王查理二世的遗孀、佩德罗二世的姐姐）成为摄政。与此同时，尽管佩德罗的御体每况愈下，他还是一直积极改组和补充自己的军队，期待新的战役，他身体略有康复便试图重新控制事态。这使得战事被耽搁是不可避免的，在相互矛盾的指示面前，关于究竟该服从谁的命令，引发了一定程度的混乱。

不出所料，商定的计划是进军马德里，因为有人认为此举将使查理大公在西班牙获得胜利，而前往安达卢西亚只会把兵力分散到更遥远的南方。1705年4月初，戈尔韦检阅了军队，但他失望地发现，战役的准备工作依然滞后。骑兵的坐骑和装备都很差劲，这成了一个令人忧心的问题，但是如果迅速采取行动的话，法国和西班牙也很可能会由于准备不足、兵力贫乏被打败。然而，盟军的士气不高，一位英国龙骑兵军官在写给团长的信中说："希望上天永远不要看到这个地狱般的国家。每个人都身心俱疲。"[26]国王持续恶化的健康状况，使葡萄牙军官们无精打采，而且英国许诺的补给品迟迟不到，导致大家产生了英国不守信用和伦敦对此役缺乏兴趣的疑虑，即使有援军抵达，也被送去支援驻守大岩石的英军了。攻城车队已经被派往埃尔瓦斯（Elvas），准备攻打巴达霍斯，但这个行动被取消了，所以不得不耗费大量时间和劳力把重炮拖到塔霍河畔的军队手上；而且，许多开花弹的引信都有缺陷，炮台上支撑重炮的木料也供应不足。

1705年4月下旬，尽管困难重重，一支由1.7万人组成的盟军还是发动了一场新战役。5月3日，他们抵达了塔霍河南岸的小要塞阿尔坎塔拉的巴伦西亚（Valencia d'Alcantara）。盟军开始轰炸防御工事，荷兰和英国部队向打开的缺口发动猛攻，守军迅速而小心地投降了。不幸的是，随后该镇遭到了葡萄牙

① 法国的古代职衔，大致对应上校。——译者注

军队和随营非战斗人员的洗劫，他们想清算旧账。幸运的是，在报复过程中，平民几乎没有伤亡。但把当地百姓争取到哈布斯堡王朝的事业上来的希望，又一次遭到严重挫折，当位于山顶的设防小镇阿尔布开克（Albuquerque）的地方官们被找来，要他们效忠查理大公的时候，他们迅速和坚定地表示，如有必要，他们愿意为国王费利佩献出生命。尽管守军虚张声势，但在5月21日，他们仅仅略作抵抗就投降了。如此可喜的开端后，持不同意见的大人物们粉墨登场了，戈尔韦主张向巴达霍斯进军，而法热尔则打算继续占领塔霍河南岸的阿尔坎塔拉。他们向里斯本请示，得到批示后继续向巴达霍斯挺进，但在此期间，特塞已经设法加强了守备，7月5日，行动被取消。

盛夏的酷暑让一切再次陷入停顿，直到9月份，夺取巴达霍斯的计划才重新开启，盟军绕过要塞向东进发，打算包围巴达霍斯。特塞实施机动牵制盟军，但收获不大，攻城炮开始射击，在城墙上凿开了缺口。城中发射的一枚法国炮弹击伤了戈尔韦的胳膊，一位受特塞之命来照顾他的法国外科医生为他做了截肢手术。10月14日，从塔拉维拉·拉·雷亚尔（Talavera la Real）赶来的元帅决定解围，经过一番前哨战和远程炮击后，盟军指挥官们认为他们必须撤退，并相互指责是对方的原因导致行动失败，尽管不能说负伤的戈尔韦需要为此负责。

当盟军在西班牙边境上的战役陷入困境时，由才华横溢、足智多谋的彼得伯勒伯爵（Earl of Peterborough）查理·莫道特（Charles Mordaunt）率领的来自英国的生力军，抵达了西班牙战场，伯爵曾被恶毒地描述为"世界上最肆无忌惮的骗子"[27]。生力军的作战意图是前往地中海帮助萨伏依公爵，如果做不到或没有必要这么做，他们则在西班牙海岸上占领某些重要地方，加泰罗尼亚被视为一个不错的选择。海军上将克劳兹利·肖维尔爵士指挥舰队，他俩从安妮女王那里得到的训令是全方位的，而且也很中肯：

> 相比于占领巴塞罗那和加的斯，没有什么比大联盟的共同事业更重要，也没有什么比把国王查理三世推上西班牙王位更有好处的了，因此，我命令你尽心竭力、不择手段地平定这些重要地方……抵达加泰罗尼亚海岸后，我要求和命令你全力以赴争取加泰罗尼亚人与你合作，以减小西班牙人服

从国王查理三世的阻力，同时你要鼓动那些我们认为对奥地利皇室有好感的人，挣脱法国枷锁。为了使他们更有力地行使他们的自由权利，你现在有权向他们保证，他们不会缺少我们的支持，你可以以我们的名义保证，我们将确保他们的权利和自由。[28]

当英国厌倦了战争后，那些激动人心的话和许诺就显得空洞无物了。当女王继续做出指示时，语气也不仅仅是威胁性的暗示了：

> 如果加泰罗尼亚人和西班牙人没有对我们的各种提议给予适当的回应，则说明他们不会被仁慈所打动，从而维护奥地利皇室的利益，那么你就得采取适当措施去骚扰西班牙海岸的城镇，并采用武力平定。[29]

查理大公与多位奥地利随从登上了肖维尔的舰队，彼得伯勒作为总司令随同前往，1705年7月26日，整支远征军扬帆起航。查理设法用约翰·梅休因为他安排的一笔贷款，还清了他在里斯本欠下的部分债务，部分款项的担保是2艘满载白银的西班牙宝船，它们在巴西的里约热内卢（Rio de Janeiro）被截获。他们在直布罗陀做了短暂停留后，搭载黑森-达姆施塔特的乔治王子和驻扎在当地的一些老兵，继续向北航行。

乔治王子力主在巴伦西亚登陆，那将有机会从防备相对松弛的南方向马德里发动轻松的进军，经过一番激烈讨论后，他们一行人最终决定夺取巴塞罗那，并为查理经营加泰罗尼亚。困难在于，镇守巴塞罗那的总督弗朗切斯科·唐·贝拉斯科是一位非常能干的人，他拥有一支规模可观的由非加泰罗尼亚人组成的驻军，他还把一些当地上流人物软禁起来，以防他们滋事生非，因为他们涉嫌支持哈布斯堡王朝的王位诉求，其中就包括乔治王子的一些老朋友。控制巴塞罗那不会是一件轻而易举的事情，因为远征军没有正规的攻城车队，尽管火炮的短缺可以通过从肖维尔的战舰上卸下的一些舰炮弥补。然而，盟军还有乐观的余地，因为他们知道加泰罗尼亚人会支持任何能恢复和维护他们古老权利和特权的王位竞争者，他们对占据马德里王位、几乎肯定不会满足他们心愿的法国君主漠不关心。

8月的第二个星期，盟军舰队在阿尔特亚（Altea）海岸停泊后受到了热烈的欢迎，德尼亚（Denia）港未经抵抗就被占领了。早先关于在巴伦西亚登陆可能是最佳选择的说法似乎成为现实了。盟军军心大振，彼得伯勒建议在阿利坎特（Alicante）登陆，但是查理大公强调了煽动加泰罗尼亚人起义的好处。一旦大公确立了自己的地位，并在巴塞罗那任命一位副王，如果有必要，他就随时可以前往他声称的意大利领土了。当然，如果他不愿忍受劳苦前往那里，加泰罗尼亚也不会自动宣布他是国王，而那是争取巴塞罗那计划的决定性步骤。考虑到当时已知的因素——巴伦西亚明显存在或许已经占有优势的亲哈布斯堡情绪，前往加泰罗尼亚并不一定是个糟糕的决定。

　　一股东风推迟了盟军的进展，但是大公对马塔罗（Mataró）进行了先期造访，会见了已经宣布支持他的当地代表团，1705年8月22日，盟军约7000名海军陆战队员和步兵开始在巴塞罗那以北的海滩登陆，大公从一艘英国战舰上下来，再次受到聚集在海滩上的当地人的热烈欢迎。远征军的总部设在贝索斯河（Besos）河畔的圣马丁（San Martin），但没有加泰罗尼亚武装被组建起来准备参战，尽管有谣言说这些都做到了。当地的非正规部队，即被称为"米迦勒民兵"（Miquelets）的声名狼藉的武装团伙投入了盟军阵营，他们吃苦耐劳、勇于冒险，对战斗满怀热情。他们主动提出为查理效力，但不愿接受命令或服从命令，结果没能成为帮手。成功登陆后，远征军的首领们在探讨"下一步该如何是好"这个问题上就花费了3个星期，良好战役需要的宝贵时间被无休止而且显然漫无目的的扯皮浪费掉了。甚至有人建议放弃针对巴塞罗那的行动，全军前往意大利。"现在适于远征的季节已经过去了，远征已经不再可行。"9月7日，海军指挥官们直截了当地如是说。彼得伯勒再次提及巴伦西亚的优势，同时也考虑了另一个选项——进军相对没那么坚固的塔拉戈纳和托尔托萨。最后，大家一致同意，巴塞罗那应该按计划在登陆之前受到攻击，一旦采取了行动，这个迟来的决定便被果断落实了。

　　巴塞罗那的城防工事主要依靠固若金汤的蒙特惠奇（Montjuich）堡——坐落在新城主城墙上的圣保罗瓮城（St Paul's demi-lune）西南约900米的地方。从当地人那里得到的情报，加上偶尔抛弃驻军的逃兵吐露的信息表明，蒙特惠奇堡的守备很羸弱，修缮状况也很糟糕。乔治王子对此持怀疑态度，因为他得到的消息是堡垒已经得到了加强，但由于迄今为止盟军对巴塞罗那的南侧没有表现出任何兴趣，所以贝拉斯科的全部注意力都集中在北、西两侧的城墙防御上。

朝气蓬勃、不知疲倦的彼得伯勒看到并抓住了这个机会。准备向塔拉戈纳进军的计划被束之高阁，9月13日，伯爵把攻打蒙特惠奇堡的计划交给了炮兵总指挥约翰·理查兹（John Richards）上校——一位得到葡萄牙委任的军人。当然，乔治王子也参加了审慎和保密的讨论，以至于当天晚上团级指挥官准备率部启程时，才获知他们的目标。出于例行公事，查理大公也必须获知详情，但是他并没有因为未能被真正列入计划而不悦，反而向踏上征程的指挥官们发去了祝福好运和祈求上帝保佑的信息。[30]

对9月14日星期一将采取的进攻路线进行抵近侦察是不可能的，因为必须尽可能地保密。行军队列在漆黑的夜色中途经萨里亚（Sarria）村，在16公里的艰难乡村道路上行进，只有当地向导提供帮助，而且向导也迷路了不止一次。一名参与其中的士兵回忆道："那天晚上，我们就像要登船出海一样启程出征，我们走了整整一夜，绕着城市北面走了一圈。"[31]当1000名疲惫不堪的盟军士兵终于抵达蒙特惠奇堡所在的山岗脚下时，天色几乎破晓了。英国掷弹兵迅速占领了连接堡垒与圣保罗瓮城的甬道，截断了守军主力派出援军的希望。一队正在甬道里面的西班牙士兵躲进了附近的一个小棱堡，黎明的阳光越来越灿烂，照亮了攀爬蒙特惠奇城堡所在山岗的盟军士兵，城堡里面的那不勒斯军队开火了。彼得伯勒和乔治王子身处攻城的第一梯队，但伯爵沿着进军路线往回走，催促似乎又一次错过了正确拐弯处的盟军主力部队前进。

王子急于确保蒙特惠奇堡中的守军得不到城内的支援，便策马驰往棱堡，他的大腿中了一颗火枪子弹，受了致命伤。进攻者之间发生了一定程度的混乱，棱堡内守军趁机发动了巧妙的突围把盟军赶下了山，退下来的盟军遇到了正在把主力带上来的彼得伯勒。对失利暴跳如雷之余，彼得伯勒使惊慌失措的士兵们平静下来，又把他们带回山坡。这次，他们夺取了蒙特惠奇堡的外围阵地。理查兹上校写道："我军的彼得伯勒勋爵获得了人们做梦都想象不到的胜利，对随后发生的一切，无论怎么恭维都不为过。"[32]后来伯爵致信他的妻子："我引领1000名士兵行军13小时，用云梯攀爬到一块岩石上……我与黑森王子被迫身先士卒，后者阵亡了。"[33]就这样，进攻部队稳住了阵脚，他们挖好了战壕，

107

巴塞罗那军发动的突围行动也没能撼动他们（甚至唐·贝拉斯科也尝试过突围，但失败了），"米迦勒民兵"的神枪手占据了一部分通往山岗的甬道，让从海边等待战机的战舰上卸下火炮成为可能。针对蒙特惠奇堡垒的炮击开始了，两天后，由荷军上校、炮火主管舍伦特（Schellundt）指挥的7英寸臼炮发射的一枚炮弹幸运地命中了仓库，炸死了那不勒斯指挥官卡拉乔里（Carraccioli）上校及其手下的几名军官，当时他们正在用餐。这个偶然事件决定了堡垒的命运，面对即将到来的猛攻，残余的守军毫不迟疑地投降了。

山岗斜坡上的重炮，由一群水手用绳子接力拖到了适当位置后，可以用来轰击瓮城和巴塞罗那的主体工事了。尽管下了一天的暴雨，运炮的轨道被雨水浇灌成了烂泥，但还是有58门大型火炮就位，在理查兹上校的指挥下夷平了圣保罗瓮城和附近的圣安东尼堡垒（St Anthony's bastion）之间的防御工事。9月20日，攻城工事已经准备就绪，尽管海军炮手们对这种行动缺乏经验，圣安东尼堡垒还是事实上被攻破了。唐·贝拉斯科小心翼翼地同意在10月8日投降，献出巴塞罗那，并在6天后走人，条件是盟军不得发动进攻，随后不得洗劫城市。乔治·卡尔顿（George Carleton）少校写道：

> 已经做好发动猛烈进攻的准备，唐·贝拉斯科洞悉一切，立即展开了谈判。协商结果是，除了其他条款，巴塞罗那城应该在3天内交出来，为了更妥善地保住它，控制着圣天使的堡垒应该由我们直接占领。[34]

这样也不错，因为天气的确变坏了，大雨倾盆而下，攻守双方都吃了不少苦头。如果能再坚持几天，盟军很可能会发现他们没有得手。巴塞罗那不得不承受被劫掠的可能性，当然，可能性不大，鉴于该城被认为是亲善哈布斯堡王朝的，盟军军官们肯定会倾尽全力约束他们的手下，尽管一旦发动进攻，他们在战斗中约束部下的能力会大打折扣。此外，正如事实所显示的那样，巴塞罗那市民是坚强的，不大可能屈从于任何暴行。

人们普遍认为，唐·贝拉斯科在资源有限的局面下表现得不错，还试图在一群冷漠敌对的民众中用勉强够用的部队进行防御。双方就投降条件达成了共识，残余的守军不需要获得释放的名义，将直接由肖维尔的船只运送到罗萨斯（Rosas）。利用盟军接管防御工事时产生的混乱，一些当地人发起了暴动，试图袭击战败的驻军官兵和他们能找到的所有西班牙同情者。为了保住自己的性命，伯爵不得不匆忙登上一艘战舰。彼得伯勒立即下令制止骚乱，盟军端起刺刀在街道上巡逻。彼得伯勒还亲自出面救下了一名贵族女性——波普里公爵夫人（Duchess of Populi），当时她就要被暴徒们用私刑处死了。乔治·卡尔顿记得："我们看到了一位气质优雅，拥有无可争议的美貌的女士，她正处于一种奇怪和令人动容的痛苦中，企图逃离热血上头的米迦勒民兵的魔爪。"[35]

随着巴塞罗那安然落入盟军手中，查理大公在城市广场上自称国王卡洛斯三世，所有加泰罗尼亚人赶紧跟进，这也许是出于对卡斯提尔的怨恨[1]和对哈布斯堡王朝的某种特殊热情。不过，对奥地利人的西班牙王位主张来说，这一切还是令人振奋的，不久后，赫罗纳（Gerona）、塔拉戈纳、托尔托萨和莱里达（Lerida）都宣布效忠查理。整个穆尔西亚和巴伦西亚都宣布尊奉查理为西班牙国王，王位争夺战也正式成为哈布斯堡王朝与波旁王朝之间的王朝事务，不再是一种分裂西班牙帝国和遏制法国不断增长的势力的尝试。9月23日，大公致函安妮女王："巴塞罗那向我投诚了。我相信陛下听到这个佳音一定会十分欣慰，因为这个喜悦的嘉讯也是陛下永远光辉灿烂的武装力量的成就。"[36]

无论结果如何，盟军都曾承诺在西班牙东部发动一场大规模战役，但事实证明此举在人力、财力和精力方面都极为昂贵。如果为查理牟取王位的企图在西班牙未能实现，那么现在任何想要成功确保王位的企图都必定失败，事实的必然性战胜了其他的一切考虑。就目前而言，事情的进展似乎很顺利。锡丰特斯（Cifuentes）伯爵是一位颇具影响力的贵族，他宣布效忠查理，没费多大力气就把加泰罗尼亚的许多内陆城镇划入查理的名下，最终被任命为撒丁岛总督。他对当地的米迦勒民兵头领们也有很大影响力，因而在一定程度上有助于改善他们采取行动时的纪律。

盟军不能在地中海过冬，尽管曾短暂地考虑过夺取梅诺卡岛的马翁港，

---

① 近现代西班牙王国的主要基础是，15世纪末卡斯提尔女王伊莎贝拉与阿拉贡国王费迪南结婚后，两国合并后的国家。统一的西班牙以地大人多的卡斯提尔为主体，首都设在卡斯提尔首府马德里，以加泰罗尼亚为核心区的阿拉贡反而成了边疆地区，因此阿拉贡或加泰罗尼亚一直对卡斯提尔不满。西班牙足球联赛中的国家德比，皇家马德里对阵巴塞罗那的比赛一贯不乏火药味，就是卡斯提尔与阿拉贡的宿怨的体现。——译者注

但在遇到一些逆风的阻挠后，肖维尔和列克率领他们的舰队穿过直布罗陀海峡返回了里斯本和英国。预计驻守巴塞罗那的盟军部队不会马上从海上得到补给，但好的方面是，加泰罗尼亚和巴伦西亚会提供目前所需的大部分物资。可以再在当地购置和征用大量马匹，对大联盟的事业是一个特别有用的推动。彼得伯勒在巴伦西亚尤其活跃，以每匹9英镑的价格购置了521匹马，比从英国和荷兰运来马匹合算和方便，从而使盟军新组建了一个用于执勤的龙骑兵团。[37]

然而，盟军的行动总是受制于资金短缺，查理大公指望英国继续提供资助，但有时资金来得很慢。安妮女王的财政部能够拿出大把金钱来资助大联盟的事业，但她有时不够耐心，她勉强掩饰住愠怒致函大公："陛下要求我再付一笔钱，超出了我已经付给陛下的4万英镑的额度。"[38]这并非单纯的率性之言，查理认真地谋求实现他的主张，感激英国和荷兰提供的大笔援助，包括现金和（或）战争物资以及各种必需品。然而，他自己没有可用的资金，维也纳的财务总是处于岌岌可危的境地，跟着他鞍前马后的众多追随者、机会主义者、幕僚和随从，都渴望得到满足和薪饷，而且，一旦查理在马德里舒舒服服地站稳脚跟，他们就会热切地期盼得到更慷慨豪爽的回馈。[39]因此，发不出薪饷使士兵不满、士气萎靡和纪律废弛。

尽管困难重重，到了严冬将尽的时候，彼得伯勒依然把几乎整个巴伦西亚地区都引上了哈布斯堡王朝的轨道。现在，身居马德里的费利佩五世被同时存在的两股威胁力量夹在了中间，西面分别是戈尔韦和米纳斯指挥的英荷联军和葡萄牙军队，他们都通过里斯本获得给养物资，东面是以巴塞罗那和巴伦西亚为基地的盟军和加泰罗尼亚部队。与此同时，西班牙的海上贸易能否继续，完全取决于盟国舰队的支配和意愿，因为法国舰队丝毫没有表现出会冒险远离土伦海域的迹象。当然，费利佩五世收复巴塞罗那的企图在预料之中，但是在1706年1月底，特塞元帅停下了脚步，在阿拉贡边界上的圣埃斯特万·德·利特拉（San Estevan de Litera）与德·阿斯费尔德（d'Asfeld）将军进行了一场小规模激战，并在损失了400多人后撤退。与此同时，巴伦西亚地区的圣马特奥（San Mateo）驻军坚决抵抗法军的围攻，直到盟军从托尔托萨挺进，解除了包围。

无论半岛战役如何起起落落，路易十四的注意力都被法国南部塞文地区爆发的公开起义分散了，起义几乎与西班牙战争同时爆发。宗教上的狭隘是问题的根源，被称为卡米撒派（Camisards）的胡格诺派（Huguenot）叛乱分子打得不错，但还无力与前来镇压他们的法国军队抗衡。当然，如果不是需要镇压起义（得到了大联盟各股势力的积极鼓励和偶尔的切实支持），这批法国部队可以在其他地方发挥更大的作用。1703年，蒙特勒韦尔元帅（Marshal de Montrevel）率军与卡米撒派交战，随后是先前无法与巴伐利亚选帝侯和睦共处的维拉尔元帅，最终在1705年，贝里克公爵带着最近在西班牙赢得的胜利荣誉，被派往塞文地区，一劳永逸地解决了问题。在贝里克的铁腕整治下，叛军无法利用在海岸边活动的英荷巡航舰队提供的资助，起义被平息。一些胡格诺派头子被酷刑处死，因此贝里克受到很多批评，但这是当时对付叛乱分子的手段。公爵对他所采取的行动坚信不疑，他写道："除了叛乱、杀人、盗窃，他们还犯下了前所未闻的暴行。"[40]的确，双方都在这场激烈斗争中实施了足够多的暴行，具有宗教背景的内战都有趋于暴行的倾向。

在此期间，萨伏依公爵维克多·阿玛都斯二世的立场一直左右摇摆，他曾宣布反对法国，他的士兵疲于奔命。旺多姆公爵在意大利北部重新获得了成功，尽管他的人马在卡萨诺（Cassano）遭到了巴登侯爵的袭击。贝里克在荡平了叛乱的卡米撒派后，受命向萨伏依公国城市尼斯挺进。这不是一项轻松的任务，因为尼斯的防御工事已经大为改善，公爵用于采取行动的兵力也相对较少。不过，他可以利用土伦庞大的海军兵工厂里的攻城炮轰击防御工事。笨重难行的部件是用谢瓦利埃·德·罗阿内斯（Chevalier de Roanez）麾下的海军战舰沿着海岸运输的，从而避免了通过内陆道路运输而耗费过多劳力。1705年10月31日，贝里克率领约8000人渡过瓦尔河（Var），尽管天气迅速恶化，他还是布置好了攻城炮，并要求尼斯守将卡莱尔侯爵（Marquis de Carail）于11月14日投降。包括若干卡米撒派难民的那不勒斯薄弱驻军迅速放弃了主城，撤入卫城固守。

尼斯卫城是个坚不可摧的城堡，地理位置优越，由于建在岩石地面上而难以攻取。经过仔细勘察，贝里克在阿尔班山（Montalban）一侧架上了重炮。"恶劣的天气，贫瘠的土壤，加上我们这支小军队能够抽调出的工人少得可怜，"贝里克写道，"我们的炮兵要挨到12月8日才能开炮。"[41]守军发动了几次出击，试图减缓部署火炮的速度，法军的总工程师被一枚子弹击毙，延缓了部署工作。然而，当重炮击穿了城墙，德·卡莱尔就在1706年1月6日小心翼翼地选择了投降，而非迎接法军对卫城发动的猛攻。此战的全部荣誉都授予了贝里克，道芬团（Régiment de Dauphin）立即占领了要塞。事实上，维克多·阿玛都斯公爵率领的一支救援部队仅在14公里之外，如果尼斯守将不投降的话，鉴于法军人数有限，贝里克将不得不放弃他的攻城行动和那50门可怕的大炮。尽管如此，一切问题都源于判断的正确与否。贝里克在没有足够资源的情况下，在一场步履维艰的战役中奋力前行，用强大的炮火和勇气制伏了对手。他取得了令人瞩目的成就，捷报传来，路易十四龙颜大悦，下令立即拆除尼斯的城防工事，1个月之后，英裔贝里克公爵就被册封为法国元帅，以此表彰他的成就。贝里克，马尔伯勒公爵的外甥①，是一位虔诚的人，因此才能接受这一殊荣。⁴²

① 一世贝里克公爵詹姆斯·菲茨詹姆斯是英国废王詹姆斯二世的私生子，母亲阿拉贝拉·丘吉尔（Arabella Churchill, 1648—1730）是英军主将马尔伯勒公爵约翰·丘吉尔（1650—1722）的姐姐，所以贝里克公爵是马尔伯勒的外甥。——译者注

注释

1. Petrie, The Marshal, Duke of Berwick, p. 190.

2. Ibid, p. 164.

3. 3.St John, Volume I, p. 271. 奥瑞向普伊塞居发出了一封信，说为未来战役准备的军火和物资储备会得到补充，但是这被普伊塞居理解成了它们已经得到补充，因此，当检查发现空仓库时，普伊塞居怀疑出现了欺诈和盗窃行为，指控开始出现，直到贝里克公爵进行调查后才消除误会。

4. Petrie, The Marshal, Duke of Berwick, p. 168.

5. Francis, pp. 86–7.

6. Brown, pp. 143–4.

7. Ibid.

8. Petrie, The Marshal, Duke of Berwick, p. 171.

9. Ibid.

10. Ibid, p. 173.

11. Ibid, p. 171-2. 毫无疑问，维德堡守军的投降还为时过早，而且很好地证明了与盟国合作的压力，盟国与他们的价值观和想法都不一样。贝里克公爵回忆了放弃此地之前开展的谈判："在历时4天的围城战末期，我军的火炮已经轰塌了城墙，葡萄牙总督打算投降，并且派来了1名英国人和1名葡萄牙人上校充当人质。有人建议他们以战俘的身份投降，对此，英国人赌咒发誓、大喊大叫地说他们永远不会接受。但是，我们找到了恫吓总督的手段，向他保证如果他顽抗到底，我们就会屠杀所有男人，对妇女会施加残忍暴行。如果他现在就投降，我们会把他及军官们的所有装备都留给他，并且采取行动防止城内发生任何掠夺和混乱。于是他同意作为战俘投降，对此，英国人不接受，不许葡萄牙把我军引入城中。最后，英军还是被迫接受了与其他守军相同的命运。"

12. Francis, p. 107.

13. Trevelyan, Blenheim, p. 410.

14. Ibid, p. 415.

15. Bradford, p. 43.

16. Langallerie, p. 267.

17. Brown, p. 152.

18. Pla, p. 30.

19. 在直布罗陀，让·普安蒂损失的法国战舰为"利斯河"号（88门炮）、"宽宏"号（74门）、"侯爵"号（56门）、"阿登"号（66门）和"傲慢"号（56门）。见 Francis, p. 145.

20. Brown, p. 147.

21. Petrie, The Marshal, Duke of Berwick, p. 174.

22. Ibid.

23. Ibid, p. 175.

24. 当强渡阿奎达河的战斗达到白热化时，贝里克公爵收到了费利佩五世发来的一封信，允许他在那里与对手交战！

25. Petrie, The Marshal, Duke of Berwick, p. 176.

26. Francis, p. 158.

27. Trevelyan, Ramillies and the Union with Scotland, p. 65.

28. Brown, pp. 157–8.

29. Ibid.

30. 彼得伯勒声称获得了攻取巴塞罗那的荣誉，但是，进攻蒙特惠奇堡的决定只能在与黑森-达姆施塔特王子乔治会商后做出。海军指挥官也必须同意才行，查理大公至少名义上批准了。然而，如果此次行动失败，所有责任和指责都会落在彼得伯勒身上，因此，责任的宣称和分配并非没有任何价值。可是，对许多普通士兵来说，乔治王子才是当时的英雄。"在此次行动中，我们失去了英勇的黑森王子，加泰罗尼亚人爱戴王子甚于爱戴我们为他们带来的国王。"见 Atkinson, 'A Royal Dragoon in the Spanish

Succession War,' p. 14.

31. Ibid.

32. Trevelyan, Select Documents for Queen Anne's Reign, p. 176.

33. Francis, p. 189.

34. Carleton, pp. 103–4.

35. Ibid, p. 105.

36. Langallerie, p. 287.

37. Francis, pp. 204 and 218. 皇家龙骑兵团的圣皮埃尔（St Pierre）这样描绘彼得伯勒："他是我所知道的第一位不用人马和金钱就能发动战争的将军。"

38. Brown, p. 145.

39. 即使查理大公在1705年从已故的利奥波德一世皇帝的遗产中获得了一大笔年金，但所得到的款项还不足以支付他的正常家用开销。

40. Petrie, The Marshal, Duke of Berwick, p. 182.

41. Ibid, p. 187.

42. 贝里克公爵的舅舅马尔伯勒公爵约翰·丘吉尔年轻时曾获得法国军队中的一份差使，但他拒绝接受，认为（事实就是1685年10月，路易十四撤销了《南特敕令》）自己身为一名新教徒，不可能在路易十四的驾前飞黄腾达。

第七章 奇迹之年

我想，是时候结束这场战争了。[1]

马尔伯勒公爵和欧根亲王于1704年夏季在布伦海姆取得了令人瞠目结舌的成功后，法国军队得到了足够时间进行重组，但这是一个昂贵和艰难的过程，受到重挫的士气不会迅速高涨起来，而且整个过程都被两位指挥官造成的惨重痛苦和意想不到的失败所笼罩。尽管如此，在接下来的一年，大联盟还是有些令人失望。随着1705年5月5日利奥波德皇帝驾崩，维也纳政坛出现了一定程度的不确定性，欧根在帝位更迭期间为王子和选帝侯们提供保障的同时，分散了对战争的注意力。已故皇帝的长子约瑟夫不出意料地登上了皇位，因为他身为罗马人的国王，不必听命于选举。①但是，皇位更迭过程不可避免地延误了战争进程。接到罗马发来的利奥波德的死讯时，老皇帝的老对头路易十四一如既往地立即让法国宫廷举办悼念活动，他在马德里的孙子也是一样。约瑟夫皇帝是欧根的崇拜者和支持者，盟军的战争努力也从这份信任中获益。新皇帝也信任马尔伯勒公爵，1705年5月9日，皇帝写道："如果事态允许的话，我很乐于到军旅中与你并肩战斗，亲自证明我对你的尊敬和友谊。我已经命令巴登侯爵在摩泽尔河上与你合作。"[2]

去年夏季战役失利之后，路易十四及其在马德里的孙子别无选择，只能暂时采取守势，把主动权拱手相让。善于观察风向的圣西蒙公爵对法国在这个紧要关头的立场的预言很严肃：

> 我清楚地看到了我们这艘大船正在漂向的是怎样的一块礁石。我们

---

① 神圣罗马帝国的七大选帝侯选举产生的只是罗马人的国王，再加冕为神圣罗马皇帝。自从哈布斯堡家族垄断神圣罗马皇位以来，皇太子往往直接被册封为罗马人的国王，老皇帝驾崩后，不必经过加冕就成为皇帝。拿破仑做了法兰西帝国皇帝后，册封独生子拿破仑二世为罗马人的国王，就是对神圣罗马帝国的继承惯例的延续。许多中文史书称拿破仑二世的头衔为罗马王，严格地说是错误的。——译者注

在霍施塔特、直布罗陀和巴塞罗那蒙受了损失；加泰罗尼亚和周边国家都在造反；意大利为我们带来的只有惨胜；西班牙筋疲力尽；法国缺乏人力和财力，宫廷包庇了颟顸的将军们。我对这一切都洞若观火。我想，是时候在大船下沉得更深之前结束战争了，如果我们把无法保住的东西交给敌人，并且把其余东西分为几份，战争就可以结束了。[3]

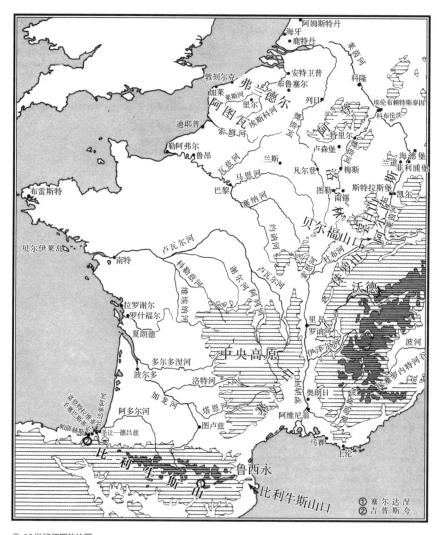

◎ 18世纪初期的法国

实际上，他的想法满足了大联盟的最初目标，因为大联盟的初衷是让费利佩五世留在马德里的王位上，但同时瓜分西班牙帝国。在任何情况下，这样的想法都不会受到欢迎，因为会放弃过多的东西。战争部长米歇尔·德·沙米拉告诉圣西蒙："国王不会放弃西班牙遗产中的任何一座磨坊。"[4]

为了重建作战能力，法国付出了艰苦的努力，采取的手段包括从民兵中招募新兵（一项极不受欢迎的措施，引发了很多不满，严格来说也不合法），在瑞士大规模购买马匹，增加苛捐杂税。结果，路易十四在北方战场部署了3支主力军团。维勒鲁瓦元帅率领6万人坐镇西属尼德兰，维拉尔元帅率领5万人坐镇摩泽尔河谷，而坐镇阿尔萨斯的马尔桑只有3万多人。尤其是在布拉班特，法国人组建了漫长的防线，他们可以在防线后面实施机动，挫败盟军的任何进攻，维拉尔得以在摩泽尔河两侧占据一个强大的防御阵地。另有6.5万人在意大利，由旺多姆公爵指挥；同时，特塞元帅在西班牙捍卫法国的利益，贝里克公爵率领一支小部队在法国东南部十分活跃。法国北部和东北部的司令官们得到谕令，要把自己视为单一的战略单元，能够并准备好在盟国的威胁迫近时互相支援。然而，这一令人称道的战略意图过于乐观了，因为它受到当时相对缓慢的通信手段的阻碍，同时也依赖于盟国没有足够的积极主动性，无法同时在几个敏感地带向法国发动进攻。

1705年2月2日，维拉尔元帅抵达了梅斯（Metz），准备保卫摩泽尔河谷，抵御盟军发动的一切进攻。他很快就在蒂永维尔（Thionville）到萨尔路易（Saarlouis）之间构筑了一道由设防据点组成的防御工事线，在视察了他能找到的部队后，他发现他们装备精良、斗志昂扬。恶劣的天气妨碍了元帅对特里尔的盟军营盘的进攻，而且由于暴雨倾盆，原定渡过萨尔河（Saar）的进军计划不得不在4月的第三个星期放弃。由于无法及早采取主动，勇武好斗的维拉尔元帅把他的部队安置在坚固的防御阵地上，静候盟军采取行动。

在去年的最后几个星期，马尔伯勒公爵在阿尔萨斯取得了一些进展，他计划在巴登侯爵率领帝国军队从朗多发起进攻的同时，取道摩泽尔河谷插入法国。新任皇帝约瑟夫对与盟军合作做出的保证令人振奋。这样的联合行动，应该在迂回包抄法军阵地的同时，把法军困在摩泽尔河谷。利用摩泽尔河谷作为进入法国的一条进攻路线的意图是瞒不过法国人的，因为盟军必须提前做好准备。当马尔伯勒和巴登开始行动时，奥维科克会动用他手下的荷兰军队保卫荷兰边界。可是，一切都没有按照计划推进，当公爵在莱茵河与摩泽尔河交汇处的科布伦茨集结他的6万人的时候，巴登侯爵在一段时间内显然还无法做好前来会师的准备。在5月的第三个星期，公爵不得不前往拉斯塔特（Rastadt），与巴登探讨战役的未来走向。巴登身体不适，于去年7月在舍伦贝格负了伤，但他依然得到了约瑟夫皇帝的明确指示，必须与马尔伯勒公爵会师。困难在于，帝国军队装备不佳，人数比制订战役计划时要少一些，只有1.5万人左右，而不是马尔伯勒期望的3万人。维也纳已经把军队转移到了意大利战场，同时还得与附骨之疽一般的匈牙利乱党作战，帝国的精力和资源都被分散了。尽管如此，双方还是商定，两位司令官应该于6月12日在特里尔会师，然后尽快沿着摩泽尔河向法国腹地推进。

在等待巴登赶来会师期间，马尔伯勒无法供养他在特里尔营寨内的军队，尤其是负责为打仗筹集物资的军需官侵吞了资金，叛逃到法国以逃避惩罚后。因此，6月3日，公爵取道康萨布吕克（Consarbrück）与坐镇西尔克（Sierck）的维拉尔元帅对峙，但是法军司令官谨慎持重地拒绝会战，马尔伯勒也没有足够的胜算去攻打对手的坚固工事。饲料很难获取，盟军通往特里尔和科布伦茨的交通、补给线既漫长又不畅通。"把所有能获得的粮秣都运上前线，"马尔伯勒写道，"我尽了最大努力把饼干运送到特雷夫斯（Treves，即特里尔），因为我很快就会需要……我军正在一个一无所有的国度里面。"[5] 同样明显的是，坐镇莱茵河上游的马尔桑元帅向维拉尔派出了援军，现在维拉尔手握7万人的大军，马尔伯勒的胜算明显与日俱减。

与此同时，维勒鲁瓦元帅出人意料地在低地国家发动了攻势，于1705年6月13日占领了默兹河上盟军控制的要塞休伊。奥维科克发现自己寡不敌众，便退回到马斯特里赫特的一个坚固营盘里，维勒鲁瓦得以进入列日，威胁卫城内的守军。由于荷兰人没有足够兵力来抵抗这一新出现的、预谋已久的攻势，法国司令官确实触动了盟军的一根非常敏感的神经。对盟军而言，眼下是个关键时刻，用军事术语来说，他们在北方的指挥官被钉在了当地，只能被对手的行动牵着鼻子走。如果荷兰人失去了西属尼德兰境内他们劳心费力才夺取的河流防线，让他们的边界再次受到威胁，那么不论马尔伯勒在摩泽尔河谷取得什么样的成果，荷兰都会前景黯淡，成果会变得一文不值。甚至还有一种可能，如果不迅速回击法国人的新威胁，荷兰人可能只得与法国单独媾和。这样的结果固然很极端，但绝非不可能，维勒鲁瓦显然受命通过施加压力削弱马尔伯勒在摩泽尔河的行动。信使们从马斯特里赫特匆忙赶到摩泽尔河畔公爵的司令部，催促他立即率部返回，这是不容漠视的绝望的召唤。

马尔伯勒已经在维拉尔构筑的摩泽尔河两岸的强大工事前停止不前，这场还在进行中的战役很可能不久就会被放弃。因此，公爵已经准备好响应奥维科克的紧急召唤，转而向北进军了，现在，他有充分的理由不再为改变今年的战役路线而苦恼了，只要迅速采取适当的行动，胜利就会巧妙地应运而生。1705年6月16日，他写道：

> 现在是奥维科克阁下派来的范·洪佩什（van Hompesch）中将来通知我的时候了，如果我不立即帮助他们，他们就完蛋了，这只能说明他们忧心忡忡，因为不可能在下定决心之前就向他们派出援兵，但是，既然他们（驻守马斯特里赫特）的军队那么心惊胆战，我担心海牙会做些什么。[6]

次日，马尔伯勒的人马在瓢泼大雨中沿着摩泽尔河撤退，开始返回低地国家，路漫漫其修远兮。公爵有些遗憾地放弃了战役计划。"毫无疑问，"他写道，"摩泽尔河是会对法国人造成最大伤害的地方。"[7]然而，鉴于维拉尔的阵地和法军司令官的行动技巧，马尔伯勒对今年在摩泽尔河上可能取得的战果的判断，有一厢情愿的成分。

在特里尔留下一支强大的守军把守河防后，尽管天气异常糟糕，马尔伯勒还是率领人马以不疾不徐的速度穿越了崎岖难行的埃菲尔（Eiffel）原野，因此，在6月27日之前，他抵达了马斯特里赫特，继而在5天后与奥维科克会合。现在，盟军约有6万人，维勒鲁瓦谨慎地解除了对列日卫城的围攻，退回到自己防线的背后。然而，马尔伯勒失望地获悉，尽管此地没有遭受法军的威胁，但特里尔连同其全部仓储物资都被遗弃了，而且盟军驻军已经退到了特拉巴赫。维拉尔元帅对此大吃一惊，他在盟军后卫离开特里尔的4天后占领了此地。他希望维勒鲁瓦在低地国家采取的"围魏救赵"行动，会扰乱河谷中盟军的作战意图，没想到付诸实施后收获的大大超过了他的预期。

　　随着摩泽尔河战役遭到放弃，法军在低地国家的攻势也受到了遏制，要想在今年夏季余下的时日里取得重大战果，马尔伯勒需要做出艰难抉择。休伊很久前就被收复了，但是法国野战部队只会在盟军越过长达96公里的布拉班特防线时才会进行会战，而防线是过去几年耗费了大量财力、人力构筑的，并不容易对付。尽管荷兰人怀疑这个方略是否明智，但还是在7月18日得手了，盟军突破了防线，一支强大的法国、巴伐利亚掩护部队在距离鲁汶（Louvain）不远的埃利克海姆（Elixheim）遭到重创。维勒鲁瓦元帅措手不及，如果荷兰军队经过夜间的长途行军，随即在夏日的酷热清晨克服旅途的极度劳顿提前1或2个小时抵达战场的话，元帅可能会遭到更加猛烈的打击。巴伐利亚选帝侯的人马参加了埃利克海姆的战斗，而且表现得很出色，选帝侯致函凡尔赛宫，做了一番没能让国王欢欣鼓舞的解释：

　　　　敌人突袭了王根【Wanghen，即王河（Wanghe）】和埃斯本（Espen，即埃利克海姆），于凌晨4点钟突破了我军防线，但直到5点钟我们才发现。我接到警报后立即跑到维勒鲁瓦元帅身边，与他携手奋力抗敌，但为时已晚，败局已定，我们发现大批敌军蜂拥而来，尽管我军发动了反扑，却依然于事无补，因为敌军比我们派去的人马多，敌军分散开，试图发动全面进攻。[8]

　　在布拉班特的法军的整体战略态势都发生了变化，维勒鲁瓦退到了迪莱河（Dyle）后面。路易十四写信给他，表示了他对所发生的事情的担忧。"无论我多么相信你对敌人的动向保持了警惕和小心，但看到他们越过荷兰中部和几个要地的防线，我依然很不开心。"[9]虽然元帅打算掩护通往鲁汶和布鲁塞尔的道路，但马尔伯勒还是设法从维勒鲁瓦部和法国边界之间插了进去。结果，像蒙斯（Mons）和奥登纳德（Oudenarde）这样的城市暴露在了盟军的兵锋之下，但是，马尔伯勒在未来几周内向驻扎在迪莱河河畔的维勒鲁瓦发动进攻，随后向布鲁塞尔以南突入的尝试一无所获。荷兰人的谨慎再次被证明是一个障碍，尽管公爵针对伊什溪（Yssche stream）的进攻计划如果进行下去的话，可能会重创敌人。随着寒冷大气的来临，今年时断时续的徒劳战役行动终于结束了。凡尔赛宫多多少少满意了，因为马尔伯勒似乎确实被他的对手们挫败了。

这些事情在荷兰南部发生的同时，大联盟在萨伏依和意大利北部的进展也并不顺利。1705年，旺多姆公爵发动了一场非常成功的战役，都灵（Turin）受到了持续的威胁。值得信赖的帝国战地司令官沃蒙特伯爵死于感冒发烧，他的继任者格拉夫·利奥波德·赫伯斯坦（Graf Leopold Herberstein）被证明不太擅长对付旺多姆猛冲猛打的战术。萨伏依的欧根亲王，身为帝国战争委员会主席，把赫伯斯坦放在了其他不太重要的岗位上，1705年4月，欧根亲自接管了战场指挥权。司令部显然疏于管理，欧根在向利奥波德皇帝提交的初始报告中清醒冷静地写道：

> 我应该全速突进，但我手中只有饥肠辘辘、衣不蔽体的士兵，没有资金、帐篷、面包、交通工具，没有火炮，巧妇难为无米之炊……士卒们饥饿得不似活人而像人影，直到现在，他们一直在默默忍受，希望我能带来实质性的救助。但是，由于我所得甚少，我担心我的到来只会造成绝望。每天的逃兵增加到了将近50人。[10]

欧根的到来对士兵们的士气产生了有益的影响：军官们和士兵们都有更多理由怀抱希望，而法国人则立刻开始谨小慎微地行动，他们的举措不可避免地失去了一些闪光点。旺多姆打算拦在帝国军队和都灵之间，随即挺进阿达河（Adda）与欧根对峙。8月中旬，在卡萨诺进行的一场苦战没有取得决定性战果，但欧根被拦住了去路，未能率领所部渡河，因此旺多姆达成了他眼下的目标。资金、弹药和装备的短缺依然困扰着欧根，他写道："军队依然紧密团结在一起。"[11]尽管如此，在寒冷的秋季来临之际，帝国军队别无选择，只能撤退，士气再度低落下去。

然而，令人失望的卡萨诺战役一度令旺多姆停下了脚步，同时也让镇守都灵的帝国元帅圭多·冯·斯塔伦伯格松了一口气，因此并非完全没有好处。欧根将他的战略努力定性为"转移战争视线"。这种转移牵扯了法国在人力和财力方面的巨大开销。他们必须在意大利保留8万人，而盟军在当地只有4万人。[12]由于暂时无法在战场上供养他的军队，欧根不顾中立国对他发动的不必要的入侵而产生的埋怨，撤退到了威尼斯。帝国军队可以在一定程度上得到休整和调养，但是风险在于，如果盟军的行动不能取得比眼下更大的进展，那么威尼斯以及其他意大利邦国，被帝国逼迫太甚的话，可能会投靠法国。

1705年年末，马尔伯勒去维也纳与约瑟夫皇帝磋商，欧根写信给他，坦率地陈述了自己在这个前途未卜的阶段对大联盟命运的担忧：

> 我的军队被打垮了，马匹由于过去的劳顿而疲惫不堪，在这个国度没有稳固的立足点，敌人在我们面前重新集结兵力。此外，威尼斯人还发出威胁，如果我们不离开他们的领土，他们就会向我们宣战，意大利的君主们会加入宣战阵营，而且他们倾向于结成一个联合防御的同盟……筹备这支军队所需人员和资金援助应该到位，以便能投身沙场，到3月底，计划需要的仓库都应该修建起来，手头的新兵和骑兵骑乘的新马以及舰队应该在春天准备就绪，要么在西班牙海岸，要么准备入侵没有守军的那不勒斯。我非常担心，我没有在维也纳觐见陛下的荣幸。[13]

在公爵暂时不受痛风困扰造访维也纳期间取得的成果中，包括朝廷向他指挥的大军支付的10万王冠金币，以及用于购置欧根军队所需物资的25万金币的贷款。君臣都深信不疑，无论低地国家发生了什么，发生在意大利战场的西班牙王位继承战争都可能胜利或失败。几星期后，欧根从维也纳写给马尔伯勒的一封信中对此发表了评论：

> 除了在意大利开战之外，西班牙君主国不可能取得任何突破。从法国国王为支持意大利战争所做出的努力和他对其他战场相对淡漠的态度上，就可以看出这一点。因为（法国）意大利军团从未被削弱过，恰恰相反，它因在此时得到大量增援而更强了。[14]

这一点对实现帝国分裂是不错的，就如1701年最初设想的那样，但对确保马德里的王位却无济于事。这个额外的想法仍然处于孕育阶段，还没有使大联盟的注意力完全被排除在其他想法之外。在维也纳策划的确保他们在意大利获得尽可能多的利益的强烈愿望是显而易见的，但很难表明，大联盟在意大利获得的好处，比在西班牙或在富庶的西属尼德兰获得的好处更多。无论如何，马尔伯勒筹备的贷款是威尼斯的银行直接给欧根的，以免腐败的维也纳当局介入其中，造成不可避免的资金流失。

　　虽然查理大公已经占领和保住了加泰罗尼亚，但由于大联盟在1705年缺乏进展，路易十四对未来的战役信心十足。法国人尤其有种感觉，马尔伯勒公爵在低地国家和德意志南部取得的早期胜利，是缘于好运气而非指挥艺术，维勒鲁瓦元帅在荷兰南部指挥得当、进退有度，而且还会保持下去。国王身在马德里的孙子，对自己巩固了王位心满意足，然而，国库面临着巨大压力：税收不足以为战争提供资金，结束开销巨大的战争将是非常受欢迎的。在凡尔赛宫看来，要使盟国以更温驯的态度坐在谈判桌前，最有力的办法似乎就是在各个战场攻击他们，从而体现法国战争力量的持续活力和强劲。国王向法军的战场指挥官们发布命令，要求他们在所有战线上都采取攻势，增援部队被派给了在西班牙的特塞元帅，维拉尔元帅在莱茵河上游积极行动，在哈根瑙（Hagenau）成功战胜了一支帝国军队，而马尔桑元帅活跃在摩泽尔河谷。贝里克在南方发动进攻，夺取了尼斯。而在意大利北部，旺多姆于1706年4月19日战胜了一支帝国军队。"他在卡尔奇纳托（Calcinato）高地向欧根亲王的部队发动进攻，将当面之敌赶了回去，击毙了3000人，缴获了20面军旗、10门大炮，俘虏了8000人。"[15]作为大联盟最晚入伙和最弱的成员国，萨伏依陷入危局，孤立无援，随时可能战败出局。因此，马尔伯勒公爵对在低地国家缺乏进展感到沮丧，甚至考虑向南进军，再次与欧根联手。在写给瓦拉提斯拉夫的信中，马尔伯勒公爵写道："在我看来，是时候严肃考虑一下意大利战局了。这是一场敌人动用了大量兵力的战争，敌人能随心所欲地打击我们背后的任何地方。"[16]

　　看起来，荷兰大议长根本不会对马尔伯勒千里迢迢跑到意大利北部打仗的提议抱有热情。然而，卡尔奇纳托的败绩凸显了帝国在当地的地位受到动摇的严重性，如果在低地国家发生的战事只是1705年战事枯燥乏味的重演，而且假设巴登侯爵不会抛弃他的惰性，在摩泽尔河谷威胁法国人，那么马尔伯勒的提议就不会像乍一眼看上去那么不切实际。公爵在海牙向几个信得过的密友透露了细节，但他在给伦敦的西德尼·戈多尔芬的信中写道："他们很积极地行动起来，不敢让他们的士兵远去。"[17]荷兰人不打算走那么远，所以马尔伯勒实际上受到了鼓舞，因为他提出的建议没有立即被否决。事实证明，布拉班特的事态很快就发生了戏剧性的变化，再也不会有人议论远征意大利了，无论是否与欧根亲王合作。

对未来一年内在低地国家取得胜利，马尔伯勒毫不乐观，尽管荷兰大议长曾给出保证，如果取得胜利的前景喜人，那么荷兰议会会更容易接受采取进攻行动。盟军依然在为即将到来的战役调兵遣将，外国军队的分遣队，包括汉诺威、普鲁士和丹麦的，都尚未抵达指定的集结地点，因为他们的服役条件还没谈好，据称各方还在就薪饷拖欠问题唇枪舌剑。1706年4月23日，安妮女王向丹麦国王[①]提议：

> 马尔伯勒公爵正在筹划一份针对敌人的重要计划，我与陛下的友谊使我可以依靠陛下，我希望陛下同意将陛下的军队交由马尔伯勒将军指挥，在他认为最有利于大联盟事业的地方行军打仗。[18]

国王没有立即被女王说服，甚至到战争开始的时候，关于丹麦军队薪酬的争论还未停止。

与此同时，维勒鲁瓦收到了许多来自路易十四及其战争大臣的信函，敦促他继续干下去，向盟军发动进攻。圣西蒙公爵写道：

> 元帅对这些连篇累牍的催促信火冒三丈，他视它们为对他勇气的贬低，决心不惜一切代价来满足国王的愿望。但是，国王不希望如此，他希望在弗兰德尔打一仗，希望把维勒鲁瓦放在一个能打一仗的地方。因此，他命令马尔桑率领所部的18个步兵营和20个骑兵中队前往摩泽尔河，在那里与另20个步兵营会师，然后率领全部人马前往弗兰德尔，与维勒鲁瓦元帅会师。[19]

---

① 当时的丹麦国王是腓特烈四世（Frederick IV of Denmark, 1671—1730），其父克里斯蒂安五世（Christian V, 1646—1699）是安妮女王的丈夫乔治亲王的哥哥，所以我怀疑原著者把腓特烈四世及其父克里斯蒂安五世搞混了。——译者注

路易十四清楚地知道，在与对方进行全面交锋之前，维勒鲁瓦需要加强兵力，他也理解一个能力有限的人，在急于再次证明自己价值时的勇敢。圣西蒙继续写道：

> 在增援赶到之前，他（路易十四）禁止后者（维勒鲁瓦元帅）做任何事情。4名廷臣接踵而来，将国王的禁令交给元帅，但是元帅决心在没有援助的情况下开战，而且他一意孤行地去实施了。

维勒鲁瓦担心马尔伯勒会进攻法军据守的那慕尔要塞，于是在1706年5月19日离开鲁汶附近的集结地，率领由法国人、瓦隆人和巴伐利亚人组成的6万多人的军队南下，占据了拉米伊（Ramillies）村附近低于山脊线的一个阵地。他的动向几乎立即被报给了马尔伯勒，作为回应，盟军司令率领手中尚不完整的军队途经默多普（Merdorp）南下，在同一山脊占据了一个阵地。公爵这般部署，是想在维勒鲁瓦前进的时候与之正面交锋，但是法军司令官维勒鲁瓦先下手为强，抢先就位。尽管维勒鲁瓦在时间上更加充裕，他的行军速度还是很快。公爵则推迟了一天，让丹麦军队，无论骑兵还是步兵离开兵营赶上来，此前他们已经得到训令，在拖欠的薪饷到位之前不得参战。宝贵的普鲁士和汉诺威分遣队依然没到位，因为他们服役的具体条款还在争议中，没有得到解决。

5月23日星期日清晨，统率6.2万人的马尔伯勒公爵发现，维勒鲁瓦已经建好一个宽达4.8公里的防御阵地，从南侧梅海涅溪（Mehaigne stream）溪畔的塔维尔（Taviers）延伸到北侧小盖特溪（Petite Gheete stream）溪畔的奥特雷-格利斯（Autre-Église）。"他占据的阵地是众所周知的糟糕阵地，"圣西蒙评价道，"已故的卢森堡元帅曾经如是说，而且规避了它。"[20]事实上，元帅选择的战场对进攻和防御有利有弊，具体优劣得取决于打仗的手段。由于必须在山脊线两端保住相距甚远的村庄塔维尔和奥特雷-格利斯，维勒鲁瓦不得不加大了正面宽度。然而他的阵地北面是难以通行的沼泽地，有利于他安排防御，而拉米伊村以南的平原是部署他那为数众多、装备精良的骑兵的理想场所。另一方面，当马尔伯勒从东面逼近时，如果维勒鲁瓦敢于放手一搏，马尔伯勒的侧翼就有被从塔维尔延展到奥特雷-格利斯的法军迂回包抄的危险。然而，由于公爵的挺进正面狭窄，所以他获得了把部队从一翼轻易调动到另一翼的宝贵能力，正如他实施的那样，"拦腰斩断敌军的弧线"，而他对手只能是沿着弓背外侧更长的路线调度人马。马尔伯勒并没有因战场北侧的沼泽而气馁，因为他清楚地知道，他可以轻而易举地越过这些障碍。马尔伯勒公爵的信心与参谋军官们的严肃建议相矛盾，但公爵在去年秋季抓住机会侦察过了战场，因而觉得地形足够他的人马通行。

中午刚过，两军都已经各就各位，经过猛烈的炮火准备后，奥维科克将军与荷兰军队发动进攻，从战场南侧包围了塔维尔，而马尔伯勒则在北侧把英国和丹麦步兵推过了小盖特沼泽。战斗打得激烈胶着，但是奥克尼伯爵（Earl of Orkney）设法让他的人马突入了北侧的奥夫茨（Offuz）村，随后被马尔伯勒召回，用来支持对拉米伊和村南的法国骑兵的进攻。然而，维勒鲁瓦元帅担心奥克尼的持续进攻引发的风险，把注意力和预备队都部署在战场北部，而位于战场南部的骑兵却在由奥维科克指挥的荷兰和丹麦骑兵的连续打击下筋疲力尽。待维勒鲁瓦意识到危险，已经太晚了，就在他试图在傍晚时分重新部署预备队以应付右翼不断升级的危机之际，丹麦骑兵发动了犀利的侧翼进攻，席卷了法国士兵。"'惊溃'（sauve qui peut）一词在大部分敌人军阵中不胫而走，"爱尔兰老兵彼得·德雷克（Peter Drake）写道，"所有人都失魂落魄，随后我们看到很多旅丢盔弃甲，抱头鼠窜。"[21]

维勒鲁瓦元帅手下骁勇善战、装备精良的军队溃不成军，只能在迪莱河畔的掩体后面寻找藏身之处。当天夜里，战败的法国和巴伐利亚司令官们在燃着的火把的照耀下相聚于鲁汶的主广场。大家一致认为，在这样一场惨败之后，唯一出路就是走为上计。事后不久，巴伐利亚选帝侯写道："我们拥有世界上最棒的军队，但是败得如此之惨烈，士兵的恐惧是如此之可怖，我都不知道明天会发生什么。"[22]大量物资和弹药被付之一炬或扔进迪莱河，或者丢给追击的盟军骑兵，吃了败仗的军队几乎毫无秩序可言，只以最快的速度急匆匆地向西撤退。

维勒鲁瓦以宫廷用语告知了凡尔赛宫战败的消息："卑职荣幸地禀告陛下，23日是个不幸的日子……我军右翼被彻底打垮了。"[23]很快人们就发现，无论是在人员、枪炮、物资、领土方面，还是在无可救药的法国声望和士气方面，损失的规模都是惊人的。次日，马尔伯勒致函他的妻子，让她知道他的捷音，顺便告诉她，当法国人的一枚子弹擦身而过时，他侥幸逃生了：

> 上星期日我们打了一仗，承蒙上天的青睐，我军取得了一场胜绩。
> 我必须把战斗详情留给送信人理查兹（Richards）上校转述，因为整个星
> 期日我都骑在马背上，在战斗进行了一整夜之后，我头痛欲裂，以至于
> 写字都很费劲。可怜的布林菲尔德（Bringfield）替我牵马，扶着我骑上马，
> 可是他阵亡了。他告诉我，他妻子和母亲的境况很窘迫。[24]

马尔伯勒的得胜之兵还在穷追不舍，法国人没有喘息之机来恢复镇定，
除非放弃大片宝贵的领土和重要的城镇，如鲁汶、布鲁塞尔、安特卫普、根
特（Ghent）、布鲁日（Bruges）和宝贵的奥斯坦德港（Ostend，经过了一番激烈
的战斗和炮击）。奥维科克把捷报呈交给大议长："上帝欣喜地把一场彻底和完
美的胜利，赐予了你和盟友的军队。"[25]有人评论道，盟军仿佛撞向的是一扇
没有上锁的门，轻松便破门而入。马尔伯勒得以继续围攻梅嫩（Menin）、阿特
（Ath）和登德尔蒙德（Dendermonde），短短几星期就几乎占领了整个价值无量
的西属尼德兰，接着，他的军队很快就站在了法国北部边界上。约翰·布莱克
德（John Blackader）少校与其步兵团在弗兰德尔作战，他写道："我们原以为会
经历长久围困的城镇，未经一战就屈服投降了……法国人在西班牙国王驾崩之
后一夜之间窃取的东西，又在一天之内丢掉了。"[26]马尔伯勒在战役胜利后的
推进速度和规模都令人击节叫好，就连公爵自己也对推进的迅猛程度惊诧不已。
5月31日，他在给公爵夫人的信中写道："自战役取胜以来，那么多城镇开门投
降，看起来更像一场梦境而非现实。"[27]

可以理解的是，维勒鲁瓦被视为这场浩劫的罪魁祸首。法国倒了大霉，
在西北欧的利益受损；声称拥有马德里王位的费利佩五世现在失去了西班牙帝
国最有价值的领土之一，也失去了其附带的税收和兵源。圣西蒙回忆道："就
这样，除了那慕尔、蒙斯和其他若干地方，西班牙手中的其他低地国家都丢失
殆尽了。"[28]面对如此惊人、危急的局面，该地区的市政当局迅速而谨慎地宣
布效忠哈布斯堡家族的查理大公。尽管大败亏输，维勒鲁瓦还是不愿意放弃他
的指挥权，最后，路易十四不得不宣布维勒鲁瓦辞职了。元帅返回凡尔赛宫时，

受到了亲切的款待，但他再也没有拿到战地指挥权。

国王以其炉火纯青的轻描淡写致函在马德里的孙子："我们在弗兰德尔并不走运。"[29]维勒鲁瓦被旺多姆公爵取代，后者在意大利取得胜利之后便去赴任。法国军队是从遥远的驻地被带来的，以弥补在拉米伊蒙受的损失，维拉尔元帅在莱茵河畔的哈根瑙取得了胜利，收复朗多的尝试和在意大利采取的行动都被放弃了，或者由于必要的注意力转移而很可能被放弃。然而，战败造成的心理冲击不可能一帆风顺地得到弥补，马尔伯勒取得的如此彻底和惊人的胜利带来的持久影响是深远的。

对荷兰人来说，也许拉米伊大捷给了他们宝贵的目标，即收复防御法国的屏障——5年前被路易十四轻而易举夺取的边防城镇。至于查理大公，他的前途无限光明，现在他可以在荷兰南部建立自己的政府了。这不可避免地与荷兰人发生了一定程度的摩擦，荷兰人除了希望再次驻防他们的屏障城镇之外，还希望通过向当地百姓收税来弥补战争的巨大开销。大公也看到了这笔税收，认为它属于自己，指望用这笔钱来支付自己的某些可观开销。马尔伯勒同样不愿意看到奥斯坦德被指定为屏障诸城的一部分，因为这个宝贵的港口能让他直接与英国南部进行通信和补给，他更愿意看到此地牢牢地掌握在英军手里。事实上，如果冷静慎重、深谋远虑的忠告能占据上风，那么现在大家可能已经意识到，大联盟各方都已经达成了他们想达成的目标。

"1701年9月签署的《大联盟条约》并没有禁止盟国从费利佩五世手中夺回西班牙和西属美洲，但只能是为了获得安全保障，从其王权中获得补偿。"[30]历时四年的苦战使主要参战国的意图实现了多少呢？只有1703年的一条附加条款，即确保新教徒继承伦敦王位。当然，与葡萄牙签订的条约很大程度上是建立在把查理大公推上马德里王位的基础上的，但这种安排是大联盟条约主要目标的附加条款。大联盟已经改变目标，以适应葡萄牙的参战和君主的继承，而且可能再次改变，让各方互利互惠。要害反而似乎无人留意，大联盟的主要目标——瓜分西班牙帝国，现在已经实现了。

1704年，路易十四的一支主力野战军在布伦海姆被歼灭，使他丧失了战略机动能力，无法再把他的意志强加于人并彻底赢得战争，这么巨大的损失难以弥补。两年后，另一支野战军在拉米伊被打垮，这对法国的战争事业来说是一场灾难，事实上，国王已经输掉了战争，现在他只有招架之力了，只能希望通过谈判获得尽可能好的和平。为了达到这一目的，他依然可能在局部地区发动进攻，但是，他的孙子从卡洛斯二世手中继承的帝国已经四分五裂，除非盟军犯下一些莫名其妙、几乎不可能犯的错误，否则西班牙帝国很可能继续分裂。查理大公占领了尼德兰南部和意大利大部分地区，荷兰人收复了他们的屏障诸城，而英国的贸易将受益于法国和西班牙海军的残废状态以及安妮女王的军队对直布罗陀的控制。当然，费利佩五世依然坐在马德里的王位上，将他赶下王位并不是大联盟最初的目标，而且法国与西班牙的王冠合并也不可能成为现实，因此对法、西合并的挥之不去的担忧都是杞人忧天。路易十四有一大堆合法继承人，没必要让他的次孙入继大统。无论如何，任何形式的法西合并都是荒诞的、不切实际的。马德里无意接受凡尔赛宫的统治，即使当下法国在西班牙宫廷拥有巨大影响力，法国从属于西班牙的前景也是痴人说梦。

为了共同的利益，经过周密谈判、令人愉快的和平肯定即将到来，但是，马尔伯勒在1706年9月10日致荷兰大议长安东尼·海因修斯的一封信显示，人们的意见发生了多么大的变化：

> 我必须秉承我国的意见，无论从条约还是从利益出发，我们都有义务保留整个西班牙君主国。同时，作为一个朋友，我必须承认，我相信法国很难同意媾和，除非给安茹公爵某些好处。[31]

公爵的观点绝非曲高和寡，他的整个解决方案也许是要给各国一些甜头，但对大联盟中的某些成员而言却极为不利。对法国国王的天性、他的坚韧的臣民以及他在马德里的那位意志越来越坚强的孙子的误判，会使大联盟付出高昂代价。

随着1706年4月意大利战役的大幕徐徐拉开，欧根亲王从维也纳来到意大利与他的军队会合，结果他获悉，在他不在前线的时候，旺多姆公爵以高昂的代价在卡尔奇纳托大败由格拉夫·雷文托（Graf Reventlau）指挥的军队。欧根以其一贯旺盛的精力重新集结起他那遭受了重创的军队，重塑了秩序和军纪，在战败后很快就提振了帝国军队在战场上的威力。关于格拉夫·雷文托的战败，亲王委婉地评价道："不是每个人都能指挥一支军队。"[32]

现在，欧根面对着两支军队，而非一支，因为路易十四已经决定让旺多姆压制他，同时让德·拉·弗亚德（de la Feuillade）①元帅（圣西蒙说他"非常年轻、毫无经验"[33]）进攻都灵——城里守军只有维克多-阿玛都斯的残兵败将和格拉夫·冯·道恩（Graf von Daun）麾下大约7000人的帝国军队。到了1706年5月的第二个星期，法军对都灵的包围圈已经完成，正式的封锁线和反封锁线都在施工。[34]维克多·阿玛都斯在包围完成之前就率领6000名萨伏依骑兵离城，此后率领这支部队发动了一场精心谋划、巧妙实施的战役，以拖延和挫败法军的行动。拉·弗亚德为追杀公爵进入了卢塞纳（Luserna）山谷，忽视了推动都灵围城战，但是他的所有行军和反行军都没能促成会战。

旺多姆在阿迪杰河上采取防守态势，构筑了坚固的土木工事以改善从维罗纳向南和向东延伸的阵地，看起来欧根没有力量突破他的防线而去解救都灵。5月底，法军在荷兰南部的拉米伊遭遇的灾难和维勒鲁瓦元帅惨败于马尔伯勒公爵之手的消息传来。凡尔赛宫很快就发出紧急命令，征召旺多姆公爵北上收拾残局，负责指挥弗兰德尔军团，尝试从该地区的烂摊子里面尽可能抢救出些东西来。法国在拉米伊的惨败也使威尼斯和其他意大利诸国的紧张神经松弛下来，她们再也看不到与路易十四及其日渐式微的运势结盟对付大联盟的好处了。

旺多姆心神不定，他的心思可能放在了其他地方，法军在意大利北部的战争步伐明显放缓了。7月初，欧根率领3万多人在维罗纳（Verona）下游65公里处的罗维戈（Rovigo）渡过阿迪杰河，随后在费拉拉（Ferrara）附近渡过波河，从而干净利落地包抄了守在波河防线上无所事事的法军。"欧根亲王将无法阻挠我军对都灵的围攻，"自信过头的旺多姆在给凡尔赛宫的信中写道，"我们手中拥有太多阵地可以阻止他前进，因为他一直做着解围的美梦。"[35]现在，他不得不离开他的军队司令部，赶往北方承担新的职责，两年前曾在布伦海姆艰苦奋战而且打得不错的费迪南·马尔桑元帅从摩泽尔河赶来，接掌了负责掩护

---

① 路易·奥布松·德·拉·弗亚德（1673—1725），1691年受封为罗阿纳公爵（Duke of Roannais），1724年获得法国元帅军衔。——译者注

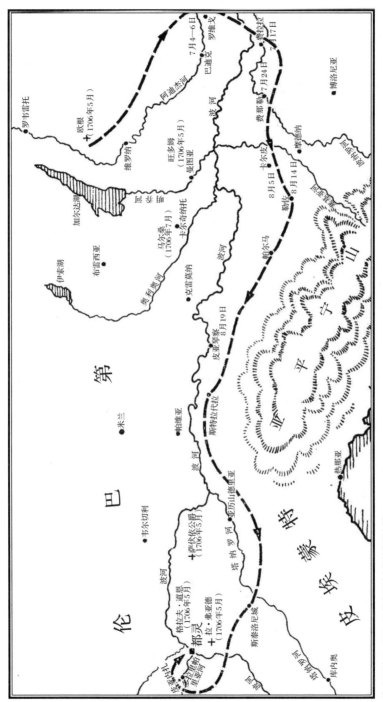

© 1706年5—9月，欧根率军前去解除都灵之围

都灵之围的法军的指挥权。他不得不撤往克雷莫纳（Cremona），以免被欧根的进军包抄侧翼。鉴于帝国军队普遍缺乏物资和金钱，欧根进展的神速令人惊讶，而且他的大部分行军是在夜间进行的，以保护辛苦跋涉的士兵们不受意大利夏季炎热天气的影响。欧根亲王一直在波河以南行军，让波河成为他的军队与企图前来拦截他进军的法军之间的天然屏障。打击行进中的欧根军队的战机被错过了，圣西蒙回忆道：

> 我们截获了一封欧根亲王发给皇帝的加密信函，它证明这条路线正是欧根采用的那一条路线。但是证据来得太晚了，密码表被遗忘在凡尔赛宫了。[36]

令人遗憾的是，这些看似有用的信息是否已被搜集起来传递给马尔桑元帅，让他在帝国军队继续前进之前采取行动还是一个谜。无论如何，8月14日，欧根率军经过了勒佐（Reggio），5天后经过了皮亚琴察（Piacenza），一路上都没有受到马尔桑的阻挠，因为马尔桑的注意力被抵达维罗纳的一支4000多人的黑森援军分散了。在亚历山迪亚（Allessandia）上游，欧根渡过了托诺拉河（Tonora），1706年9月1日，欧根亲王与维克多-阿玛都斯在距离被围困的都灵城南约32公里处的斯泰洛尼城（Villa Stelloni）会师了。这是一项不同凡响的军事成就，足以与1704年马尔伯勒进军多瑙河的成就相提并论。欧根亲王通过大胆和精纯的技巧取得了成功，他在一支更为强大的敌军侧翼行进，迫使敌军在长约240公里的强行军路线上保持距离，他的补给很不稳定，如果在行军路线上遭到拥有真正组织性的敌军的阻截，他完全没有获得援助的指望。在整场北意大利战役中，战略主动权现在牢牢掌握在盟军手中，在过去6个月，命运的走向发生了显著反转。

年轻的奥尔良公爵①（Duc d'Orléans）是路易十四的侄子，因此也是一位血亲亲王（Prince of the Blood），8月28日，他抵达都灵协助攻城。与在其他重要

---

① 他是奥尔良公爵费利佩二世（Philippe I, Duke of Orléans, 1674—1723），其父奥尔良公爵费利佩一世是路易十四的弟弟。1701年继承其父的公爵爵位，1715年路易十四驾崩，年仅5岁的路易十五继位，他担任摄政直到去世。——译者注

场合一样，他的出现对军队实际上是一种干扰，因为他确实帮不上忙，但是由于他在凡尔赛宫的地位和荣衔，他一定被众星捧月。作战的指挥权名义上属于奥尔良公爵，实际上却掌握在拉·弗亚德和马尔桑的手中，他俩似乎不愿意听取奥尔良的意见和评论，也不愿意真正地互相了解。考虑到奥尔良公爵缺乏军事经验，两位手握指挥权的元帅对他出于好意提出的建议置若罔闻并不令人惊讶。法军人多势众，但他们懈怠拖拉，战争主动权显然已经落入敌手。9月4日，欧根渡过波河，在皮亚内扎（Pianezza）附近占据了一处阵地，现在，他的前锋部队距离被围得铁桶一般的都灵不到5公里了。2天后，亲王开始威胁法军的部分围攻工事，即面向外侧的反封锁线，此处工事位于都灵城西，还没有竣工。奥尔良公爵敦促元帅暂停工程，以便能集中兵力迎战欧根的解围军团，但马尔桑不以为然，还尖锐地提醒公爵对攻城行动没有任何指挥权。

现在，攻城战的关键时刻到来了，这个阶段本来应该精心谋划，统筹布局，法军的攻势却没有奏效。围攻卫城的法军，把精力集中在这个艰巨的任务上，无疑是非常正确的决定。法军暗中依靠掩护部队来牵制各路敌军，坚决把敌军拦截在远离卫城的安全距离之外，而敌军的意图肯定是解救卫城中的守军。但法军指挥官们没能完成这一重要任务，欧根的援军近在咫尺，因此攻城成败的天平还在左右摇摆。

1706年9月7日，亲王下令发动总攻，普鲁士军队第三次发动进攻，试图突破法军右翼的阵地。欧根回忆道：

> 右翼首先被击退了，因为右翼的攻势不像左翼那样迅猛。安哈尔特－德绍亲王（Prince of Anhalt-Dessau）利奥波德率领他手下英勇的普鲁士步兵向右翼再次发动全面进攻，我也率领几个骑兵中队发动冲锋。在1.5小时内，两侧都取得了一些优势，这是一场大屠杀而非一场战斗。我们的部队终于跳进了法国人的堑壕，但在追击中陷入了混乱……在召集、整顿乱军的过程中，我的一名侍从和一名参谋在我身后阵亡，我的坐骑被一枚卡宾枪子弹打伤，它把我甩进了一条壕沟。[37]

正如马尔桑所预言的，他在战斗中受了致命伤，而奥尔良公爵有两处挂彩。[38]欧根写道,如果马尔桑元帅"先下手为强来进攻我,然后转向(包抄)我,我一定会非常难受"[39]。冯·道恩伯爵成功突破法军工事,与解围的盟军会师,包围圈被打破了。当日在欧根手下作战的朗加莱里侯爵回忆道:

> 到了中午时分,胜利完全是我们的了,全城都解放了,因为敌人放弃了攻势,他们的整个营盘和残余人马都退到了波河彼岸。这一天的剩余时间都被用来夺取敌人依然盘踞的几个堡垒,堡垒的守军都投降做了战俘。当天晚上,殿下(维克多·阿玛都斯)得意扬扬地进入了他的首都。[40]

欧根亲王对侯爵记忆犹新,并很贴切地把他描述为"几近病态的一介勇夫,但当时我非常珍视他的骁勇和机智"[41]。

战争胜利的代价高昂,法军损失了约9000人,其中包括许多毫发未损的战俘,5000名盟军阵亡或负伤。马尔桑元帅阵亡,奥尔良公爵本应撤往伦巴第(Lombardy),以获得当地为数众多的法国堡垒的支撑,但逃亡之路被敌人封锁。至于遭到重创的法军,其指挥官们对继续打下去感到绝望,便抛弃了宝贵的攻城车队,退往法国边境,实际上放弃了在意大利的战役。一位参与逃跑的法军军官在给一位朋友的信中说道:"这个令人不快的情景,我本来不想说。敌人在都灵之战中乱作一团,但我们还是败给了一支即使在获胜时也比我军糟糕的军队,这令我困惑不已。"[42]

听说法国人撤往令人费解的方向,欧根亲王兴高采烈地对维克多·阿玛都斯说:"堂弟[①],意大利是我们的了。"[43]这场几乎完全归功于欧根亲王的令人瞩目的战役的结果是:从那时起,维也纳几乎可以不顾法国和西班牙的利益,在意大利为所欲为。尽管欧根在战斗中头部负伤,坠马时留下许多擦伤和淤青,但在获胜的当晚,他就致函马尔伯勒公爵,感谢公爵的财政支持,感谢公爵动用其影响力确保德意志援军及时南下参战:

---

① 欧根亲王与维克多·阿玛都斯二世是同出一个曾祖父的堂兄弟,都是萨伏伊公爵查理·埃曼纽尔一世(Charles Emmanuel I,1562—1630)的曾孙,欧根比维克多年长3岁,所以是堂兄。——译者注

你派来的援军居功至伟，你必须允许我再次感谢你。马尔桑元帅被俘，而且受了致命伤，全军因获胜而威震天下。过几天，我会寄给你一份详细的战报，同时，请你参考送来这封信的人【霍亨多夫男爵（Baron de Hohendorff）】的口述，他所知甚详，见多识广，有能力给你精确的汇报。[44]

1706年的两场胜利对大联盟事业的政治影响是深远的。尼德兰南部的丢失及其巨大的财税潜力，还有在具有战略意义的意大利北部的失败，对路易十四及其孙子都是沉重的打击。法国和西班牙的财政部为维持战争而付出的代价，都是令人咋舌的，而在这两大战场上恢复元气的前景似乎非常黯淡。

然而大联盟在其他地方缺乏足够的成功，尤其是在西班牙，尽管他们成功掌控了巴伦西亚和加泰罗尼亚，而且在莱茵河流域，维拉尔元帅一直顽强地支撑着局面，在匈牙利战场，拉科齐（Rakoczy）亲王领导的反帝国权威的叛乱烟消云散了。帝国战争中的这一系列痛苦似乎已经解决了，1706年5月的拉米伊大捷使皇帝在维也纳的顾问们更加坚定了打下去的决心，拉科奇致函马尔伯勒公爵："快速征服在帝国大臣们的心中滋生出了难以容忍的傲慢，我们在这里都能感受到。"[45]然而，约瑟夫皇帝对此并不上心，他宣布，他宁愿放弃西班牙和意大利，也不会放弃匈牙利和特兰西瓦尼亚（Transylvania）。鉴于今年的战役取得了如此多的战果，而且尼德兰南部安然落入盟军囊中，维也纳的心思和关切便转向了东方，从那时起，奥地利再也没有像从前那样将精力投入大联盟更宏大的事业中了。

荷兰已经收复了抵御法国未来侵略的屏障，奥地利在意大利和低地国家都取得了实质性进展，萨伏依坚如磐石，同时英国坚守着直布罗陀，盟国占据着西班牙东部的大片领土，他们的巡航舰队支配着地中海的大部分海域，因此，海上双雄可以把扩大在该地区的贸易作为自己的回报。古老的西班牙帝国的分裂实际上已经实现了，法国被打垮，法国的权势和威望因战场上的反复失败而被显著削弱，路易十四再也不能像过去那样支配欧洲事务了。从表面上看，大联盟在军事上赢得了战争，现在它只需要赢得和平。在争取和平方面，大联盟事实上并不称职，各国收获颇丰，内部争吵也水涨船高，法国明显俯首帖耳了，盟国索要的一切，法国国王及其孙子都会温驯地交出来。然而，这些都是政治家和外交官们的致命误判，他们舒舒服服地坐在会议室里指点江山，远离了战场散发出的各种气味。他们做出了严重误判，导致战争必须继续进行下去，而当时如果通过明智的谈判，战争早已结束。大错已然铸成，理智的谈判就能取得的成果却被趾高气扬的要价取代，最终一无所获。

谈判是秘密进行的，以寻求达成各方都能接受的和平，但几次谈判都没有取得进展，因为现在大联盟的野心因在战场上取得了胜利而大为膨胀，即使《大联盟条约》的最初目标都已经相当成功地实现了。然而，辉煌胜利使野心膨胀，伦敦议会的议员们胃口越来越大，叫嚣着"没有西班牙就绝无和平"，查理大公必须登上马德里王位，费利佩五世必须下台。显然，只有在西班牙战场上取得军事胜利的前提下，这个要求才能得以实现，而目前大联盟很难如愿。这个要求甚至不是大联盟成立时的目标之一，而且事实证明，它是对原定战争目标的延伸，既致命也无法实现。

注释

1. St John, Volume I, pp. 329–30.

2. Taylor, Volume I, p. 274.

3. St John, Volume I, pp. 329–30.

4. Ibid.

5. Murray, Volume II, p. 74.

6. Churchill, Book One, p. 937.

7. Taylor, Volume 1, p. 281.

8. Wolf, pp. 541–2.

9. Ibid.

10. Henderson, pp. 117–18.

11. Ibid.

12. Ibid, p. 119

13. Coxe, Memoirs of the Duke of Marlborough, Volume I, pp. 356–7.

14. Ibid, pp. 363–4.

15. St John, Volume I, p. 336.

16. Henderson, p. 121.

17. Coxe, Memoirs of the Duke of Marlborough, Volume I, p. 402.

18. Brown, p. 184.

19. St John, Volume I, p. 338.

20. Ibid.

21. Burrell, p. 79.

22. Taylor, Volume I, p. 387.

23. Wolf, pp. 543–4.

24. Trevelyan, Select Documents for Queen Anne's Reign, pp. 177–8.

25. Langallerie, p. 308.

26. Churchill, Book Two, p. 135.

27. Trevelyan,Select Documents for Queen Anne's Reign, p. 18.

28. St John, Volume I, p. 340.

29. Taylor, Volume I, p. 338.

30. Trevelyan, Select Documents for Queen Anne's Reign, p. 2.

31. Ibid, p. 190.

32. Henderson, p. 125.

33. St John, Volume I, p. 344.

34. 在正式的攻城战期间，进攻方的军队通过构筑面向要塞的封锁线来保护自己，还构筑了面向外侧的反封锁线，以防守军的援军靠近发动解围行动。

35. Henderson, p. 131.

36. St John, Volume I, p. 344.

37. Shoberl, p. 99.

38. 马尔桑元帅对自己的死亡有预感，在都灵战役打响之前，他给牧师留下了一封信，信中写道："自从我接到国土的命令前往意大利后，我就无法把'我将在战斗中阵亡'的信念从我的头脑中去除。死亡是由上帝决定的，它每时每刻都萦绕着我，日夜纠缠着我。"关于这个有趣的预兆的更多细节，请参考Churchill, Book Two, p. 174。

39. Shoberl, p. 101.

40. Langallerie, p. 315.

41. Shoberl, p. 101.

42. Ibid, p. 277.

43. 同上，第102页。对大联盟而言几乎同等重要的是，人烟稠密的意大利各邦向海上双雄敞开贸易之门。当时海上双雄的舰队已经能随心所欲地巡航，控制着经由地中海的贸易路线。

44. Henderson, pp. 133–4.

45. Churchill, Book Two, p. 189.

第八章 从海上到西班牙

我认为，为你带去新的快乐是合适的。[1]

无论欧根亲王和马尔伯勒公爵在意大利和低地国家取得了怎样令人振奋的成就，如果不能使奥地利大公在西班牙的事业取得进展，那么他俩的战绩对大联盟已经膨胀的野心来说就无关紧要。1706年春，费利佩五世试图收复巴塞罗那，此举与他在凡尔赛宫的祖父的建议相悖，法国国王强烈要求人们保持谨慎的态度："向陛下建议收复巴塞罗那，我本来很犹豫，但既然陛下决心已定，陛下就只需仔细考虑执行的方式。"[2] 与此同时，应费利佩的要求，新晋升的元帅贝里克被派回西班牙，并于3月12日到达马德里。元帅担心法国和西班牙军队向巴塞罗那汇集，会使马德里暴露在葡萄牙方向的盟军兵锋之下，他命令所有可以集结起来的人马都集中在埃斯特雷马杜拉维持防线。坐镇安达卢西亚的比利亚达列斯侯爵拒绝了派兵增援贝里克的请求，因为他担心英荷联军会对加的斯发动新一轮攻势，但是贝里克元帅并没有被说服，因为当巴塞罗那受到费利佩五世和特塞的军队威胁时，英荷联军不大可能向加的斯发动攻势。贝里克在巴达霍斯沮丧地发现，驻屯部队中最精锐的人马已经被抽调去攻打巴塞罗那了，而目前驻扎在坎波·迈耶（Campo Mayor）的戈尔韦伯爵和米纳斯侯爵的兵力，据报不会少于2.5万人。由于比利亚达列斯和驻扎在加利西亚（Galicia）的驻军都没有得到增援，贝里克只得仓促备战，以阻遏盟军发动的任何进攻，但与从前一样，他发现很难取得足够的补给物资，他所能部署的兵力几乎不能完成这个任务。

与此同时，收复巴塞罗那的行动还在继续，1706年4月1日，图卢兹伯爵指挥的地中海舰队在港口附近停泊，次日，利格尔（Legal）将军率领大约9000人抵达了防御工事。4月3日，费利佩五世和特塞元帅加入了攻城的行列，他们绕过了驻守萨拉戈萨和莱里达的盟国驻军，结果暴露了补给线和交通线。诺瓦耶元帅同时取道鲁西永（Roussillion）来参加攻城行动，随着他的迫近，驻防赫罗纳的盟国驻军撤走了。因此，法国和西班牙陆海军都在陆地和海洋上集中起来，攻城兵力达到2.1万人，其中多数人是训练有素、装备精良的法军士兵。乌尔菲德伯爵（Count Uhlfeld）手下的巴塞罗那守军只有约3000人，其中半数是非正规部队，在听从调遣的前提下，他们倾向于我行我素。此外，超过5000名热情勇猛但缺乏训练、装备低劣的城市民兵，会驻守在那些最不容易遭到攻击的防御工事。托尔托萨的盟国驻防部队和从赫罗纳撤过来的盟军都要求，汉密尔顿（Hamilton）手下的英国军队及时赶来加强守军，使巴塞罗那免遭特塞的合围。与此同时，锡丰特斯伯爵与他的米迦勒民兵积极行动起来，袭扰特塞部队的补给线，骚扰巡逻队和纠察队，还在黑夜掩护下突袭特塞的营盘。

巴塞罗那城防总体上很坚固，盟军总工程师佩蒂特（Petit）上校强化了蒙特惠奇堡的俯瞰哨所，提供了一处能有效抵御进攻的堡垒。从蒙特惠奇堡到主要防御工事之间有一道栅栏式的交通线，以方便进出城镇，因此，当初盟军进攻时利用的防御弱点都得到了弥补。4月4日，特塞发动了一场突袭，出其不意地进攻外侧工事，但是他的尝试被汉密尔顿的步兵团巧妙地挫败了，尽管法军设法把若干加泰罗尼亚非正规部队赶出了附近的加布遣（Capuchin）修道院。特塞意识到，他需要进行正规的围攻，所以完成了对巴塞罗那城的合围，开始构筑封锁线来确保自己营盘的安全。

费利佩五世对继续战斗兴致勃勃，无论西班牙军队会为他带来什么荣誉，他在军队中的出现就是对特塞的刺激，士兵们看到他们公认的国王是如此积极进取，无疑很开心，而特塞则发现自己的权威因此遭到了削弱。元帅在发往凡尔赛宫的书信中，怒气冲冲地写道："国王现身军营对特塞造成的伤害，比他留在马德里造成的更大。"[3] 政出多门的问题又出现了。费利佩的人身安全也是一个挥之不去的老问题，4月5日，锡丰特斯手下的非正规部队突袭了法国和西班牙营地，差一点就生擒了国王，尽管只有国王的一些随营御用品被敌人缴获运走了，但此后，为了安全起见，每天晚上国王都在图卢兹的一艘战舰上就寝。

法国工程师们通过炮击逐渐削弱了蒙特惠奇堡的防御工事，但在5月7日，海军上将列克率领的英荷联合舰队的到来，迫使图卢兹按照此前接到的明确谕令率部驶离，避免了一场全面海战。一位热那亚商人提醒法国海军司令官盟军的军舰已经迫近，而列克刚好看着法国舰队的风帆桅杆消失在遥远的地平线上。彼得伯勒伯爵一如既往地生龙活虎，当他作为舰队司令途经巴伦西亚海岸时，列克乘坐划艇登上了他的旗舰。因为盟军增援部队没受到任何阻碍就加强了守军，法西联军对巴塞罗那的围攻很快就失败了，且其后方不断遭到加泰罗尼亚非正规部队的袭扰。5月11日，费利佩五世及其司令官们意识到，攻城努力已经化为泡影，便抛弃了他们的火炮、仓库，以及数百名负伤、生病和正在康复的士兵，经法国南部的崎岖狭窄之路撤退，显然他们担心，如果他们走毫无障碍物的道路，很可能会遭到攻击。太阳是国王的祖父的象征①，所以途中发生的长达2个小时的日全食，似乎预示着波旁王朝的王位继承人会面临更大的不幸。

年轻的国王以一种可以理解的沮丧之情致函他的祖父："我简直无法用文字向陛下表达我的悲痛苦恼，因为我不得不离开巴塞罗那，把它丢给大公，在我与他决一死战之前，我绝不善罢甘休。"[4]然而与此同时，声称拥有西班牙王位的那位奥地利人，却安静平和、心满意足地致函马尔伯勒公爵：

> 我认为，为你带去新的佳音是合适的——我的巴塞罗那已完全摆脱了围攻。没有哪次撤退比敌人这次撤退更仓促狼狈的了，他们扔下了140门铜炮，丢弃的弹药和给养的数量之多，令人难以置信。[5]

1706年4月，由于法国军队转向进攻巴塞罗那，戈尔韦和米纳斯及其英、荷、葡联军从坎波·迈耶出发，进逼马德里。在联军挺进的途中，他们遇到了贝里克元帅，后者的人马远远少于对手，只有1.5万名装备低劣的西班牙士兵。经过最初的散兵战之后，葡军顶住了一场非常凶猛的反击，仅仅围攻4天就占领了阿尔坎塔拉。在短兵相接的肉搏战中，米纳斯和贝里克靠得如此之近，以至于都差点被对方俘获，随后两人都被迫转身策马逃跑。盟军拿下阿尔坎塔拉之后，信心满满地向阿尔马雷兹（Almarez）挺进，但随后又因不确定贝里克的动

---

① 路易十四曾在芭蕾舞剧《夜》中扮演太阳神阿波罗，因此被誉为"太阳王"（英语：Sun King；法语Roi Soleil），他也以"阿波罗"自居。——译者注

向而狐疑不定。在为阿尔坎塔拉而战时骁勇无畏的米纳斯不愿意冒险深入，约翰·梅休因在给里斯本国王佩德罗的信中失望地写道：

> 我觉得我必须以我国女王陛下的名义向陛下禀报，既然现在立即向马德里挺进的权力属于您，如果没有其他取代它的方案的话，我的女王陛下会认为失去了本来胜券在握的天赐良机。

随后，梅休因继续向国王施加了一个近乎赤裸的威胁，如果侯爵未能表现出更多主动精神的话：

> 如果今年春天这支军队另有所用的话，那么在向西班牙马德里进军的过程中，我会命令驻葡萄牙的英军退出行动，以便在下个月登上我期待的舰队，在这种情况下，我也受命不再向陛下的军队支付津贴。[6]

此言一出，全军便按时前进，普拉肯提亚（Placentia）被放弃了，5月26日，罗德里戈城向盟军投降。受到巴塞罗那已成功解围的鼓舞，6月7日，盟军继续向萨拉曼卡推进，夺取了当地一个大型补给仓库。尽管当地人再次对出现在自己国土上的外国军队冷眼相向，但高级行政官员们还是热烈地表示欢迎。

贝里克后撤，掩护位于瓜达拉马（Guadarama）的山口，用这种方式保护通往首都的道路，但是在6月18日，戈尔韦收到了马尔伯勒在拉米伊取得大捷的好消息，盟军以更果断的方式向前推进。一星期后，贝里克收兵退往马德里，与此同时，费利佩五世回到了首都，发现在巴塞罗那攻城战失利之后，自己保住和巩固西班牙王位的信心明显减弱。6月20日，王后采纳了贝里克的建议，为了她的安全，与枢密院成员们一起退到了位于旧卡斯提尔的布尔戈斯（Burgos），费利佩带上他那试图收复巴塞罗那的残兵败将与她一起撤离。年轻国王的事业遭受的醒目又耻辱的挫折，强化了盟军在拉米伊和都灵的胜利，哈布斯堡王朝的前景似乎一片光明，但是在伊比利亚半岛，事情从来都不会这么简单。

鉴于资源窘迫，贝里克发动了一场审慎而精妙的战役，实质上是一个长期的防御行动。当敌军向马德里推进时，他避开对手的锋芒，不给敌人在开阔战场上强行与他会战的机会。后来元帅写道：

> 一个巴掌拍不响一场战斗，一位将军只有在他别无选择时才会诉诸一战，因为战争的结果永远是不确定的，当一位将军通过妥善的部署和巧妙的机动就能实现自己的目标时，他就不应该冒险发动一场胜负未卜的战争，更不应该拿一个国家的命运冒险。[7]

尽管盟军连战连胜，贝里克依然屹立在战场上。在派出部分人马留守若干关键要塞后，即使能得到来自巴伦西亚的增援，他也只有大约1.4万名野战军。在漫长而艰辛的征程中，由于士兵开小差和疾病瘟疫造成的损失，戈尔韦和米纳斯手头的兵力与对手大致相当。6月24日，戈尔韦抵达努埃斯特拉·塞诺拉·德·拉塔马尔（Nuestra Senora de Ratamal），获悉贝里克已经向东北方向退往埃纳雷斯河（Henares）河畔的阿尔卡拉（Alcala）后派遣由利亚达列斯的一支前锋部队去占领马德里。3天后，盟军司令官们兴高采烈地进了城，他们的事业似乎大功告成了，捷报传到里斯本时，人们欣喜若狂。"对土地的满足是难以名状的，而且是可以理解的，因为葡萄牙人不是为此而战，也不可能为此抱有厚望。"[8] 7月2日，查理大公被宣布为西班牙国王卡洛斯三世，但马德里人民的反应是冷漠平淡的，大量葡萄牙军队出现在他们的街道上，他们当然不大开心。然而，卡洛斯二世的遗孀、太后玛丽亚娜·冯·诺伊堡，从她隐居的托雷多发来了认证函，一些贵族也小心翼翼地如法炮制，一些贵族离开了马德里，在自己的领地默默观望，坐等尘埃落定再表态。[9]

大联盟的成就是辉煌的，在3个月内，戈尔韦和米纳斯就把贝里克赶出了马德里，并使其军队损失了大量的火炮（将近100门火炮丢给了挺进的盟军）、仓储和装备。阿尔坎塔拉和罗德里戈城的要塞都失守了，萨拉曼卡和托雷多被攻占，8000名西班牙士兵被俘或作为逃兵被搜出来。最重要的是，费利佩五世的部队撤离了莱昂（Leon）、旧卡斯提尔和埃斯特雷马杜拉，马德里现已落入盟军之手。尽管如此，依然没有证据表明人们欢迎奥地利的查理大公及其外国占领军，许多占领军是新教徒，因此也是异教徒，无论他们的分遣队被派往哪里，都会受到越来越多的骚扰和伏击。尽管如此，西班牙的许多主要城镇依然被盟军控制了，尽管这种控制仅限于周边乡村。然而，盟军指挥官们是否已经抵达马德里，能否留在那里，仍有待观察。

消息传到了身在巴塞罗那的查理大公手上，竭力主张他应毫不拖延地前往马德里，充分利用费利佩五世及其司令官们恢复元气之前所取得的战果，但他没有立即做出回应。与此同时，贝里克返回了距离马德里约60公里的瓜达拉哈拉（Guadalajara），在埃纳雷斯河河畔占据了一个上好的防御阵地。7月11日，戈尔韦进驻阿尔卡拉，在那里建立了一个补给基地。在获悉贝里克再度后撤后，盟军继续跟进。与此同时，贝里克元帅从退出巴塞罗那围城行动的部队中得到了增援，现在可以在战场上投入2万人，其中半数是法国人，大大多于戈尔韦和米纳斯手下的兵力。两星期后，盟军向索佩特兰（Sopetran）进发，但夺取法军掌控的埃纳雷斯河大桥的企图破灭了，唯一成果是进行了一场胜负未决的火炮对轰。到了7月30日，盟军因疾疫、伤亡和逃兵，人数下降到不足1.2万人，不得不撤退，让贝里克收复他建于瓜达拉哈拉的阵地。显然，贝里克没有充分意识到他拥有的兵力优势，而且两军的司令官都没有找到把对手调离阵地的好机会，因此只能继续观察和等待事态发展。然而，盟军曾短期拥有的战略主动权正在迅速溜走。

与此同时，大公与彼得伯勒在举行了一系列言辞激烈的会晤之后，以相当平静淡定的姿态向马德里进发，彼得伯勒伯爵粗鲁唐突和趾高气扬的态度，使他与查理身边的奥地利智囊们日益疏远。途经巴伦西亚或阿拉贡前往马德里的两条路线的各自优点，成了旷日持久的争论主题，浪费了不少宝贵的时间。伯爵对此颇为恼火，大公"在某些难以名状的情况下，除了道貌岸然和自高自大外一无所有，在困难和危险的局面下又优柔寡断、朝令夕改"[10]。最后的决定是，途经巴伦西亚前往马德里。5月底，彼得伯勒率领4500名步兵乘船抵达那里，随后是取道托尔托萨从陆路来的2000名骑兵。

在行军过程中维持和补给军需的准备工作被发现漏洞百出，尽管7月4日已获悉马德里落入盟军之手，但直到三个星期后，查理才下达了明确的进军指示。实际上，这条路线是取道萨拉戈萨和阿拉贡，而非取道巴伦西亚，因此，彼得伯勒的旅程很大程度上是白费力气。大公手下分散于各处的部队与戈尔韦和米纳斯的部队，直到8月6日才最终会师，而自马德里被占领以来，已经过去了1个多月。彼得伯勒在路上追上了查理，但他们只带来一支仅有4000人的队伍，这样一来，组团的盟军部队兵力就下降到了原来的水平。与此同时，盟军已于8月8日设法巩固了巴伦西亚海岸阿利坎特的消息传来，马奥尼（Mahony）上校手下的波旁驻军获得了慷慨的待遇，获许带着战争荣誉离去。盟军战舰也为大公保住了巴利阿里群岛中的马略卡岛（Majorca）和伊维萨岛（Ibiza），而且在穆尔西亚海岸的卡塔赫纳（Cartagena）港成功登陆，此举是在与西班牙舰队司令官圣克鲁斯伯爵（Count of Santa Cruz）的勾结下完成的，后者清醒地意识到，是时候改换门庭了。然而显而易见的是，盟军司令官们的失策，让一个上好机会悄然溜走了，因为盟军一离开马德里去对付贝里克，马德里市民就发动起义支持费利佩五世。同时，法国和西班牙部队收复了托雷多和萨拉曼卡——控制着从葡萄牙进西班牙边境的道路。最终，葡萄牙将军冯特·阿卡达夺取了萨拉曼卡，他向曾经欢迎过法国军队的不幸市民处以5万皮斯托尔（pistoles）的罚款。

盟军并不希望收复马德里，当地百姓丝毫不欢迎他们，于是他们退往城南约30公里的塔胡尼亚河（Tajuna river）河畔的尚雄（Chinchon）。由于形势所迫，现在盟军的补给线不得不向东南方延伸到巴伦西亚，而非通往像罗德里戈城那样陷入窘境的葡萄牙要塞。最近对于阿利坎特和卡塔赫纳的占领，确实具有一定偶然性，却帮助盟军实现了交通线的转换。

8月14日，戈尔韦不得不与米纳斯和查理最宠信的将领诺耶斯伯爵（Count of Noyelles）共享指挥权，他在塔胡尼亚河与哈拉马河（Xarama）交汇处附近安营扎寨，全军只有4000多人。当地民众的明显敌意至少在目前起到了阻止他那灰心丧气的军队开小差的作用。相比之下，贝里克手握2.6万人，骑兵优势尤其突出，然而，他认为通过采取隐秘行动能以更低的代价取得全胜，所以没必要发动公开战斗。元帅派遣利格尔将军率领3000名骑兵去袭击阿尔卡拉的盟军哨所，从而打乱了盟军的防御部署。贝里克没打什么像样的仗就夺取了主动权，盟军要与其开战的话，就必须冒战败的危险，除非封锁通往马德里的道路。

1706年9月4日，德·瓦莱（de Vallée）中将率领一支强大的法国骑兵进入了马德里，受到当地百姓的热烈欢迎。由阿马朱埃拉斯伯爵（Count de las Amajuelas）指挥的一支奥地利—西班牙小部队，在卫城里面英勇地坚持了几天后就失去了得到援助的希望。被俘的士兵们受到虐待，许多支持查理的人被打发到法国战舰上服苦役，同时盟军遗弃的海量物资落入了德·瓦莱之手。

尽管盟军司令部内莫衷一是，戈尔韦依然固守着他在尚雄的阵地，但是，随着收复马德里的希望化为乌有，9月9日，在恶劣的天气下，盟军开始撤往巴伦西亚。他们利用在马德里没有被丢弃的几座浮桥，在杜纳斯（Duennas）渡过塔霍河，然后继续前往巴尔韦德（Valverde）。一星期后，在贝莱斯（Veles），戈尔韦得到了1400名英国援军和大批急需的补给品，贝里克跟踪追击，如影随形，但他并不想打仗，因而一直小心翼翼地待在敌军与通往马德里的道路之间。

9月25日，事态发生了变化，贝里克突然试图在加布里埃尔河（Gabriel river）上截击撤退的盟军，但盟军后卫部队勇敢地展开拥有火炮支持的战线，他没有得手。显然，元帅放弃了对撤退的敌军造成重创的一切希望，转身后退。10月1日，1.2万名盟军在没受到进一步阻挠的情况下进入了巴伦西亚，在一场为哈布斯堡家族的王位竞争者发动的、令人灰心丧气的战役结束之后，军队被派往冬令营息冬。尽管如此，大公还是召开了巴伦西亚科尔特斯[①]（Cortez），这是费利佩五世从未做过的事情，议会迅速投票同意为他的事业注入一大笔钱。早已厌倦了盟军的群龙无首和混乱指挥的彼得伯勒伯爵，在撤军开始之前就去了意大利，他以高昂的利息为查理筹集了一大笔贷款，尽管他没有自主借款的权力，但这毕竟是一个不错的举措。

10月4日，费利佩五世再次进入马德里，在城里，他受到了民众热烈而真挚的欢迎。他对那些认为承认查理大公为国王是明智之举的贵族展开了大规模调查不足为奇，许多参与其事的贵族被赶出京城，但总体而言，惩罚是宽大温和的，旨在消弭分歧，展现国王费利佩五世慷慨大度和随和自信的天性。真正的报复行动寥寥无几，尽管诺伊堡的玛丽安娜被悄然送往巴约讷隐居，因为在那里她才会少惹麻烦。盟军司令官们未能巩固他们的早期战果，加上懈怠拖延和优柔寡断，贝里克得以重获主动权。在秋季的几个月内，贝里克收复了许多

[①] 西班牙语中的议会，对应英国的议会（parliament）、俄国的杜马（duma）。——译者注

在早期战役中失去的土地，10月10日，昆卡（Cuenca）孤立隔绝的哈布斯堡王朝守军在装模作样地抵抗了一番后就开门投降了，次日，奥里韦拉（Orihuela）被穆尔西亚的路易斯·贝路加（Luis Belluga）手下的西班牙军队占领。10月21日，贝里克进入埃尔切（Elche），11月收复卡塔赫纳，12月，塔霍河河畔的阿尔坎塔拉被巴依侯爵（Marques de Bay）收复。到了当年年底，几乎整个卡斯提尔、埃斯特雷马杜拉和穆尔西亚都以这种有条不紊的方式落入了费利佩五世的囊中，他比从前更稳固地掌控着王国。

然而，国王在意大利巩固地位的工作却没有成功，维也纳在这个战略方向上的希望依然存在。1707年3月13日，约瑟夫皇帝与法国签署了一份秘密协议，它实际上结束了在意大利的敌对行动。法国从米兰地区和曼图亚（Mantua）撤走驻军，因此可以把兵力部署到其他地方去对付奥地利的盟友。对维也纳而言，此举很自私，这些部队中的许多人很快就在路易十四的侄子奥尔良公爵的陪同下开始行动，以支持法国在西班牙的战斗。

在巴伦西亚和加泰罗尼亚息冬之后，戈尔韦和米纳斯决定在对手得到更具实质性的增援之前发动攻势。现在，他俩手握1.5万人，包括葡萄牙人、英国人、荷兰人和数百名德意志人。4月10日，盟军踏上了通往耶克拉（Yecla）的征途，贝里克在耶克拉准备的仓库和物资都落入了盟军之手。就这样，戈尔韦幸运地得以重整军备，随后包围了比列纳（Villena）的法西要塞，他在那里获悉，贝里克已经进驻了小镇阿尔曼萨（Almanza），并建立了阵地。贝里克很可能会与率领更多人马的奥尔良公爵会师，因此，戈尔韦决定马不停蹄向法军发起进攻，在敌军完成集结之前达成目标。

盟军行进了40公里前往阿尔曼萨，与贝里克麾下的2.5万名法西联军对峙。戈尔韦兵力较少，但是他可能低估了自己的兵力劣势，当然他更担心推迟与法军司令交锋，会让对方获得更多增援。4月25日，伯爵果断前进，但他没有时间进行周密侦察，挺进行动很仓促。由于不得不穿过遭到破坏的土地，盟军士兵衣衫褴褛，戈尔韦很难有效掌控部队。尽管困难重重，盟军步兵还是在午后发动了英勇无畏的进攻，但在取得了初步胜利后被击退，一位参加过冲锋的士兵记得：

我们的前卫部队非常英勇地向敌人冲杀过去，以大无畏的气概击败了他们，把敌军都赶走了。所以，我军摆开战线前进，尽管我军因一整天都没得到水喝而筋疲力尽。我军迅猛而犀利地长驱直入，步兵打垮了敌人，把他们打退了，一度使我们相信胜券在握了，但我们的骑兵被打垮了。[11]

尽管戈尔韦巧妙地把骑兵和步兵混编在一起，让他们互相支援，但葡萄牙骑兵面对贝里克发动的从容自信的反击惊恐万状，唯恐遭到迂回包抄，他们落荒而逃，扔下了从一开始就处于兵力劣势的盟军步兵，令后者陷入绝望的境地。"我们的骑兵，尤其是葡萄牙骑兵，在没有遭到任何冲击的情况下就逃之夭夭了，把我们的步兵孤零零地仍在平原上。"

戈尔韦与米纳斯都挂了彩，但伯爵设法重新骑上他的坐骑，稳住了阵脚。经过一番激烈战斗，多纳（Dohna）少将和施林普顿（Shrimpton）准将指挥下的大约2000名英荷步兵被包围在一片林地里面，次日被迫向贝里克投降。盟军的大部分辎重和火炮都丢了，在法军司令官理所应得的战利品中至少有20门野战炮、3000名俘虏和120面旗帜。此时，惨遭失败的盟军已经减少到约6000人，他们狼狈不堪地退往巴伦西亚，但因兵力不足，无法守住这个地区。戈尔韦致函斯坦霍普伯爵（Earl Stanhope）詹姆斯，告诉他那天遭遇失利的细节：

我们于（4月）25日挺进阿尔曼萨平原。敌人在我们开战的小镇附近等待我们，我们被击败了；我军两翼都被击溃了。我军步兵被敌军骑兵穷追猛打，所以无人能脱身逃命……昨天所有聚集在这里的将军们都在商讨现在该做什么。所有人都一致认为，我们没必要保住这个王国（巴伦西亚）[①]，于是决定骑着留给我们的马匹撤往托尔托萨。[12]

盟军司令官之间缺乏协同，步调不一，加上一些部队缺乏训练，士兵装

---

① 1238年，统治伊比利亚半岛南部的穆斯林建立了巴伦西亚王国，后来被卡斯提尔王国征服，但王国的建制依然存在，由卡斯提尔国王和西班牙国王兼任巴伦西亚国王。1707年，该王国才在法律上被解散。——译者注

备低劣，导致战局逆转。正如伯爵事先预言的，在如此惨重的损失后，巴伦西亚守不住了，查理大公及其追随者们很快就返回了加泰罗尼亚，总计不到1万人，就算加上分散驻守在托尔托萨、莱里达、德尼亚和阿利坎特等据点的部队，人数也增加不了多少。里斯本宫廷对败得如此之惨感到震惊，他们有理由认为，现在可能更容易遭到法西联军的进攻，而且保卫他们的人少得可怜。

事实上，贝里克现已与奥尔良公爵会师，而且另有所图，他在阿尔曼萨战役中的损失不能算微不足道，他没有全力以赴追击戈尔韦和米纳斯，而是把注意力转向了雷克纳（Requena）和巴伦西亚，同时分兵打击驻守德尼亚港的盟国驻军。镇守雷克纳的奥地利总督几乎在遭到合围后就立即投降了，5月8日，巴伦西亚也屈服了。贝里克立即夷平了防御工事，并以支持奥地利的查理大公为罪名，对当地百姓处以4万皮斯托尔的罚款。追击战败的盟军很小心，5月19日，经过激烈的逐屋巷战后，哈梯瓦（Xativa）镇才被谢瓦利埃·德·阿斯费尔德拿下，但卫城还在坚持抵抗。

5月25日，贝里克渡过埃布罗河（Ebro）的尝试被挫败，因此法军不得不向河上游97公里处阿拉贡境内的卡斯佩（Caspe）进发，以绕过阻碍。5月26日，萨拉戈萨向奥尔良公爵指挥的一支部队投降，而阿尔西拉（Alcira）一直顽强抵抗到6月1日，随后盟国守军获许以优惠条件出城离去。6月12日，经过39天的英勇坚守，保卫哈梯瓦卫城的盟军投降了，这大大延缓了贝里克向加泰罗尼亚进军的速度。然而，法军攻城指挥官德·阿斯费尔德下令采取的报复行动很残酷，哈梯瓦镇大部分街区在他的人马离开之前被付之一炬。盟国守军获许带着战争荣誉离开，但在返回加泰罗尼亚的途中饱受物资匮乏和敌军骚扰之苦。[13]

戈尔韦的积极努力，加上聚集了不少没有参加阿尔曼萨之战的士兵，使他的骑兵、步兵总数恢复到1.4万人，前来会合的人要么来自失守的城镇，要么是在法军面前望风而逃的各地驻军。莱里达英勇地坚守到了10月初，其卫城的守军在6个星期后才投降。对盟军来说，莱里达失守依然是一大打击，因为该城周围的原野为大军的有效运作提供了大部分农产品和粮食作物。从葡萄牙人手中收复罗德里戈城的消息传来了，但保卫德尼亚之战堪称一小篇英雄史诗。指挥卫戍部队的胡安·拉莫斯（Juan Ramos）将军和卫城守将唐·迪亚加·雷洪·德·希尔巴（Don Diega Rejon de Silba）是两位非常能干的军人。构筑的土木工事是为了加强正规的防御工事，直到6月底，法军才真正挖好堑壕，部署好攻城车队。4天后，攻城炮台猛烈开火，尽管守军的反击炮火猛烈，但防御工事在7月6日还是被轰开了豁口。次日，法军发动的一次进攻被打退，损失了300多名攻城军人，在夜幕掩护下发动的第二次进攻依然无果而终。新炮台被修建起来，凿开了第二个突破口，7月10日，法军指挥官德·阿斯费尔德击鼓要求谈判，向拉莫斯和德·希尔巴发出信息，说他已经发动了2次进攻，肯定还会发动第3次更加猛烈的进攻，如果守军不在第3次进攻前投降，就不会再有投降的机会了。城中的人坚定有力地回应，他们绝不会屈服，也不会给进攻的敌军提供任何机会。400名海军陆战队士兵和武装水手从停泊在岸边的英国战舰"兰开斯特"（Lancaster）号走下来，大大振奋了守军的斗志。当天下午晚些时候，法军发动了第3次进攻，同时猛扑2个突破口以分散守军的注意力和火力，经过90分钟的激烈战斗后，法军又一次被击退。第4次进攻尝试的损失同样惨重。"发生了血腥的交锋，在将近2个小时的肉搏战中，拉莫斯再度获胜，波旁王朝的部队被赶回他们的战壕，突破口被他们的伤亡士卒塞得满满当当。"[14]德·阿斯费尔德垂头丧气地放弃了代价高昂的进攻，开始构筑严密的封锁线。

法军继续进攻阿利坎特，该城防御完善，围攻行动只能缓慢推进。盟军最后不得不放弃此城，尽管约翰·理查兹少将指挥的英国和胡格诺派守军依然顽强坚守卫城。如此英勇的抵抗固然可歌可敬，但盟军显然已经失去战略主动权，无论防御战打得多么英勇顽强，如果不发动大规模登陆行动去解救德尼亚和阿利坎特，它们失守只是迟早的事。

注释

1. Langallerie, p. 299.
2. Petrie, The Marshal, Duke of Berwick, p. 189.
3. Kamen, Philip V, p. 48.
4. Ibid, p. 49.
5. Langallerie, p. 299.
6. Dickinson, 'The Recall of Lord Peterborough,' p. 176.
7. Miller, p. 85.
8. Francis, p. 225.
9. 宣布效忠查理大公的大人物包括内哈拉（Nejara）公爵、奥罗佩萨（Oropesa）伯爵、孟德霍尔（Mondejor）侯爵、圣克鲁斯伯爵和科尔多巴伯爵。见 Kamen, Philip V, p. 54。莱诺斯（Lenos）伯爵试图骑马投奔大公，但在路上被效忠费利佩五世的军队逮捕并羁押。
10. Dickinson, 'The Recall of Lord Peterborough', p. 175.
11. Atkinson, p. 21: "那天，我们走了整整20英里，滴水未进，我们可怜的灵魂在血腥屠杀之前几乎已经筋疲力尽。"另见 Williams, p. 58.
12. Churchill, Book Two, pp. 233–4.
13. 马尔伯勒公爵被调去对付贝里克公爵，报复贝里克公爵对哈梯瓦守军的暴行，以及迫使哈梯瓦守军通过漫长行军返回加泰罗尼亚，导致许多人在途中因疾病和饥饿而丧生的行为。他的外甥给予舅舅强有力的回应：他出具了优惠的条件，但不允许那些士兵迅速返回或采用最直接的途径返回他们的军队。贝里克补充道，无论如何，他们中的许多人都在该地区骚扰过法军的非正规部队，所以自己后悔向他们提供了优惠的投降条件。
14. Parnell, pp. 230–1.

第九章 不胜其烦的纷扰

敌军兵力与日俱增。[1]

早已厌倦了战争的路易十四会欣然接受一个体面的和平，因为反复的军事拉锯已经给了他一个明确的教训，而且为了媾和，与大联盟各方开展的秘密谈判也在紧锣密鼓地进行。尽管倾向于解决问题，但他固执己见，意识到法国在战争中的核心地位，他和他的孙子拥有一致的目标。他还有可供一战的强大军队，由维拉尔、旺多姆和贝里克这些能干的名将指挥，他们可能会扭转局面，如果大联盟不同意法国可以接受的条件，他们还会强迫盟国服从。法国本土还没有受到战争的影响，强力打击大联盟中的一个或多个小国，如葡萄牙、萨伏依或德意志诸国，可能会为法国带来丰厚回报。甚至奥斯曼帝国可能会被说服兵逼维也纳，过去路易十四曾向奥斯曼人示好，企图利用他们从东方分散和削弱奥地利的注意力，现在仍然可以再次这样做。北方总是个问题，朝三暮四的瑞典国王可能会对法国的利益造成损害。

年仅25岁的瑞典国王查理十二世，好斗尚武、反复无常、难以捉摸，他曾为波罗的海的控制权而挑衅邻国，与波兰国王兼萨克森选帝侯奥古斯都（Augustus）大动干戈，并于1706年2月在弗劳斯塔德（Fraustadt）大破奥古斯都的军队。查理十二世那支4万人的瑞典军队训练有素，以严明的纪律和骁勇善战而闻名于世，且正处于巅峰状态。瑞典国王在莱比锡（Leipzig）附近的阿尔藤斯塔德（Altenstadt）建立了冬季司令部，向奥古斯都提出了要求，其中最重要的要求是让对方放弃波兰国王头衔，承认自己指定的候选人为波兰国王，还得放弃与俄罗斯沙皇彼得大帝的联盟。查理十二世的战略目标清晰明了，就是拒绝与沙皇结盟，然后厉兵秣马准备向东采取军事行动。然而，瑞典国王的反复无常、朝秦暮楚足以引起大联盟各方的普遍关注，他可能转而挥师南下，参与西班牙王位继承战争。

1706年11月23日，英国驻海牙大使乔治·斯蒂芬尼（George Stepney）先生写信给一位身在伦敦的朋友，解释道：

> 瑞典国王的特使 M. 帕朗奎斯特（M. Palonquist）通知荷兰议会和我国的马尔伯勒公爵，他的主公和国王奥古斯都在上月24日缔结了一份条约，后者放弃波兰王冠，同意斯坦尼斯拉夫（Stanislaus）为王，自己保留国王头衔，（同时）承诺不向沙皇提供任何援助。[2]

查理十二世与其得胜之师在萨克森度过了严冬，由于维也纳虐待西里西亚（Silesia）新教徒的指控，他与奥地利帝国发生战争的可能性大大增加了。在西班牙王位继承战争中协力推翻法国的攻势，瑞典君主显然毫无兴趣。针对大联盟的第三战场即将成型，查理十二世加入了战争，与维也纳交锋，以这种方式转移奥地利的精力，会对大联盟的事业造成巨大损害。

1707年2月，对查理十二世在即将到来的交战季节会采取什么行动，马尔伯勒表示很关注，他写信给安东尼·海因修斯："我不会在意前往萨克森的艰辛，我要等待国王的到来，如果需要的话，我会尽力让他走上正道，或者破坏他的计划，我们会采取妥当合理的措施，我们不会为此大惊小怪。"[3]在4月的第三个星期，马尔伯勒横穿汉诺威，前往阿尔藤斯塔德与查理十二世会晤，打算迫使他退出战争，尤其不要与维也纳交战。1707年4月27日，公爵致函他在伦敦的朋友西德尼·戈多尔芬：

> 今天上午10点钟刚过，我便开始等候国王陛下。他让我陪在他身边，直到12点钟吃饭的时候。有人告诉我，进餐时间比他惯用的时间多了半个小时。他又把我引入他的房间，我们在屋里待了1个多小时。[4]

温文尔雅的英国臣子和粗犷豪迈的瑞典国王，都是大名鼎鼎的得胜将军，两人自然都对对方的手段深感兴趣。国王似乎觉得公爵用吊带袜装点的穿着对一个军人而言过于艳丽了，但他们设法在讨论要点上达成了共识。"瑞典国王对女王陛下表达了极大的亲切和尊敬，并对丹麦王子（国王的舅舅）表达了友好亲善，似乎非常愿意支持大联盟。"[5]

公爵在其礼貌允许的范围内，尽可能强烈地表达了海上双雄对瑞典入侵萨克森的关切，但是在阿尔滕斯塔德，他的朝臣魅力一无所获。国王淡定地回答："你可以向女王、我的姐姐保证，我的计划是，一旦我提出的要求得到了满足，我就立即离开此地，但不会在此之前离开。"[6]大联盟的目标当然是阻止查理十二世干预马德里王位争夺战，把他的注意力转移到别的地方。马尔伯勒蛊惑查理十二世的大臣的能力当然发挥了作用，英国驻瑞典大使在公爵首次会晤国王的3天后写道：

> 按照陛下的谕令，我已经告知派珀（Piper）伯爵、赫梅林（Hermeline）先生和塞德海姆（Cederheilm）先生，女王陛下会按年向他们发放津贴，派珀得到1500英镑，其他人各300英镑，但赫梅林得到的首付是1000英镑，首付会立即到账。[7]

马尔伯勒非常关注瑞典军队的组织和战术，到目前为止，瑞军在年轻国王的铁腕指挥下取得了重大胜利。他惊诧地发现，瑞典军队的行装非常轻便，几乎没有行政部门的支持，而且"没有火炮车队，没有医院，没有仓库"。对一支军队而言，轻装上阵显然是一件大好事，但也可能过于轻率了，公爵预言性的补充切合了史实："这是一支依靠缴获、搜掠而生存的军队。在一场激烈的拉锯战争中，它很快就会被歼灭。"[8]

国王与公爵之间总体上还算亲切友善的会谈结束了，两人启程前往莱比锡与萨克森选帝侯和斯坦尼斯拉夫会晤，后者在瑞典人的要求下被任命为波兰国王，但没得到诸如安妮女王等人的承认。马尔伯勒向斯坦尼斯拉夫表达了应有的敬意，但是出于合法性的考虑，没有给予正式的承认。次日，公爵离开查理十二世，礼节性地拜访了普鲁士国王腓特烈·威廉，随后返回布鲁塞尔，实现了某种程度上的外交改变。查理十二世没有参与西班牙王位继承战争，而是率领他强大的军队踏上了远征俄罗斯的可怕征途，2年后惨败于波尔塔瓦（Poltava）。

在米兰部署好军队后，约瑟夫皇帝的注意力转向了意大利南部，企图在那里占些便宜。从维也纳的视角看，即使考虑到匈牙利的持续叛乱问题，意大利南部或许也是最有利可图的战场，但此役对身居西班牙的御弟的事业几乎没有裨益。马尔伯勒再次在弗兰德尔开战，他沮丧地致函伦敦国务大臣罗伯特·哈雷（Robert Harley）："应该立即向维也纳宫廷发出照会，劝阻他们别去那不勒斯冒险，并以最严肃认真的态度敦促他们继续在西班牙投入最旺盛的精力。"[9]这样的呼吁是徒劳的，因为皇帝的如意算盘是确保占据那不勒斯，把他的大批人马投放到那里，实现他的意图。

1707年5月21日，盟军在阿尔曼萨战败的消息向大众公布后不久，帝国驻海牙全权代表菲利普·路德维希·辛岑多夫（Philip Ludwig Sinzendorf）伯爵致函马尔伯勒公爵：

> 尽管吃了败仗，残兵败将一定已经退到了巴塞罗那；而且由于我们是海洋的主人，舰队总会为该城提供补给，敌人无法围困它，因为缺乏重炮和其他必须设备。因此，国王（查理大公）可以安全地留在那里，直到夏秋之交时采取某些措施为他派去生力军。[10]

事实上，尽管战败了，西班牙战事也不得不拖下去，以待皇帝处理其他地方更加紧迫的问题——皇帝不仅得在意大利南部开战，还得处理旷日持久的匈牙利叛乱。辛岑多夫继续指出，当有生力军可供调遣时，荷兰和英国必须支付他们的费用，因为他们只能"在海上双雄提供我国不能提供的经费物资条件下（投入战斗）……相信皇帝无力供养在西班牙的军队"[11]。

法国和奥地利之间达成的协议有效消弭了意大利北部的战事，剩余的所有法军都撤走了；该条款的备忘录已经于1707年3月13日在米兰签署。尽管有2万名训练有素的法军以这种方式重新加入路易十四在其他战场的野战军，但明显可以看到帝国军队占领了那不勒斯，5月6日安妮女王发给皇帝的一封打气信函中，女王以温和但带刺的语气提到了这一点：

> 近来敌人在西班牙取得的成绩可能会结出苦果，我不得不告诉陛下，现在最重要的事情是，陛下在意大利的所有军队应该用来入侵法国领土……陛下如此英明睿智，所以不能被一场小小的征伐行动牵扯了精力。

因此，我亲自做出保证，陛下的英明在于陛下只考虑王子复辟的问题；迫使其敌人召回其军队，保卫自己的国家。[12]

安妮的信毫无作用：大量帝国军队被调离主要战场，本来应该集中的兵力被分散了。然而，一个针对法国海军基地土伦的宏大计划已经制订了一段时间，对土伦港和海军基地的重大威胁会很好地分散法国的注意力，迫使法军离开西班牙战场。

巴登侯爵已经死于1704年负伤后的伤口溃烂，眼下在莱茵河边境上为皇帝指挥军队的拜罗伊特侯爵（Margrave of Bayreuth），手头兵力不足。太多的帝国军队被派往别处。这位侯爵得到了斯托尔霍芬防线的掩护，该防线从莱茵河畔的路易堡一直绵延到黑森林边缘的温德克（Windeck），弥补了兵力不足；他也向北构筑了额外的防御工事，从莱茵河绵延到朗多和菲利浦堡（Philippsburg）的要塞。他的小军队的当面之敌是路易十四麾下最出色、最具侵略性的指挥官之一——维拉尔元帅。5月22日，法军出人意料地突破了帝国防线，而且几乎毫发无损，帝国军队溃不成军，退往拉斯塔特和杜尔拉赫（Durlach）。路易十四兴高采烈地致函维拉尔元帅：

我不知道该用什么言辞称赞你为掌握斯托尔霍芬而做出的部署、行动方式及幸运的成功……你要记住，此次远征的最大好处就是让我的军队得以通过牺牲敌人来供养，迫使敌人劳心费力地巩固堡垒来防范你。[13]

国王清楚地看到，在德意志发动的每一场扩张性战役，他都无力供养维拉尔的人马，但目前，士瓦本和法兰克尼亚的帝国势力范围已经暴露在法军的兵锋之下。多年以来奥地利捍卫莱茵河边界的战略已经破产，而维也纳的注意力还在别处。

法军留下若干分遣队用于劳作，以夷平斯托尔霍芬其余的防线，而维拉尔及其大军继续高歌猛进。拜罗伊特侯爵无力阻挡法军前进的脚步，到了6月8日，元帅已经开进斯图加特（Stuttgart）聚敛捐款和物资，并在拔营起程时蹂躏了乡村。维拉尔割断了与补给线的联系，他的军队实际上成了深入敌境的悬军，只能从侯爵逃离时途经地区抛弃的仓库和据点中获得所需物资。被维拉尔全面碾压的拜罗伊特别无选择，只能进一步后撤，占据了距离诺德林根（Nordlingen）不远的一处防御阵地。很快，法军军官们就有机会在霍施塔特平原上策马观赏旧战场，然后去舍伦贝格山坡，这两个地方都还散落着1704年激战留下的遗迹。如果现存的帝国军队集中在一位坚强的指挥官手下，即"一位有权威的能够统率大军的将军"[14]，那么维拉尔的挺进可能会被阻止，因为他已经悬军深入，孤立无援，在受到挑战时无法立即获得支持，而且很容易被截断退路。然而，拜罗伊特犹豫不决，被眼前的威胁吓破了胆。对德意志南部日益恶化的局势，马尔伯勒公爵火冒三丈。6月7日，他在梅尔德特（Meldert）给拜罗伊特写了一封信，信上说道："如果阁下把手头的全部人马都集中起来，那么帝国军队至少与敌人势均力敌，或许还会比敌军更强大一些，因为敌军至少肯定有一半是民兵。"公爵用尖酸的语气继续写道："如果我们是占有优势的一方，而且我们已经侵入了法国人的国土，那么我们绝不会把6000人扔在斯特拉斯堡而按兵不动。"[15]然而，侯爵是一个能力相当有限的实诚人，除了绝望地扼腕长叹，期待好运降临之外，他几乎无所作为。

维拉尔向查理十二世发去一个信息，告诉后者应该率领在萨克森的军队，前往德意志中部与自己联手大干一场，但查理十二世另有所图。即便如此，元帅依然拥有主动权，几乎可以随心所欲地发动袭扰，于是，法国骑兵渡过多瑙河到了南岸。乌尔姆地方官们惊恐万状，恳请马尔伯勒再次南下，亲自指挥盟军作战。这是一个不切实际的建议，因为弗兰德尔的夏季战役还在进行，而且进展不大。相反，身为优秀将领的汉诺威选帝侯乔治，拥有足够权威迫使其他选帝侯和君主与自己合作。萨克森军队被派去对付维拉尔。维拉尔发现对手们终于组团来菲利浦堡对付他了，萨克森人、汉诺威人、普鲁士人和普法尔茨人令人不安地逼近了他通往莱茵河和阿尔萨斯的退路。元帅已经对帝国造成了足够大的破坏，实现了自己有限的战略目标，他把人马撤回位于拉斯塔特以北的杜拉克的一个阵地。在路易十四的指示下，他重新渡过莱茵河息冬，他的行动在10月底完全结束，没受到任何阻挠。[16]

萨伏依公爵维克多·阿玛都斯二世对帝国在意大利南部的勃勃野心感到忐忑不安，因为他对该地区有自己的盘算，尽管奥地利军队仍在南下进逼那不勒

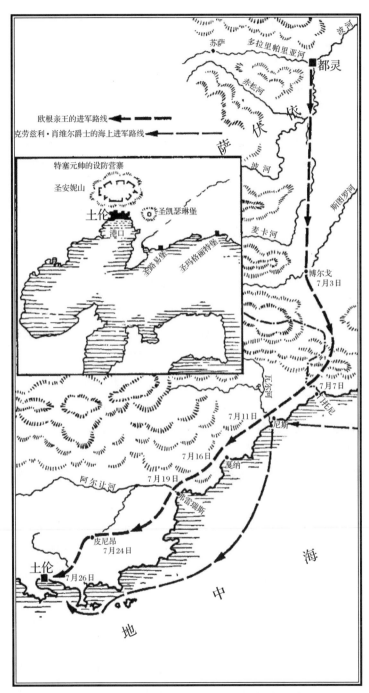

苏萨　多拉里帕里亚河

波河

赤松河

斯图罗河

欧根亲王的进军路线

克劳兹利·肖维尔爵士的海上进军路线

萨

伏

依

麦卡河

波河

特塞元帅的设防营寨

圣安妮山

土伦　　　　圣凯瑟琳堡

港口

圣路易堡　　圣玛格丽特堡

博尔戈
7月3日

瓦尔河

7月7日
门托尼

7月11日
尼斯

7月16日

襄纳

7月19日

阿尔让河

弗雷瑞斯

皮尼昂
7月24日

土伦
7月26日

地

中

海

◎ 1707年6月，欧根亲王和萨伏依公爵维克多·阿玛都斯进攻土伦的行军路线

159

斯，但最终双方还是达成了共识，欧根亲王将与公爵组团行动，计划对土伦发动进攻。地中海的制海权一直是海上双雄垂涎的目标，夺取它并歼灭法国舰队及其基地，将是实现这一目标的第一步。维也纳和都灵都依赖伦敦和海牙提供的现金津贴，鉴于海上双雄都想打土伦港，那么吃人家嘴短，就必须采取行动。战役的准备工作被推迟了，盟军在热那亚大量购买物资的举动，提醒了法国驻热那亚大使，让他知道了盟军的所作所为。直到1707年6月底，欧根和维克多·阿玛都斯才率领3.5万人从都灵附近的营盘启程，向南踏上通往斯图罗河（Sturo）河畔的博尔戈（Borgo）的道路，随后翻越滨海阿尔卑斯山（Maritime Alps），来到海岸上的门托尼（Mentone）。特塞元帅曾掩护过道芬，使其免受可能的威胁，现在他在盛夏的炎热中调兵遣将，威胁联军的行军。

7月11日，欧根的军队与肖维尔的巡海舰队在尼斯会师，通过一场指挥得当的联合行动，盟军于次日渡过了瓦尔河（Var）。欧根在给马尔伯勒公爵的信中写道："在我们把所有困难都克服后，你就可以做出判断了。我对女王的崇高理想和我们的共同事业热情高涨。"[17]依靠海军的极力支持，对盟军漫长补给线和交通线的任何忧虑都暂时烟消云散了。疲惫的人马获许进行休整，盟军指挥官们在肖维尔的战舰"联盟"号上进行商讨后，决定再度拔营启程，4天后抵达阿尔让河（Argens）。盟军中的逃兵，尤其是1704年在布伦海姆被俘后被迫在帝国军队中服役的法国和巴伐利亚人，随着盟军的进军和距离土伦越来越近，逃亡率明显上升。

在与盟军进行的奔向土伦的竞赛中，特塞元帅取得险胜。7月26日，维克多·阿玛都斯和肖维尔抵达海军基地时，发现大批法国军队泰然自若地驻守在防御工事里，准备迎接他们的挑战。肖维尔敦促战友们立即攻入港口，但欧根明智地拒绝了，因为他预见到那将造成巨大的人员伤亡，胜负也难以预料。这是一个艰难的决定，因为法国援军肯定会受命从西班牙和莱茵河边境赶来，而且特塞元帅很快就能部署比盟军更多的人马。当然，那些可能用于支持土伦战役的帝国军队，由格拉夫·冯·道恩率领南下去占领那不勒斯。尽管前景晦暗不明，盟军司令官们依然一往无前，7月30日，一个叫做圣凯瑟琳堡（Fort St Catherine）的外围堡垒遭到了袭击，欧根写道："萨伏依公爵指示我夺取圣凯瑟琳堡所在的高地，我把年轻的萨克森－哥达（Saxe-Gotha）

亲王派到那里。公爵承诺，如果亲王遭到攻击的话，就派4个营去增援。"[18]

　　然而，特塞军队的人数还在迅速增加，就镇守在土伦以北圣安妮山（St Anne's hill）上的一个坚固营地里面，对于取胜的前景，亲王表示怀疑。8月5日，他致函皇帝："尽管我已经与海军上将进行了交涉，但他坚决要求继续强攻。"[19]到目前为止，侦察结果和发生的小冲突都证实了法国士兵的坚定意志和高昂斗志。肖维尔不得不承认，迅速夺取土伦的战机已经悄然溜走，他怀疑，即使发动正式的围攻，付出了巨大努力和代价后也不一定能取胜：

　　　　由于周围拥有大量火炮，城内还有强大的守军，加上环城的大量土木工事，土伦在特塞元帅强有力的指挥下已经变成了一座固若金汤的堡垒。而且，敌军数量与日俱增，目前与我军的人数几乎相等。因此，我们的事业能否成功是非常值得怀疑的。[20]

　　欧根的看法与之完全一致，但他明白，海军上将下达了严格明确的指示，必须拿下土伦，他不能轻易对上将的指示置若罔闻。[21]

　　8月14到15日的夜间，法军在一次部署得当的夜袭中收复了圣凯瑟琳堡。法军与萨克森 - 哥达亲王指挥下的盟军发生了激烈战斗，亲王被2枚火枪子弹击中，受了致命伤。逃兵、疾疫和缺乏现成的给养，消耗了盟军的力量，而随着越来越多的法国军队进入营寨，特塞变得更加强大。他发动了若干试探性进攻，很快就把盟军从土伦周围赶了回去。盟军此次行动失败了，但欧根和维克多·阿玛都斯撤退的时候军队还算完整，拥有足够的兵力来阻遏任何坚决的追击。

　　丢失圣凯瑟琳堡一星期后，盟军决定撤退，伤病员和许多火炮被送上了肖维尔的船只，开始了退出法国领土的漫漫征途。特塞放他们离去，没有采取激烈的阻挠措施，尽管人们对这一战役中的盟军表现普遍感到失望，但从好的方面来讲，法国人烧掉了自己的地中海舰队，或者为了船只不落入敌人手中而把部分船拖上了海岸，因此，盟军的努力并非一无所获。欧根亲王对法军司令官成功守住港口赞不绝口。"若非特塞的英勇和才干，以及萨克森 - 哥达亲王阵亡的不幸事件，我们本来是能取得成功的。"[22]路易十四即使想在公海再次尝试挑战海上双雄，也没有时间和金钱来重新整备他的舰队。此外，对盟军而言，进攻土伦的行动虽然失败，但这个行动也带来一个好处：贝里克元帅受命把自己手下的许多人马从西班牙调往法国南部去增援特塞，因此他在最近的阿尔曼萨战役取得的胜利，并不像人们所预期的那样影响深远，当他的军队最终返回西班牙时已经体质虚弱，装备低劣。到了9月末，欧根取得了战果，他夺回了萨伏依与法国边界上的小镇苏萨（Susa）。

这一年，地中海的海上战略发生了改变，英国与查理大公签署了一项对未来贸易极其有利的条约，未来将成立一家英国—西班牙贸易公司，将法国商人赶出西印度群岛的贸易圈子。当然，前提是必须赢得战争，但是在阿尔曼萨失利之后，查理的荷包已经空空如也，他过于仰赖英国的金钱和军队，因此根本无法拒绝对方提出的要价；荷兰人不太开心，因为条约没有规定荷兰贸易从中获益，这显然违反了《大联盟条约》中的一项条款，即任何同盟国成员不应试图获得排斥其他所有或任何成员国的优惠条件。尽管如此，地中海的制海权掌握在英国皇家海军手里，利用制海权牟取私利，伦敦面无愧色。荷兰也倾向于关注与自己利益密切相关的事，因此没有遵守与葡萄牙签署的条约。

与此同时，在弗兰德尔，马尔伯勒公爵面临的最直接困难是，难缠的法军司令官旺多姆公爵，既不愿被盟军钳制也不愿打一场野战。帝国的军事行动暂时集中在南欧，法军在北方占据数量优势，但路易十四还是指示，不能冒险与盟军开战，因此，旺多姆在让布卢（Gembloux）构筑了一个坚固的营盘，坐下来静观马尔伯勒打算采取什么行动来引诱他出战。

马尔伯勒公爵难以大展拳脚：由于兵力不足，他不太可能成功围攻法国要塞，因此也就阻止了规模更加庞大的法国野战军前来干预。与此同时，荷兰不愿意再冒失去去年取得的成果的险，正忙于盘点他们的收益，同时为了保障他们未来的安全，还盘算着构建深度和广度更大的国防屏障。"我们的朋友是不会冒险的，"马尔伯勒在给罗伯特·哈雷的信中写道，"除非我们的敌人一不小心送给我们一个优势。"[23]战场特派员西科·范·戈斯林伽（Sicco van Goslinga）事后回忆，尽管6月初的盟军在梅尔德特无所作为：

> 在这个营盘里面，我们收到了我们的主公（荷兰议会）下达的明确指

令：不得冒险。下达这些细致指令的原因是土伦攻城战的胜负未决和敌军的兵力占优势……我们再度受命，避免出现任何可能采取行动的情况，直到土伦攻略有明确的结果，或者直到旺多姆公爵分派出实质性兵力南下土伦。[24]

马尔伯勒公爵敏锐地洞察到了更加广阔的前景，认识到对手也有必须面对的困难，他在6月13日给妻子的信中说道："我们在德意志和西班牙的战事一团糟，尽管法国人制造了一些麻烦，但我认为他们比我的朋友们更不愿意冒险开战。"[25]实际上，当大联盟受挫时，法国人得到了喘息之机。低地国家的战局陷入了僵持，双方都不愿意冒野战的风险，同时还希望这种局面也在其他战场上蔓延开来，期待对手会犯下一些可供己方利用的严重错误。

事实上，8月的第一个星期，路易十四对法国南部发生的变故深为关切，下令从旺多姆的军队中抽调出1万人南下。结果，法军在弗兰德尔的数量优势消失了，马尔伯勒趁机威胁旺多姆的交通线和补给线，迂回到了法国堡垒带的侧后。盟军顺利通过了热纳普（Genappe），并于3天后抵达苏瓦尼（Soignies）。现在，位于让布卢的旺多姆部整体态势发生了动摇，就在马尔伯勒策马进入苏瓦尼的当日，旺多姆撤退到了康布龙（Cambron）。对面的盟军正沿着会合的路线行军，在瑟内夫（Seneffe）附近的一个地方的时候，他们相距只有4.8公里。天气不合时宜地恶劣起来，前进的步伐放慢了，马尔伯勒企图迂回到法军的后方，也许会在最后迫使法军与他进行全面会战。盟军在一个路口走错了方向，于是在阴郁的黑夜中陷入了混乱。"暴雨如注，漆黑一片，附近没有房屋，以至于走了1个小时之后才看到一盏灯光。"[26]提利伯爵把他的丹麦骑兵派出去探路，但是，旺多姆的后卫部队巧妙地挡住了道路。盟军设法在没蒙受重大损失的情况下安然离去，尽管他们能够在前进途中抓获数百名掉队的法国士兵。盟军没能追上旺多姆的部队，旺多姆占据了一个新的防御阵地，两翼倚靠在蒙斯和阿特要塞下。在法国南部失利的噩耗很快就传到了盟军营中，9月7日，马尔伯勒写道："我们从法国人那里获悉，萨伏依公爵已经放弃了对土伦的围攻，撤退了。"[27]

尽管大失所望，马尔伯勒还是坚持要制伏旺多姆，在盟军掌控的奥登纳德（Oudenarde）要塞的炮火掩护下，他渡过了斯凯尔特河，在斯凯尔特河与莱斯河（Lys）之间占据了一个有利位置。法军司令官无意向敌人发起进攻，他退到了法国边界内侧里尔（Lille）附近的马尔克河（Marque）河畔的阵地上。天气依然糟糕，旺多姆把夏秋作战季节的最后几个星期都消耗掉了，所以经过一些徒劳无功的机动之后，两军司令官除了把他们的人马打发进冬令营，为来年可能取得的战绩做些准备之外，无事可做。在所有战场上，大联盟的事业都没有取得进展，而已经重返马德里的费利佩五世的事业却蒸蒸日上。

随着新年的到来，路易十四试图以对英国发动一场投机性质的突袭来分散对手的注意力，支持以时年20岁的英国王位竞争者詹姆斯·斯图亚特为首的雅各宾派谋夺王位。人员、枪炮和船只聚集在敦刻尔克（Dunkirk），年轻的王子刚刚从麻疹病中康复，这种病在当时通常被认为是致命的。精心的准备工作不可能秘密完成，1708年2月末，海军上将拜昂（Byng）麾下由18艘战舰组成的舰队封锁了港口。1708年3月8日，安妮女王致函苏格兰枢密院：

> 僭位的威尔士亲王正待在敦刻尔克，一些由法国和爱尔兰人组成的步兵营准备起航前往苏格兰，我们的敌人号称，他们已经向我们的一些臣民发出了邀请。我们非常希望，在承蒙上帝保佑的武装力量和国务委员会的压制之下，他们的企图会破产，所有与之相关的事务都陷入混乱……我们借此机会告诉你，我们的舰队现已出海，而且自从上次出海以来，战舰数量大有增加。荷兰舰队正在高歌猛进，英荷舰队部署得井井有条，以至于我们的敌人无法指望在战斗中逃脱……如果我们的敌人还有勇气执行他的计划，英格兰军队也会以最妥当的方式驻扎在苏格兰，拯救我们的人民。[28]

作为阻止大联盟实现其目标的分散注意力之举，对苏格兰的冒险具有巨大吸引力，但是事实证明，此番冒险令人很失望，总体而言，对英荷联盟来说，法国人是更大的麻烦。伦敦议会向女王宣布：

> 在西班牙重回奥地利王室名下之前，任何企图都不能阻止我们支持陛

下对反法战争的强有力执行，而陛下将获得恢复欧洲完全自由的荣耀。[29]

尽管有着如此强烈的情绪，法国海军上将福尔班（Forbin）还是从封锁舰队的漏洞中溜走了，在拜昂的穷追不舍之下前往苏格兰的北方海岸。这一切都是枉然，因为当福尔班于3月23日驶入福斯湾（Firth）时，那里的人根本没有做任何准备迎接僭位者及其登陆部队，而拜昂尾随而至，准备封锁福斯湾附近的海域。法国舰队设法溜之大吉，在逃跑途中仅损失了"索尔兹伯里"号（Salisbury，装备50门火炮）——该舰原属于英国，1703年被法军俘获。福尔班向北驶去，打算让舰载部队登陆并占领因弗内斯（Inverness），但是，"一股强劲的逆风刮起，次日依然猛烈地持续着"[30]。鉴于承受的风险太大，法国海军上将决定转向敦刻尔克，这让詹姆斯·斯图亚特沮丧气馁。在历时三个星期的海上航行中遭遇的麻烦使船上的水手和运输船上搭载的士兵都羸弱不堪，以至于当他们进入法国港口时，人们注意到他们处境凄惨，他们看起来更像溺死的老鼠而非活人。

对雅各宾派来说，整个攻略完全是一次耻辱性的失败。马尔伯勒公爵不得不从他的麾下抽调出若干人马来加强英格兰本土的兵力，但威胁一结束，他们就返回了弗兰德尔。这是一次毫无胜算的冒险，也许连路易十四都没什么信心，而且这次冒险很大程度上依靠的是福尔班能够在北方航道上领先，而这又主要归功于法国船只的船壳更加干净，使它们能够在海水中更快地行驶。如果雅各宾派成功登陆，而且假设雅各宾僭位者的民意支持度大幅上升，那么可能会对英国参与西班牙王位继承战争造成严重影响。马尔伯勒公爵很可能不得不把他的大部分人马调回英国保卫伦敦，甚至亲自去苏格兰打仗。但事实上，安妮女王的大臣们对形势的果断处置，使他们在大联盟中的盟友们放了心，在弗兰德尔进行的战役得以按原计划推进，而不会过多分心。在这个不幸的事件中，路易十四得到了教训，他不会再尝试把雅各宾派强行推到英国的王位上。

注释

1. Henderson, p. 145.
2. Murray, Volume III, p. 231.
3. Churchill, Book Two, p. 222.
4. Ibid, p. 226.
5. Murray, Volume III, p. 347.
6. Godley, p. 126.
7. Churchill, Book Two, p. 227.
8. Ibid, p. 224.
9. Coxe, Memoirs of the Duke of Marlborough, Volume II, p. 63.
10. Ibid, p. 66.
11. Ibid.
12. Brown, p. 221.
13. Wolf, p. 548.
14. Murray, Volume III, p. 391. See also Taylor, Volume II, p. 17.
15. Murray, Volume III, p. 391.
16. 维拉尔元帅将侵袭德意志南部期间筹集的巨额资金分为三部分。第一部分用于支付军队在夏季的开销，所以路易十四已经吃紧的财政部为此支付的开支可以忽略不计。第二部分用来兑换签发给法国官员的、用于替代不少薪水的期票，从而大大提振了他们的士气，而财政部不必为此支付任何款项。第三部分，维拉尔爽快地用于中饱私囊，当人们向国王抱怨他以这种方式发财时，国王答道："他也在为我赚钱。"见 Taylor, Volume II, p. 20.
17. Churchill, Book Two, p. 251.
18. Shoberl, p. 104.
19. Henderson, p. 145.
20. Ibid.
21. 土伦城防拥有236门重炮，多数是24磅炮，但包括36门巨大的36磅炮。见 Francis, p. 253.
22. Shoberl, pp. 105–6。1707年秋季，在土伦港搁浅、沉没或焚毁的战舰，分别是"凯旋"号（82门炮）、"权杖"号（90门）、"优胜者"号（86门）、"海王星"号（76门）、"无敌"号（70门）、"庄严"号（60门）、"光荣"号（60门）和"审慎"号（54门）。更多细节见 Langallerie, pp. 241–2 for further details.
23. Churchill, Book Two, p. 265.
24. Goslinga, p. 34.
25. Churchill, Book Two, p. 264.
26. Ibid, p. 269.
27. Murray, Volume III, p. 548.
28. Brown, pp. 242–3.
29. Churchill, Book Two, p. 319.
30. Taylor, Volume II, p. 100.

第十章 举步维艰的法国

我认为一切都很糟糕。[1]

旺多姆公爵是法国国王亨利四世的私生子的后代，眼下是大联盟的强劲对手。因为拥有高贵的血统，挑剔的凡尔赛宫廷容忍了他那相当粗鲁鄙俗的举止。然而，他在战场上是个难以相处的人，他不愿意听取别人的意见和建议，而且一旦他下定决心，就会刚愎自用。这是不幸的事情，因为法国的大多数元帅都发现不能与他合作，只有马蒂尼翁（Matignon）元帅愿意试试看而且确实这么做了。由于路易十四的长孙，即将继承王位的勃艮第公爵及其部队出现在低地国家，事情变得更加复杂起来。与战争初期一样，国王急于让这个小伙子获取战场经验，并且让他的士兵们熟悉他。国王的算计令人钦佩，但勃艮第公爵对军旅生涯缺乏感觉，作为一位战场指挥官他没什么本事，却很有主见。不仅如此，一位皇家王子在军队中出现，自然会得到他应得的尊重和关注，然而他和旺多姆都讨厌对方，在如何采取下一步行动方面分歧很大。军队指挥构架的破裂是十分危险的，法国国王意识到了这一点，以预见性的语气给孙子写了一封忠告信："如果你在未来的行动中与旺多姆公爵步调不一致，那么是不可能取胜的。"[2]

会毁灭旺多姆及其士卒、将法国北部大片土地交给大联盟的灾难还没有发生。与此同时，大联盟的前景也并不理想。1707年土伦攻略的失败，使盟国失去了使用土伦港的机会，或者说盟国未能防止对手使用土伦港。有人建议，欧根亲王应该前往加泰罗尼亚负责当地的军事行动，甚至与马尔伯勒公爵策划一个宏伟的战略计划，即马尔伯勒公爵率领一支葡萄牙军队，迎接从加泰罗尼亚向西进军的欧根亲王。然而这些方案并不现实：荷兰人不赞成这位统帅走得如此之远，欧根亲王也无论如何都不愿意前往半岛。皇帝宣布，身为帝国战争委员会主席的欧根亲王此时无暇远征，所以这个奇思妙想没有落实。相反，陆军元帅圭多·冯·斯塔伦伯格伯爵，是一位精力充沛的奥地利军官，在战场上精明强干、难以对付，作为总司令前往伊比利亚半岛，1708年4月底，他抵达了巴塞罗那。大公最宠信的将军诺耶斯伯爵刚刚去世，所以在这番人事更迭之中没有出现无益的竞争和怨恨。今年5月，当时健康状态欠佳、遍体鳞伤的戈尔韦伯爵离职返回葡萄牙，他在当地的影响尽管不如以往，但总体上还是有益的。新登基的葡萄牙国王约翰五世①，迎娶了查理大公的大姐玛丽亚·安娜——她在英国南部乘坐英国战舰起航前往里斯本。人们预计，这一令人欣喜的婚事会有助于巩固大联盟在半岛上遥遥相对的两个部分之间的联系，但是，在1708年的大部分时间里，葡萄牙对采取积极的战争行动几乎毫无兴趣，这是因为去年阿尔曼萨之败带来的惨痛教训对葡萄牙人产生了深远的影响。

5月，斯坦霍普伯爵在造访伦敦和咨询了坐镇弗兰德尔的马尔伯勒后，受命接受了戈尔韦的职位，指挥驻加泰罗尼亚的英军。冯·斯塔伦伯格率领3300名帝国、普法尔茨和意大利军人，加强了盟国的兵力，但他的兵力比预期的少。7月，约翰·列克爵士率领3000名骑兵和步兵横穿意大利而来，受到热烈欢迎。然而，定期向驻加泰罗尼亚盟军支付费用，比把他们运到加泰罗尼亚要困难得多，因此，他们的军纪并不总是严明的。当驻守托尔托萨的盟军遭到攻击时，普法尔茨人的抵抗并不激烈，他们没有进行长期和坚决的抵抗就举手投降了。加上去年失去巴伦西亚，补给依然很难获取，但是英荷海军舰队主宰了海洋，能随心所欲地袭击海岸线，所以盟军在西班牙东海岸、直布罗陀、巴利阿里群岛和意大利之间的活动颇为活跃。尽管舰船往来没遇到多少抵抗，查理大公及其军队没有挨饿之虞，但是在加泰罗尼亚边界之外发动一场新攻势，并取得真正胜利的前景还不够明朗。

目前，路易十四不会恢复他的地中海舰队，使其成为一股可以一战的力量——时间和财力都不允许他做到这一点，但未来如何却没人知道。能够在地中海获得一个可使舰队过冬的地方，一直是海上双雄孜孜以求的目标，马尔伯勒致函斯坦霍普："我完全相信，没有舰队则一事无成，我恳请你，如果可能的话，就占领马翁港。"[3]这意味着盟军必须占据梅诺卡岛，查理大公在给列克

① 1706年，葡萄牙国王佩德罗二世去世，其子约翰五世继位，在葡萄牙语中，约翰读作若奥（João），所以也称若奥五世。——译者注

和斯坦霍普的指示中加重了分量，指出夺取此地的话，"舰队在这片海域会更加安全，我本人也会更加安全；同样，为了军队的生计起见，需要保护运输船"[4]。作为初步行动，8月11日，列克的舰队抵达撒丁岛首府卡利亚里（Cagliari），命令当地总督牙买加侯爵（Marquis de Jamaica）投降，但是后者断然拒绝，直到在武力胁迫下才接受。次日，盟军和武装海员在短暂的炮击后登陆，总督正式投降，他麾下的守军获得了战争荣誉，但这只是一场戏，因为守军几乎没有努力保卫过这个地方。

与此同时，一贯精力充沛、雄心勃勃的斯坦霍普集结了一支1700人的英国、加泰罗尼亚和葡萄牙军队，以及一支由臼炮和10门重炮组成的攻城炮队，准备起航前往梅诺卡岛。尽管一些海军军官根本不愿意参加此次攻略，9月3日，在皇家海军的"米尔福德"号（Milford）和"约克"号（York）的掩护下，这支远征军还是从巴塞罗那秘密起航了，并于3天后抵达马略卡岛（Majorca）海岸。经过与岛上的总督协商，从当地驻军中招揽了300多人后，斯坦霍普劝说列克从船上调拨600名海军陆战队员加入针对梅诺卡岛的军事行动。然而，海军上将已经拿下了撒丁岛，自认为已经完成了他需要完成的所有任务，急于率领他的部分舰队返回英国，所以没有进一步参与这场远征。

梅诺卡岛上的法国和西班牙守军集中在马翁港，马翁港是该岛东部宝贵的深水锚地。1000多名守军的位置优越，物资充足，由身经百战的优秀将领拉·荣基埃尔侯爵（Marquis de la Jonquière）指挥，他将尽最大努力固守港口。[5]1708年9月14日傍晚，斯坦霍普伯爵开始让他的人马登陆，在接下来的3天，全部士兵和重炮都上了岸，没有受到阻挠。策反守在防御工事内的西班牙守军的尝试失败了。尽管遭到防御工事外墙上的火力打击，到了9月28日，斯坦霍普还是在控制着深水港入口的圣费利佩堡对面布置好了攻城炮台。仅仅炮击了几个小时，堡垒的墙壁就坍塌了，豁口开始出现。要求守军投降的命令遭到了拒绝，斯坦霍普于是命令发动总攻，他自己英勇地身先士卒，一马当先。"将军率领他的部下挺进到城堡下面的一座塔楼前，他一直骑着马，暴露在了敌军的火炮、枪弹和炸弹下，敌人尽可能快地向我们倾倒这些玩意儿。"[6]

攻势停了下来，斯坦霍普再次提出，如果守军愿意避免流血牺牲而投降的话，他可以向他们提供优惠条件。西班牙守军的家人在炮火轰击下饱受摧残，

"将近1000名妇女和儿童的大声哀号和哭喊"[7]分散了他们的精力，因此士兵们想立即投降，到了9月30日，总督投降了。斯坦霍普控制了马翁港，继而立即派兵占领岛屿北部福内尔斯（Fornells）锚地的堡垒。

那些不愿意支持查理大公的西班牙军队获得释放，被送往穆尔西亚，法军则被运回土伦。斯坦霍普的弟弟——皇家海军军官菲利普，在此次进攻中阵亡。就像4年前的直布罗陀一样，梅诺卡岛也被盟军以查理大公的名义握在手中，然而，大不列颠紧盯着黎凡特地区的贸易进展，并不打算放弃对该岛的控制权。斯坦霍普写道："英国不应该放弃这个岛屿，它将在战争与和平时期赋予地中海规则和秩序。"[8]到了当年年底，来自伦敦的正式指示命令斯坦霍普手下的总工程师佩蒂特上校担任马翁港总督，他坚信只有英国军队才能驻扎在圣费利佩堡要塞和附近的防御工事中。

斯坦霍普奉命劝大公正式承认英国对梅诺卡岛的占有，"作为我们在半岛上的开销的抵押物"[9]。尽管查理大公在被拥立为国王后宣誓绝不分裂西班牙帝国，但是他别无选择，只能接受。荷兰人又一次对英国的侵略和他们没有参与分肥而愤愤不平，他们建立比从前大得多的国防屏障的要求，让他们成了孤家寡人。他们对英国拥有梅诺卡岛的抱怨，斯坦霍普不屑一顾。斯坦霍普写道："我希望荷兰人永远是我们的朋友，但如果他们不这样做，他们将永远无法在没有我们许可的情况下，继续与黎凡特进行贸易。"[10]"县官不如现管"，就梅诺卡岛而言，似乎就是如此。

盟军依然需要在低地国家与旺多姆麾下的法国军队在低地国家交锋，并且取得胜利。马尔伯勒公爵已经与欧根亲王制订了一个计划，让他们的军队在弗兰德尔会师，继而在旺多姆从其他地方获得增援之前，与之交战并战胜他。汉诺威选帝侯乔治将继续指挥莱茵河战场，把当地的法军钉在原地，阻止他们北上增援旺多姆。马尔伯勒写道："选帝侯同意了这个涉及三支盟军的计划。"[11]盟军内部的紧张关系是显而易见的，因为马尔伯勒和欧根并不觉得能够与乔治分享整个作战计划，公爵在他的信件中补充道："至于两军（马尔伯勒和欧根的人马）的会师，我们认为最好不要让选帝侯知道。"汉诺威对大联盟的支持是坚定不移的，能为盟国的事业出动大批优秀部队，而马尔伯勒的所作所为显然是对选帝侯的冷落，意味着选帝侯得不到了解计划细节的信任，不能知道某些既不能被遗忘也不能被原谅的事情。①

盟国的计划不错，但没有什么精明之处，眼下正在摩泽尔河谷指挥法军的旺多姆和贝里克元帅，对欧根亲王率军北上与马尔伯勒会师的任何动向都高度警惕。无论如何，欧根为低地国家战役所做的准备工作，受到了帝国内部紧张气氛的阻碍，因此他的北上被推迟了。在此期间，弗兰德尔境内的敌军除了实施机动，尝试打对方一个措手不及之外，也无事可做。这番努力周旋证明旺多姆是更加成功的，在威胁了布鲁塞尔和鲁汶后，7月，他又在许多市民的热情帮助下占领了两个具有重要战略意义的城市：根特和布鲁日。通过这种手段，他巧妙地截断了马尔伯勒与英国和荷兰之间的补给线和交通线，使该地区无法使用宝贵的航道。大联盟在1706年那个光辉而遥远的夏季取得的所有成果，都有丧失的危险。还有人企图夺取奥登纳德，但盟国的总督但尼-弗朗索瓦·德·尚可罗（Denis-François de Chanclos）让地方官们坚信，他会在奥登纳德失守之前把整个地区付之一炬。

马尔伯勒措手不及，但在欧根亲王的帮助下恢复了镇定，欧根的大军从摩泽尔河流域长途北上，而欧根本人骑马先走一步了。他短暂拜访了年迈的老母——布鲁塞尔的一位居民，那是一场被认为"经历了25年的分离之后，非常亲切但非常短暂"[12]的团聚。在欧根的鼓动下，马尔伯勒实施机动，将法军从莱西讷（Lessines）附近的登德尔河（Dender）一线赶走，并于7月11日在法军渡过斯凯尔特河时追上了他们。在一场迅速进入白热化的步兵战斗中，他大败旺多姆和勃艮第公爵。"场面壮观，遍地烈焰。"[13]法军各自为战的特质，是盟军此役获胜的决定性因素，同样重要的还有旺多姆失去了身为司令官的冷静，亲自参加了肉搏战。欧根在硝烟弥漫的水草地上看见旺多姆与那些四面楚歌、疲惫不堪的士兵们在一起："我发现旺多姆徒步前行，手持一杆长矛，鼓励着部下。"[14]奥维科克完成了一个伟大的转进运动，他麾下的荷兰和丹麦军队包抄了法军的右翼，但因夜幕降临盟军未取得全胜。马尔伯勒写道："如果我们有幸再有2个小时的白昼，我相信我军会终结这场战争。"[15]

---

① 西班牙王位继承战争结束两年后，乔治继承英国王位，成为乔治一世，由于在战争中与马尔伯勒并不融洽，所以马尔伯勒受到冷遇，郁郁而终。——译者注

经历了如此惨痛的失败后，旺多姆唯一能做的就是把他那遭到重创的军队拉回根特—布鲁日运河防线的后面，在那里治愈先前的失败造成的创伤，使士气低落的军队恢复镇定。从那里出发，他还可以继续截断从奥斯坦德和荷兰南部延伸出去的盟军补给线。路易十四在给勃艮第公爵的信中写道："不要失去斗志，我们必须向军官和士卒保证……如果欧根王子没有前来（与马尔伯勒）会师，我们可以无所畏惧。"[16]

现在，马尔伯勒面临着明显两难的境地。欧根的人马从摩泽尔河谷出发，抵达了弗兰德尔，但是贝里克元帅也来了，他带来的增援部队基本上弥补了法国在奥登纳德的损失。难处在于，法国士兵们在蒙受失败的耻辱后士气低迷。尽管如此，盟军也没有把旺多姆从根特—布鲁日运河一线后方赶走，任何强行穿过防御工事的企图都会造成非常惨重的伤亡。公爵和将军们的计划是雄心勃勃、气魄不凡的，包括深入法国北部，迫使旺多姆为了拯救巴黎和凡尔赛宫而跟过来与之进行会战。马尔伯勒手下的将领们不相信如此雄心勃勃的计划会成功，因为盟军严重依赖停泊在诺曼底海岸的船只提供补给。面对他们的冷漠，马尔伯勒无法固执己见，因此，盟军的战役只能针对法国的要塞里尔，它是路易十四在早年征战中获取的最宝贵的战果。

在沃邦的督促下，里尔的防御得到大幅强化，因此围攻它会是一项艰巨的任务。这场复杂而艰巨的军事行动的准备工作进展顺利，1708年7月22日，一支满载大规模围攻所需物资和弹药的庞大车队离开了布鲁塞尔，短短3天便行走了113公里，抵达了位于梅嫩的盟军营寨，没有遭到法军的阻挠。路易十四很关心边境要塞的安危，已经向贝里克元帅下达了谕令，要贝里克不得过于北上冒险，而旺多姆需要离开运河后面的防线，与贝里克携手合作。经验丰富的布夫莱元帅稳妥可靠，国王派他指挥里尔守军，7月末，他抵达里尔。盟军的攻城车队已经准备停当，从布鲁塞尔启程了，8月6日，3000辆货车和154门重炮和臼炮被送到前线，这个长达24公里的车队是法国司令官们需要拦截和破坏的目标。但他们没有得逞，他们的迟钝懈怠是他们新近战败后士气低落的一个明显标志，6天后，这支护送火炮和弹药的宝贵队伍安然抵达梅嫩。法军两次错过了袭击盟军车队的机会，对此，一位法国军官遗憾地写道："后人不会相信这个事实，尽管它是一个无可争辩的事实。史上从来没有实施得如此大胆的行动，而且它是以巧妙、慎重的方式实施的。"[17]

当盟军的巨大努力逐渐取得成效时，查理大公对奥登纳德的胜绩兴高采烈，他从巴塞罗那致函马尔伯勒，重申了他在拉米伊战役后头脑发热的日子里提出的建议，即公爵应该被任命为西属尼德兰的督军。"你会发现，我一贯愿意恢复我在低地国家政府中的权利，两年前我就想让你担任督军，并且想让你终身任督军。"与从前一样，马尔伯勒很感兴趣，督军的任命是慷慨的赏赐，但他意识到，荷兰人自认为低地国家是他们自己的势力范围，这样的任命会冒犯他们，因此他委婉地拒绝了查理的好意，致函西德尼·戈多尔芬："除了女王，不能让任何人了解此事，因为在和平降临之前此事被公之于众的话，会在荷兰造成极大的麻烦。"[18]

现在，盟军骑兵正在袭扰法国北部的边境地区，甚至阿拉斯郊区也遭到了蹂躏，使得路易十四抗议"敌人以残酷手段索取他们的贡赋的行径"[19]。马尔伯勒和欧根还抢夺了尽可能多的马匹和牲口，来协助运输对进攻里尔而言必不可少的海量战争物资。国王的这种评论在任何情况下都是不合时宜的，因为国王的将军们长期以来一直快乐地依靠邻国的土地为生，而且毫不犹豫地采取了"吞并一个国家"的政策，以防止任何人，无论是平民还是军人在那里生存。只不过现在是法国蒙受了损失，这才是真正的区别。

8月11日，英荷联军突袭了位于里尔防御工事北侧马凯特修道院（Marquette Abbey）的一个外围工事，但是马尔伯勒和欧根显然低估了任务的难度，围攻行动的进展比预期的缓慢。法国野战军在从其他地方抽调来的部队的增援下，尝试阻止盟军的前进，却收效甚微。马尔伯勒公爵负责指挥掩护部队，欧根亲王在战壕里和炮台上督促实际围攻行动。9月初，法军从南面向马尔伯勒公爵发起进攻，公爵在马尔克河河畔的贝洛尼（Peronne）和迪莱河河畔的诺耶斯之间构筑了一个坚固的防御工事。一旦工事竣工，马尔伯勒就能反制攻打他的法军司令官们，他从欧根手下部队中抽调出了一些原来在里尔城堑壕里的人马，用于加强自己的掩护部队。由于盟军的防御兵力强大，法军犹豫不决，甚至把是否要发动进攻的皮球踢给了凡尔赛宫。鉴于马尔伯勒的阵地固若金汤，发动强攻过于冒险，贝里克最终致函战争大臣："敌人的阵地位置良好，设防坚固，至少不亚于我军的阵地，其侧翼得到了掩护，难以夺取，所以攻取敌军阵地是不可能的任务。"[20] 这个简单的事实得到了国王的谅解，尽管他依然敦促他的孙子解救里尔，只要不冒不必要的风险即可。"没有什么比这更有利于我们的国家了。我向上天祈祷，希望上天保佑你所做的一切。"[21]

9月7日夜间，盟军对里尔发动了一场非常仓促的进攻，试图攻破圣安德鲁门（St Andrew）和圣抹大拉门（St Magdalene），却被法国守军击退，伤亡惨重。次日天明，一场猛烈的反击在围攻者的战壕引发了一些混乱，但是法军拦截从布鲁塞尔过来的最新补给车队的企图，被阿尔贝马尔伯爵（Earl of Albemarle）麾下的骑兵挫败了，9月11日，车队安然进入盟军营地。此事颇为侥幸，因为旺多姆公爵没有与马尔伯勒的掩护部队交锋，也没有推迟对里尔的围攻，现在他正执着于切断盟军与布鲁塞尔、奥斯坦德和荷兰南部的联系。与此同时，针对里尔防御工事的第二轮攻势被法军击退，伤亡惨重，欧根亲王也在伤者之列，在欧根亲王养伤期间，马尔伯勒在围攻行动中承担了更多责任，并设法使整个进程具有更强的紧迫感。9月20日，公爵致函身在伦敦的西德尼·戈多尔芬：

> 我无法表达我对工程师们的糟糕表现所感到的不安，我认为一切都被搞得一团糟。如果我们想让敌人放弃动用武力重新渡过我们未能占据的斯凯尔特河来解救里尔的想法，我们必定需要付出巨大伤亡。我军的工程师们忽略了斯凯尔特河，而且缺乏物资。[22]

在法军固守着根特和布鲁日期间，盟军通往布鲁塞尔和奥斯坦德的补给线和交通线，始终是脆弱的。1708年9月末，两军在温登达尔（Wynendael）进行了一场特别激烈的战斗，当时布鲁日法军的指挥官莫特伯爵（Comte de la Motte）试图拦截一支为里尔城下的围攻盟军运输亟须的物资的车队。10月25日，盟军火炮撕开了防御工事，布夫莱元帅就放弃了这个城市并把他的残余部队撤入巨大的卫城。同时，旺多姆占领了斯凯尔特河上的渡口（除了盟军占据的奥登纳德），切断了马尔伯勒部与安特卫普和荷兰南部的联系。

巴伐利亚选帝侯夺取布鲁塞尔的尝试失败了，马尔伯勒迫使旺多姆的部队离开了斯凯尔特河上的渡口，重新打通了补给和交通线，同时保持了围攻行动的节奏。法军打破围攻的所有努力都失败了，且显然不能在开春之前重启救援行动。布夫莱已向路易十四申请：一旦卫城的城墙被撕开缺口，他就放弃卫城。国王恩准了，12月9日，获得了优惠条件的元帅开门投降了。失去一座如此重要的堡垒固然令人遗憾痛心，但布夫莱及其守军的英勇坚守使盟军的战争步伐停滞了4个多月，马尔伯勒和欧根没能充分利用他俩7月在奥登纳德取得的最初战果。路易十四并不怀疑里尔的长期坚守取得的成就，他致函布夫莱元帅：

> 我的语言不足以充分赞许你的活力和你麾下部队的坚毅顽强。直到最后一刻，他们都体现了你的勇气和斗志。我已经向高级军官们给予了特别认可，证明我对他们保卫城市的方式很满意。你得使他们和士兵们相信，我有充分理由对他们的作为感到满意。一旦你为部队做出了必要的安排，你就要向我提交报告。我希望这些工作不会耽误你的行动，而且我会心满意足地告诉你，你尽心竭力为我效劳，是向我效忠的最新明证，加强了我对你的尊敬和友谊。[23]

与此同时，路易十四致函身在马德里的费利佩五世，对今年步履维艰、枯燥乏味的战争行动做了负面评价，也对未来做了有些悲观的预测，几乎以顺带一提的口吻暗示道：

> 我一直在努力保住陛下的王位，把陛下安置在王位上是上帝的旨意。陛下请看，到目前为止，我已经付出了最大努力把你留在宝座上，我也没有探询我的王国是否需要这样做。我遵循着温和诚恳的建议，陛下可以放心，只要我的境况允许，我就会坚持到底。[24]

年底，严寒天气降临，法国的赋税过重，经济混乱，收成欠佳，许多地区粮食短缺，发生了反对面包不足、苛捐杂税的暴动。尽管像布夫莱元帅这样的指挥官们的忠诚和英勇，得到了国王公正的赞扬，但把战争打下去的代价是高昂的，圣西蒙公爵记录了当时法国人民的困难和艰辛：

广大人民一直想知道，王国的钱都做了什么。没有人能再拿出钱了，因为没有人能赚到钱，乡村百姓被横征暴敛和地价暴跌压垮，无力偿还债务，不能再通过贸易赚钱了——信用和自信都消失殆尽……整个王国都筋疲力尽了，甚至军队都得不到薪饷，尽管没人能够想象流入国王金库的数以百万计的金钱都干什么了。[25]

凡尔赛宫中的人有一种可以理解的愿望，就是把1708年在低地国家发生战乱的责任，从国王的孙子勃艮第公爵身上推卸到旺多姆公爵的头上。对此，那位老将身不由己地写了一篇关于法国军队夏秋季节行动的片面而又具有误导性的报告，给了路易十四一个让他辞去公职的借口：

他知道他不会再为国效劳了，也不再领取将军的俸禄。当旺多姆公爵从弗兰德尔返回时，就与国王进行了一次简短的面谈，他向副将普伊塞居侯爵提出了严厉指控，后者的唯一罪行是对勃艮第公爵言听计从、俯首帖耳。普伊塞居是国王的头号宠臣……现在，轮到普伊塞居从弗兰德尔返回了，与国王进行了私人觐见。普伊塞居忍了旺多姆很久了。他向国王清晰地描述了旺多姆公爵的缺点：鲁莽冒失、刚愎自用、傲慢无礼。[26]

尽管旺多姆粗俗无礼、满身缺点，却是一个很棒的将军，不可能长期赋闲，次年他就被派往西班牙掌控摇摇欲坠的局面。费利佩五世及其支持者扭转局势之后，发生了许多事情，事实证明，旺多姆的到来恰逢其时。

法国陷入了困境，法国国王出身低微的妻子曼特农夫人（Madame de Maintenon）从凡尔赛宫致函身在马德里的于尔森王妃，对发生在弗兰德尔的事情进行了非常刻薄的评价：

你知道，我国参与的战役以可悲的结局告终了，敌人有胆量围攻根特，因为他们希望在那里取得与攻打里尔相同的成功。布夫莱元帅的防御使我们明白这个计划是多么大胆，因为布夫莱给了我军4个月时间来解围，我们只能在小战役中取得成绩，再努力一些也许会取得成功。[27]

曼特农夫人完全没有抓住要害，正是由于布夫莱在里尔的长期坚守，才使在盟军取得了奥登纳德之战的辉煌大捷后，被迫停下了战争的步伐。敌人经过长期的努力和艰辛后才使里尔投降，里尔完成了沃邦元帅用坚固工事赋予它的任务。在过去的30年间，沿着法国北部和东部构筑的要塞地带，耗费了法国的大量财富，它们很快就证明了自己的价值。攻城行动只是在接下来的4年间，为了避免法国遭受侵略和灾难而进行的战争的序幕。在此期间，1709年1月初，盟国重新夺回了根特和布鲁日，尽管冬季的恶劣天气笼罩着西欧，实现人们渴望的和平的军事行动仍在稳步推进。

注释

1. Coxe, Memoirs of the Duke of Marlborough, Volume II, p. 311.
2. Wolf, p. 550.
3. Williams, p. 72.
4. Ibid.
5. 据说，荣基埃尔侯爵被派去指挥梅诺卡岛守军，作为对起因不明的错误行为的惩罚。见 Thorburn, p. 70.
6. Ibid, p. 76.
7. Ibid, p. 79.
8. Ibid, p. 71.
9. Ibid.
10. Williams, p. 80.
11. Churchill, Book Two, p. 334.
12. Shoberl, p. 111.
13. Ibid, p. 114.
14. Ibid, p. 15.
15. Coxe, Memoirs of the Duke of Marlborough, Volume II, p. 267.
16. Wolf, p. 551.
17. Coxe, Memoirs of the Duke of Marlborough, Volume II, p. 301.
18. Ibid, pp. 315–16.
19. Wolf, p. 552.
20. Churchill, Book Two, p. 435.
21. Wolf, p. 553.
22. Coxe, Memoirs of the Duke of Marlborough, Volume II, pp. 311–12.
23. Petrie, The Marshal, Duke of Berwick, p. 232.
24. Wolf, p. 554.
25. St John, Volume II, pp. 59–60.
26. Ibid, pp. 68–70.
27. Wolf, pp. 556–7.

◎ "太阳王"法国国王路易十四

◎ 奥兰治公爵威廉，英国国王威廉三世

◎ 奥地利皇帝利奥波德

◎ 西班牙国王卡洛斯二世，他的驾崩引发了西班牙王位继承战争

◎ 安茹公爵费利佩，波旁王朝的西班牙王位竞
争者

◎ 奥地利的查理大公，哈布斯堡王朝的西班牙王
位竞争者

◎ 萨伏依公爵维克多·阿玛都斯二世

◎ 英国安妮女王

◎ 巴登侯爵路易斯 - 纪尧姆

◎ 汉诺威选帝侯乔治，即后来的英国国王乔治
一世

◎ 巴伐利亚选帝侯马克西米连·埃玛努埃尔·冯·维
特尔斯巴赫

◎ 著名的双子将星：萨伏依的欧根亲王和马尔伯勒公爵

◎ 奥维科克伯爵，拿骚的亨利

◎ 斯坦霍普伯爵詹姆斯

◎ 法国元帅尼古拉·德·卡蒂纳

◎ 托尔西侯爵让 - 巴普蒂斯特·科尔贝（Jean-Baptiste Colbert）

◎ 维拉尔公爵肖德 - 路易 - 赫克托耳，法国元帅

◎ 贝里克公爵詹姆斯·菲茨詹姆斯，法国元帅

◎ 描绘1705年9月巴塞罗那攻城战的绘画

◎ 攻城炮台的布局，约1710年

◎ 奥地利士兵，约1700年

◎ 1709年，马尔普拉凯战役前发生的图尔奈攻城战

◎ 1709年9月11日，发生在马尔普拉凯森林中的激烈战斗

第十一章 无法实现的和平

我们在焦急地等待那个快乐的时刻。[1]

1709年1月5日夜间，整个欧洲西北部开始出现严寒天气。先是持续了17天的强烈霜冻，随后是历时12天的解冻，接着是持续到3月中旬的漫天大雪和凛冽寒风。恶劣天气对法国的影响是毁灭性的，就连南部普罗旺斯（Provence）的葡萄藤也因霜冻而死。塞纳河（Seine）的河水被冻住了，布列塔尼（Brittany）的海面也结冰了，坚硬得足以让满载的货车安然通过宽阔的河口海湾，而在凡尔赛宫，葡萄酒还没倒进酒杯，就在酒瓶子里面结冻了。对牲口的影响也是毁灭性的，数千头牲口冻死在畜栏和谷仓里面，行军的士兵们即使可以靠摆动手臂来保暖，也会在途中突然倒下死去。

法国陷入了绝望的困境，士兵们衣衫褴褛，经常领不到军饷；北部地区遭到入侵，农田和农作物因战争和严寒的冬季天气而惨遭毁坏；人民因赋税和粮食短缺而受到重创。伊比利亚半岛去年秋季就歉收，今年又春雨连绵，几乎可以肯定西班牙人民不久后就会面临粮食短缺的问题，这迫使费利佩五世向所有国家的商人开放全部西班牙港口，因此，急需的进口粮食即使通过英国和荷兰船只来运输也无所谓。加泰罗尼亚的法国军队从当地人民手中夺取食物来维持生计，诺瓦耶元帅甚至希望当地农民造反，这样他们就会成为叛乱分子，从而证明他的士兵们已经广泛实施的没收行为的正当性。路易十四被迫向大联盟探询媾和条件，以结束西班牙王位继承战争。圣西蒙公爵回忆道："我们已经被削弱到了骇人的境地，因此国王派遣特使前往荷兰，试图实现和平。"[2]

当然，谈判进行了一段时日，却没能取得什么进展，随着战局的失利和黯淡，法国的希望、野心与对和平的渴望，也在相应地发生变化。现在，路易十四的国库空空如也，他打不下去了，他需要和平。1709年3月29日，法国战争大臣米歇尔·德·沙米拉致函正在弗兰德尔指挥大军的维拉尔元帅："从国王的财政状况看来，战争持续得太久了，迫使我们不得不接受敌人的法律（要求）。"[3] 大联盟已经获得了最初想要的一切，而且得到的比预期的更多，拉米伊和都灵之夏的辉煌胜利使联盟倾向于提出更高的要价。"得不到西班牙，就没有和平"的叫嚣，起初是在伦敦提出的，但很快就唤起了大联盟其他成员国的热情。费利佩五世必须下课，查理大公必须在马德里获得拥有完整帝国的王位。大联盟的谈判代表接到的指令是：达成协议，结束战争，但必须最大限度地利用大联盟的优势。[4]

谈判官在舒适宜人的会议室和沙龙折冲樽俎之际，战争也在继续，双方都试图从疲惫的战争中获得优势。1708年11月，谢瓦利埃·德·阿斯费尔德占领了巴伦西亚的德尼亚港，随后，法军迅速进攻阿利坎特。驻防当地的盟军司令官约翰·理查兹少将手下只有700名来自西堡（Sybourg）团和霍瑟姆（Hotham）团的士兵，他们将面对由法、西两国骑兵和步兵组成的约1.4万人的攻城部队以及强大的攻城炮台。阿斯费尔德发现城堡的火力过于强大，位置也很好，无法用火炮攻破，于是他挖掘了一条庞大的地道，再塞进1200桶火药等待引爆。在邀请盟军军官查看了所有准备工作后，他呼吁理查兹投降。1709年3月3日，在他的吁请遭到多次拒绝后，地道被引爆了。理查兹及其50名部下当场丧生，但是幸存者在胡格诺派军官德·阿尔邦（d'Albon）中校的指挥下继续顽强抵抗。4月16日，一支海军舰队在拜昂上将的指挥下进入港湾，轰炸躲在战壕内的攻城者。但由于天气恶劣，此次解围尝试不得不取消。鉴于解围无望，盟国守军中的残余部队在经历了5个多月的英勇抵抗后投降了，他们消耗了德·阿斯费尔德在其他地方获得更多利益的宝贵时间。

阿利坎特的失陷，只是盟军在西班牙战局反转的失利清单中的最新一次，查理大公及其党徒的命运继续滑坡，费利佩五世的王位得到了巩固，而且受到越来越多西班牙人民的欢迎。然而，年轻的国王心知肚明，他的祖父为了巩固法国的北部边界，不得不把军队从半岛抽调出去，6月初，路易十四在给他孙子的信中说："我必须立即召回我的所有驻西班牙军队。"[5]这没什么可大惊小怪的，因为当时的军事形势危如累卵是人所共知的，费利佩五世别无选择，只能宣布他的坚定决心：无论如何都要继续战斗。4月17日，他致信祖父：

　　我的决心早已下定，世界上没有什么事能让我改变它。上天把西班牙王冠戴在了我的头上，只要我的血管里还有一滴血，我就要保住它。这多亏了我的良心、我的荣誉和我的臣民的热爱。我坚信，无论发生什么事，他们都不会抛弃我，如果我下定决心会为他们牺牲生命，到了最后一刻也与他们同在，他们会高兴地用他们的鲜血来挽留我。如果我懦弱地抛弃我的王国，我确信，陛下不会承认我是您的孙子。[6]

路易十四深受感动，他钦佩孙子的决心，但对政治和经济现实没有把握，他回复道："我知道我的王国不能继续承受这场战争的重压，所以有必要不惜任何代价来结束战争。"[7]尽管如此，费利佩现在还不能确定自己是否做好了接受他祖父命令的准备，后者远在凡尔赛宫，满脑子都是为法国争取和平。祖孙的往来书信中不乏对对方显而易见的暗示性批评，但费利佩拒绝淡化他的批评。"这些都是我的真情实感。"[8]他对有些人的抗议置若罔闻，还驱逐了一些人，因为革利免十一世在哈布斯堡王朝的压力下，承认了查理大公为西班牙国王。

与此同时，戈尔韦伯爵和弗朗蒂埃拉侯爵（Marquis de Frontiera）又一次从葡萄牙的坎波·迈耶挥师东进，但是在1709年5月7日，他们的1.5万多人在卡亚河（Caya）河畔的战斗中，被巴依侯爵麾下数量相当的西班牙部队打得惨败。盟军的意图本来是阻止巴依的人马踩蹋该地区正在生长的春季作物，但弗朗蒂埃拉的骑兵在没有足够的步兵支持的情况下渡过了卡亚河，被对手打得丢盔弃甲后退了回去。由桑吉（Sankey）指挥的位于中路的英国和加泰罗尼亚步兵陷入孤立无援的境地，被迫投降了。在这场战斗中，两军各有500人伤亡，盟军还有900人被俘、5门火炮被缴获。盟军退往埃尔瓦什（Elvas），根据戈尔韦的建议，占据了良好的防御阵地，挫败了巴依的一次前进企图，后者有理由希望在新胜的基础上扩大战果。

由大部分葡萄牙人组成的军队发动了犀利的反击，取得了不小收获，尽管避免了一场灾难，但他们无意发动更加积极的攻势，尤其是在炎热的盛夏季节即将到来之际。葡萄牙国王约翰的注意力转移到了外交领域，关于拖拖拉拉的和平谈判的谣言不胫而走，促使里斯本派遣1名特使前往海牙，密切关注事态发展，确保葡萄牙的利益不受到忽视。与此同时，在西班牙与葡萄牙的边境上达成了一种非正式的停战协议，就这样，尽管敌对行动没有完全消弭，但贸易和农业活动再次开启，实现互利互惠。卡亚河战役的捷音不可避免地振奋了费利佩五世及其支持者们的精神，他们也很快就感受到了胜利带来的广泛影响。坐镇法国北部的马尔伯勒公爵感到，在海牙进行谈判的法国大使的语气强硬了不少。法国在许多方面都遇到了困难是公开的秘密，但是，鲁伊尔侯爵（Marquis de Rouille）带着一份50页的摘要从凡尔赛宫来到海牙，为达成一致的和平进行谈判，他把摘要夹在腋下，暗示他可以做出让步，但只能循序渐进。

法国陷入了极度困难的境地，路易十四认为他必须为达成各方都接受的停战协议而同意盟国提出的要求。然而，他不能在两个条款上让步：一是放弃某些边境要塞作为议和的担保，二是让他的孙子在2个月内离开西班牙王位。盟国甚至还要求路易十四与他们合作，如有必要，就用武力把费利佩五世赶出马德里。如果路易十四不能满足这些先决条件，那么战火将重新燃起，法国将不得不继续进行战争，而法国已经因为失去这些要塞而受到了严重削弱。马尔伯勒因此还给海因修斯写了信。"法国不可能接受放弃西班牙王位的条款。"[9]盟国的要求荒谬无礼，根本无法有效实施。这一要求被泄漏出去后，造成了巨大麻烦。

尽管大联盟自诩取得了军事上的成功，但成员国中自相矛盾的立场也大白于天下了。他们的将军在西班牙吃了败仗，他们不能通过自己的努力颠覆费利佩五世的王位，除非获得费利佩五世祖父的支持与合作。这个提议既傲慢又无礼，实在无法容忍。"法国大臣们拒绝了修正案，因为这个修正案可能使他们的主公陷入与自己孙子开战的非常难堪的境地。"[10]各种貌似最后通牒的条件送达凡尔赛宫，法国外交大臣托尔西侯爵致函他的国王："陛下完全可以拒绝这些条款，因为卑职认为陛下的处境允许您这样做；或者，如果陛下不情愿地认为，您有义务不惜任何代价来结束战争，您也可以接受它们。"[11]维拉尔元帅在杜埃（Douai）遇到托尔西后得知了这些条件，便向凡尔赛宫发出信息：无论发生什么情况，军队都是国王的坚强后盾。筋疲力尽的战争大臣沙米拉已经被更有朝气、能力更强的沃辛伯爵（Comte de Voysin）取代，他将确保军队在需要投入战斗时弹药充足。

凡尔赛宫收到了大联盟提出的条件，在法国国务委员会上的激烈争论中，道芬坚持绝不应该强迫他的儿子放弃马德里王位。宫廷中的一位观察家写道：

"国务委员会探讨了大联盟的和平建议，认为接受它们是非常困难的。""道芬满腔怒火地反对这些建议，勃艮第公爵同样反对，一位将军以充分理由向我保证，国务委员会认为不适合接受它们。"[12]路易十四断然拒绝了这些条件，于是谈判彻底失败了；信心十足的盟国对谈判结果大为惊诧。国王致函维拉尔元帅："接受这样的条件——停战2个月，迫使我派兵与盟国组团去推翻西班牙国王，或者重启与盟国的战争，对我而言是绝不可能的。"[13]没有人预料到或期望发生的事情发生了，战争只能继续。

大联盟以为和平很快就会到来，甚至已经安排好了解散盟军。"毫无疑问，"马尔伯勒在写给妻子的信中说，"结局将是美好的和平。"[14]与此同时，路易十四认为他必须向省督们解释一下事情的进展：

> 鉴于在王国境内，早日实现和平是人们普遍的愿望，我认为有必要告诉这些对我很忠诚的人，是什么不让他们享有我试图为他们争取的安宁。为了实现和平，我本可以接受与边境省份的安全截然相悖的条件，但是，我越是渴望消除敌人对我的权力和善意的不信任，就越是给了他们我准备接受和平条件的证据，他们就会越发自命不凡，在最初的要求之上变本加厉，得寸进尺。他们或者是在萨伏依公爵，或者是在帝国君主的掩护下活动，他们让我抛弃了幻想，他们的唯一目标是以牺牲我的王国为代价，扩大法国那些邻国的地盘，并且随时可能为了他们的利益而打开一条深入我国腹地的道路……他们向我提出了如下要求：派兵与大联盟的军队一起去强迫我的孙子、西班牙国王退位，如果后者不愿未来生活在没有王位的环境下的话……我们应向敌人表明，我们还没有被打到山穷水尽的地步，要让他们知道，我们可以向他们强加一种与我们的荣誉和欧洲利益相一致的和平。[15]

不能把敌人逼到过于凄惨的境地，尤其是勤劳勇敢、坚忍不拔的法国人。盟国提出的建议荒腔走板，8月22日，马尔伯勒写道："我认为，法国的大臣们明显无权召回安茹公爵。"[16]实际上，如果费利佩五世拒绝放弃西班牙王位，那么盟国对此几乎无能为力，正如他们在过去6年的战争中反复向自己和对手证明的那样。大联盟各方依仗聪明才智和对胜利的致命幻想，高估了大联盟的力量，在1709年失去了争取和平的机会。当年晚些时候，当盟国向路易十四表示，这两条致命的严苛条款在实践中不必履行时，他们得到了冷漠而轻蔑的回应。

当大家都意识到和平遥不可及后，就开始匆忙地为了新一轮的夏季战役而秣马厉兵。马尔伯勒公爵和欧根亲王把注意力转移到了图尔奈（Tournai）要塞——一座令人生畏的要塞，属于现代化的沃邦风格，守军由非常能干的叙维尔-豪特弗瓦侯爵（Marquis de Surville-Hautfois）指挥。6月27日，他们把维拉尔元帅及其兵马引诱向西后包围了图尔奈。同日，马尔伯勒致信身在伦敦的西德尼·戈多尔芬，满纸都是离谱的乐观情绪："在10天内，我们无法沿着斯凯尔特河把我们的火炮运过来，但一旦它们被安置在我军炮台上，我相信它们很快就能喷射火舌。"[17]实际上，守军极具攻击性，攻势步履维艰，在可怕的凛冬刚刚过去之时，很难在该地区搜罗到粮秣。戈多尔芬用阴郁的语言答复公爵："我很高兴你对围攻图尔奈一事依然抱有如此乐观的看法，我这里的人民对此事颇有成见。"[18]他小心翼翼地加了一句警告，一定要成功，否则伦敦议会可能不会为年底前的战役投入足够的资金。

显然，对无穷无尽的战争的厌倦，不仅仅存在于法国，尽管路易十四的将士们的斗志因8月下旬在鲁默谢姆（Rummersheim）的一场对德意志帝国军队的完胜而得到了振奋。[19]就正常的标准而言，这场失利的规模较小，尽管如此，它也结结实实地粉碎了盟军同时进攻法国东部的任何希望。法国国王寄望于盟军的战役不会产生积极的结果，但同时也要求维拉尔保持警惕，使其"总是处于有利位置，这样就不必被迫开战，除非你拥有巨大优势"[20]。对法国而言，任何这样的接触战都是充满风险的：如果法军获胜的话，给养短缺的状态会使维拉尔无力扩大战果；如果法军大败，必定会酿成灾难，法国北部会在大规模进攻面前毫无招架之力。

元帅已经宣布，图尔奈可以坚守四五个月，法国要塞和城堡的防御确实布置得很不错，战壕里发生了肉搏战。7月底，守军放弃了城市，退入卫城继续死守；尽管盟军挖掘了大量地道，但他们显然不如对手熟练。8月12日，马尔伯勒致函伦敦：

我们必须小心翼翼地进攻卫城，保护我们的士卒不受敌人地道的攻击，敌人已经利用地道发动了几次突袭，但收效甚微。我们的矿工在敌人的每次袭击中都能发现一条隧道，但由于敌人不断从地下开火，矿工不敢前进以充分利用他们的发现。我们正准备把炸弹扔进这些地道，以便摧毁它们。[21]

10天后，公爵又加了一句话："前一天，我们的矿工幸运地在炮台下发现了一条地道，他们从里面取出了18桶火药。"[22]令所有相关人员长舒了一口气的是，9月5日，经历了一场最英勇的防御战之后，叙维尔-豪特弗瓦侯爵没有顽强抵御盟军对卫城上被凿开的豁口发动的猛烈攻势，而是选择了开门投降。一旦形势明朗起来，马尔伯勒就派遣他的先头部队向南和向东进军，取道圣吉斯兰（St Ghislain）包围蒙斯要塞。盟军一旦占领了蒙斯，就可以从这里出发，于来年向法国的要塞地带发动进一步进攻。就在图尔奈卫城投降当日，黑森-卡塞尔亲王麾下的盟国骑兵包围了蒙斯。

尽管路易十四早先曾督促臣子小心行事，但现在他又致函维拉尔，要求后者不惜代价解救蒙斯。"如果蒙斯像图尔奈那样失陷，我们的事业就完蛋了，你完全有能力解救守军，不必考虑付出的代价。"[23]在国王的鞭策下，维拉尔的应对是离开防线，在马尔普拉凯（Malplaquet）村附近的树林里向马尔伯勒和欧根发起挑战。在那里，他建立了一个坚固的防御阵地，1709年9月11日，双方打了一场血腥的激战，维拉尔被迫率领他损失颇大的部队撤退，但保住了建制，尽管他被迫抛弃了35门火炮。盟军的伤亡约为2万人（其中，欧根亲王再次被枪弹击中），法军伤亡约为1.3万人。巨大的伤亡引发了盟军的恐慌，为马尔伯勒招来了无数批评之声。

维拉尔在战斗中膝盖严重受伤，但接替他指挥大军的布夫莱元帅无力解除盟军对蒙斯的围攻，六星期后蒙斯陷落了，10月20日，守军指挥官投降。元帅试图通过威胁盟军的补给线来迫使盟军放弃围攻行动，但他的人马缺少粮草，而且得不到薪饷。然而，圣西蒙写道："宫廷似乎已经对失利习以为常了，像马尔普拉凯这样的失利都好像是半场胜仗。"[24]

蒙斯攻城战还在继续推进期间，费利佩五世离开了马德里，亲自指挥他的野战军，除了一小队法军充当卫队之外，他的军队完全由西班牙人组成。其他一些法国官兵继续留守西班牙，他们的开销由西班牙支付，但他们只能采取防御行动。一位廷臣写道："国王打算明天启程，统率全军御驾亲征，因为他决心慷慨赴死，而非忍辱偷生。"[25]在这个关键时刻，国王的精力如此旺盛，以至于在士兵中得到了绰号"艾尔·阿尼莫索"（El Animoso）——西班牙英勇的国王兼英雄。费利佩五世不得不自力更生，因为他的祖父得退出曾经积极参与的西班牙战役——他直接与仍在海牙开会的大联盟各国代表接触，掂量和平结束战争所需要的条件。西班牙财政大臣贝尔盖克（Bergeryck）伯爵正在低地国家，按照费利佩的指示告知荷兰人："我国的利益取向与法国并不一致……西班牙人不希望法国对西班牙政府指手画脚，我完全同意他们的观点。"[26]还不清楚路易十四对这种情况的了解程度，但他不可能一无所知。

1710年的西班牙战役，最初仅限于阿拉贡境内。现在，盟军指挥官们率领的人马得到了增援和补给，并且在拖延了很久后，他们拿到了军饷。这笔超过100万英镑的巨款，是由伦敦议会授权用来推动半岛战事的。盟国利用他们新组建的士兵步步紧逼。令人欣慰的是，由于法国对费利佩五世的积极支持正在减弱，即使在阿尔曼萨战役后饱受批评的葡萄牙骑兵现也受到了好评。"我相信，如果他们的人马得到薪饷，在优秀军官的领导下，他们很快就会军纪严明，并能提供良好的服务。"[27]斯坦霍普伯爵认为，向巴伦西亚进军或许是最有前途的，但是在大公的力挺下，冯·斯塔伦伯格选择了攻打阿拉贡。不幸的是，已故乔治王子的弟弟——莱里达攻城战中英勇的指挥官黑森-达姆施塔特王子亨利，与斯塔伦伯格起了争执，不得不打点行装去意大利，盟军失去了最好的战场指挥官之一和在加泰罗尼亚人颇受欢迎的人物。

5月初，费利佩五世与比利亚达列斯侯爵及其军队会师，西班牙军队的骑兵力量强大，但步兵实力较弱。圣西蒙写道："5月14日，他渡过了塞格雷河（Sègre river），向巴拉圭耶（Balaguier）进发，打算攻取它，但暴雨倾盆而下，导致水位上涨，他不得不放弃计划，撤退了。"[28]冯·斯塔伦伯格和斯坦霍普在月底会师，他们实施机动，挫败了一支从莱里达出发的西班牙军队。经过了几个星期毫无结果的行军后两军交锋，于7月27日下午晚些时候，在诺盖拉河（Noguera）河畔发生了一场激烈异常的战斗。盟军以凶猛的骑兵冲锋为战斗定下了基调。战斗很快就给费利佩五世的军队造成了巨大的人员和辎重损失，许多人被俘。国王本人险些被俘，其军队勉强逃脱了斯坦霍普骑兵的追杀。查理大公参战了，因此，两位自称国王的马德里王位竞争者，现在终于有机会在战场上一较高下。费利佩五世率领他那遭受重创的部队撤到莱里达，并召来巴依侯爵接替比利亚达列斯。

随着盟军再次在辽阔的战线上推进，费利佩五世差点在坎达斯诺斯（Candasnos）被捉住，但他在丢弃了一些行李后逃掉了；据称，冯·斯塔伦伯格坐在国王遗弃的御帐中，享用了国王那迅速冷却的御膳。费利佩和比利亚达列斯返回了萨拉戈萨，巴依侯爵从埃斯特雷马杜拉前来与他俩会合。8月20日，在一个峡谷中又发生了一场战斗，起先只是小规模散兵战，中午时分升级成了全面会战。斯坦霍普伯爵和冯·斯塔伦伯格在人数上只是略有优势，但他们击退了西班牙骑兵发动的数次冲锋。有一次，西班牙骑兵被追赶得相当远，斯坦霍普伯爵过于冲动，率部深入了西班牙战线的缺口。费利佩五世的军队打得很凶猛顽强，但在当地人称为"死亡战场"（Barranca de los Muertos）的古老摩尔战场上被击败了。正如此前的战斗证明的那样，在对手手持利剑发动冲锋时，法国和西班牙骑兵中队先停止前进再用手枪和卡宾枪开火的过时习惯，使他们处于极度不利的境地。盟军一位龙骑兵回忆道："他们向我们开火，但在上帝的保佑下，我们不会让他们任意射击，而是在转瞬之间就猛扑上去，用手中的刀剑把他们砍翻在地。"[29]在这场决战中，盟军俘虏了一大批战俘，还缴获了大量火炮、旗帜、军旗和弹药，此役是盟军在野战中取得的决定性胜利。如果斯坦霍普早一点知道胜局已定，确信在战场上的其他地方也得手了，那么他的胜利可能会更加辉煌，而且他本可以实施强有力的追杀。尽管如此，费利佩五世在此役中伤亡了4000人，另有6000名没有负伤的士卒被俘，对年轻的国王而言，这是板上钉钉的浩劫。

次日，获胜的盟军司令官们进入萨拉戈萨，大公抵达时，他们表现出了一些谨慎而收敛的热情。7月，费利佩五世在阿尔梅纳拉（Almenara）蒙受了比此役更惨痛的损失，其直接后果就是阿拉贡大部分地区落入查理大公的军队之手，通向马德里的道路再次向他们敞开了。旺多姆公爵正在从法国赶来接管指挥权，但他直到会战开打时才抵达巴约讷；如果他参战的话，盟军取得如此辉煌的大捷的机会就会降低。"西班牙国王对旺多姆公爵抱有殷切期待,特地派遣了一位廷臣,去乞求法国国王允许公爵前来并接管指挥权。"[30]

斯坦霍普渴望充分利用在萨拉戈萨取得的大捷向马德里施压,但是查理大公对此表示怀疑,他非常坦率地在给妻子的信中写道:"如果英国人的这一计划得逞,那么所有荣誉都会属于他们;如果失利了,所有损失都会归于我。"[31]冯·斯塔伦伯格也不愿意向南挺进得过远、过快,他反而倾向于追杀费利佩五世及其吃了败仗的军队。一个更加可行的方案当然是,在旺多姆及其增援部队奔赴疆场之前,引诱费利佩五世再次出战,继而决定性地打垮他,彻底结束战争。然而,无兵可守的马德里的诱惑力太强了。[32]盟军错失了一个机会,9月28日查理大公进入马德里时,清楚地看到了费利佩五世取得大范围持久成功的依据。几星期前,国王及其家人,还有大批西班牙上流人物到了巴拉多利德。查理大公受到的迎候是冷冷清清的,城里的房屋紧闭门窗,连例行公事的欢迎都没有,与费利佩五世抵达巴拉多利德时受到的热情款待形成了鲜明对比。国王违心地写道:"我很高兴英国人把大公带到马德里,他将有机会看到我首都人民的性情。"[33]

盟军开进马德里,使3年前在阿尔曼萨惨败中失去的光彩,得以被王位的正当拥有者恢复:

> 斯坦霍普将军派了1名上尉率领50名士兵前往阿罗查夫人修道院(convent of Our Lady of Arocha),带走了费利佩五世自战争启动以来就放在那里的所有旗帜和军旗。它们被分配给了各个所属国家的士兵,尤其是在阿尔曼萨战役中被缴获的旌旗。他们得意扬扬地扛着它们周游大街小巷,仿佛它们是在战斗中被缴获,而非从教堂墙上摘下来的一样。[34]

盟军希望向南打通前往巴伦西亚,向西打通前往葡萄牙的交通线和补给线,解决对补给问题的担忧。斯坦霍普继续率领一支强大的分遣队去占领托雷多,在那里,人们希望他能与从葡萄牙边境挺进的英、葡军队会师。斯坦霍普在致戈尔韦伯爵的信中写道:"我们将在托雷多驻扎一支人马。如果你认为有必要,我们就会按照你的通知,在该地区附近地方进行一两次武力巡游。"[35]然而，维拉维德伯爵（Count de Vila Verde）麾下的葡萄牙军队已经占领了巴卡罗塔（Barca Rota）和热雷斯·德·洛斯·卡巴列罗斯（Xeres de los Caballeros），然后伯爵接到了向西撤退的命令，他迅速遵令照做了。据传，有人以预言性的忧伤口吻说，斯坦霍普"带着他的人马走了，但不知道如何带着人马回来"[36]。盟军扩大了的阵地是危险的，他们在卡斯提尔的军队位于一条非常漫长、毫无支撑又蜿蜒曲折的交通线末端。

就在这些激动人心的事件在西班牙发生时，英国和法国重启了秘密会谈，探讨为实现全面和平可以制订哪些条款。1710年，随着反战的托利党（Tory）在议会中掌权，伦敦政府发生了更迭。尽管这些会谈是非正式的，却也破坏了英国人与荷兰人之间的条约，打断了一段时间以来一直在进行的更加公开的谈判，导致最终在有争议的条款上一事无成。托利党致力于实现"良好的"和平，早已厌倦了无休无止的战争，他们在伦敦取得了优势，其力量不容忽视。盟国能取得什么依然有待观察，但占领萨拉戈萨和马德里的意外之喜，在旷日持久的争论中产生了影响，一位英国大臣告诉他的法国同行托尔西侯爵："在开展谈判之前，我们必须等待西班牙局势有所改变，再看看西班牙国王是否会被他的对手查理国王彻底赶走。"[37]西班牙战事的推进一波三折时，在大联盟各国中，不是只有英国认为自己有足够理由把战争拖延下去。

荷兰因战争而精疲力竭，在过去的8年中付出的人力、财力都是巨大的，"她的元气随着战争的消耗而日益衰竭"[38]。眼下与17世纪90年代末期不同，那时候威廉三世可以代表海上双雄与法国谈判，以谋求两国的共同利益，伦敦和海牙的两批政客脚下是共同的道路，尽管两国有着不同的野心和抱负。荷兰人谋求和平的必要性，被精明强干的英国政治家提出的新条约所诱惑，他们意识到需要暂时把荷兰人留在战争中。荷兰人寻求的一切都得到了满足，甚至查理大公与斯坦霍普伯爵达成的贸易垄断协议也被搁置，于是，荷兰商人就可以从最终和平带来的商业机会中获益。英国将放弃梅诺卡岛，将其交给查理大公，英国对地中海西部贸易路线的垄断将被打破，尽管英国没有提及放弃直布罗陀。同样诱人的条件是扩大荷兰南部的安全屏障，除了克诺克（Knokke）和达默（Damme）堡之外，纽波特、伊普尔（Ypres）、梅嫩、图尔奈、孔代（Condé）、瓦朗榭讷（Valenciennes）、莫伯格（Mauberge）、沙勒罗瓦、那慕尔、哈尔（Hal）、丹德莫德（Dendermode）、里尔都将落入荷兰驻军之手，荷兰将拥有这些地区的全部税收和商业机会，在这一过程中，哈布斯堡家族的王位竞争者对这些地区的税收和贸易机会将被剥夺。只有对英国利益至关重要的奥斯坦德港不许荷兰人染指。而作为补偿，上格德兰（Upper Guelderland）将被给予荷兰人，此地曾经被承诺给予普鲁士，作为对其勇敢地支持大联盟的奖赏（此事理所当然没有询问普鲁士国王）。

全新的国防屏障条约于1709年10月签署，并在年底前正式生效。这样一来，荷兰人的目标就定得太高了，实际上放弃了他们的未来，而把自己捆绑在长达数年的毁灭性昂贵战争之中，但是当和平最终降临时，该条约无法兑现是无法预见的，甚至是无法想象的。1710年年初，当与法国的谈判在格特鲁伊登堡（Gertruydenberg）重启时，荷兰人坚决支持英国人对马德里王位的要求。路易十四不得不再次承诺，如果必须的话，他会动用武力把他的孙子赶下台。但是，对那些足够精明和非常愿意看到这一局面的人而言，一再提出这一耻辱性要求的荒谬性是显而易见的："亲眼看到这么伟大的人接受它，我才会倾向于认为法国居然已经堕落到接受如此局面的境地。"[39]

1710年，盟国在弗兰德尔的战役还在以庄严而虚幻的胜利步伐推进。维拉尔不愿意冒险再去打一场像去年秋季发生在马尔普拉凯那样的战役，而是守在自己的防线背后，相信自己的筑垒地带会为自己打仗。这是一个明智的方针，尽管马尔伯勒和欧根成功占领了原由法军占领的一系列要塞，但每个要塞都顽强抵抗，盟军付出了巨大的努力，伤亡也很惨重。这样一场乏味的战役毫无荣誉可言，身在伦敦的公爵的批评者，对马尔伯勒发动战争的抱怨更为尖刻。当然，路易十四对失去这些地盘并不开心，但在他争取时间的同时，盟军的决心、精力和目标的统一性在逐渐衰减。在盟军围攻杜埃期间，维拉尔致函凡尔赛宫请求指示，国王的答复颇具启发性：

> 我不可能从千里之外下达准确的指令。我已经向你解释了我的想法，你很清楚我希望能迫使敌人攻打杜埃。如果你成功击败了他们，他们撤军的机会会很渺茫。而敌人还在等待一些尚未跟上来的部队……无论如何，只要你发现敌人所处的位置很好，以至于你发动进攻没有足够的获

胜机会的话，那么与敌人交锋就是草率之举。[40]

6月底，驻守杜埃的法军投降了，被授予战争荣誉，获许出城离开。马尔伯勒致函伦敦："杜埃和斯卡尔普堡（Fort Scarpe）投降了，法军弃守斯卡尔普堡为我军节省了大量时间和许多人的生命。"[41]两个星期后，公爵包围了贝蒂讷（Bethune），随即围攻并占领了莱斯河河畔的艾尔（Aire-sur-la-Lys）和圣维南特（St Venant），但是当低地国家的交战季在暮秋时节行将结束时，盟军在这场可怕战争中的损失令人震惊。在4场攻城战中，盟军总共有超过1.9万人伤亡，由于在已经到来的恶劣天气下艰苦地行军打仗，数千名士兵虚弱得躺进了医院。相比之下，法军的伤亡人数少一些，除了在押和获释的俘虏之外，只有6000人死伤。维拉尔元帅的膝盖上还留有火枪子弹，9月中旬，他请求国王允许他隐退，在亚琛（Aix-la-Chapelle）的温泉里疗养，国王明显不情愿地批准了他的请求："我非常希望你的伤势能痊愈，不希望发生可能让伤势恶化的事情。你可以在本月20日离开军营。"[42]德·阿尔古（d'Harcourt）元帅暂时接管了军队的指挥权。

经过一个夏季的反复失败，包括阿尔梅纳拉、萨拉戈萨的战败和丢失马德里，费利佩五世霉运当头、前景黯淡，越来越多的西班牙贵族开始扭扭捏捏地表达他们对哈布斯堡王朝事业迟来的、相当机会主义的支持。在日益恶化的形势下，路易十四不得不再次介入，否则他的孙子可能会被推翻，法国在西班牙的利益将化为乌有。与大联盟开展的试图达成和平的谈判举步维艰，并在7月被中止。

与以往一样，旺多姆公爵信心十足地受命率领8000名法国生力军前往半岛作战，还带上了急需的物资和弹药。9月20日，旺多姆抵达巴拉多利德，与费利佩五世会商，商讨出了一个弥补夏季损失的新战略。这位法军司令官对他所看到的西班牙军队的素质印象深刻，为此向凡尔赛宫报喜。路易十四深以为然，而且找到了加强在西班牙的努力的方法。他决定让巴依侯爵重新坐镇埃斯特雷马杜拉阻遏葡萄牙人，同时，诺瓦耶公爵对驻扎在卡斯提尔境内的盟军主力实施机动，试图在行进间捕捉斯坦霍普伯爵在塔霍河河畔孤立的分遣队。旺多姆的懒散名声经常被战役中的无穷干劲所掩盖，1710年10月6日，正在萨拉曼卡指挥1.4万人的旺多姆猛扑普拉肯提亚，随后杀向塔霍河河畔的阿尔马拉兹（Almaraz），他在那里摧毁了重要的跨河桥梁。斯坦霍普伯爵位于东边大约50公里处，他退到了托雷多，法军司令官跟踪追击，在塔拉韦拉·德拉雷纳（Talavera de la Reina）扎下自己的营盘。到目前为止，旺多姆军队的骑兵和步兵已经增加到了2.5万名，斯坦霍普伯爵与维拉维德伯爵麾下的葡萄牙军队会师是不可能的，甚至建立一条补给线的希望都化为了泡影。

与此同时，冯·斯塔伦伯格不愿意让士兵们在卡斯提尔息冬，因为他现有的加泰罗尼亚补给线和交通线都暴露在敌人的兵锋之下，容易受到骚扰。马德里依然不欢迎盟军，查理大公对他受到的接待大失所望，11月初，他前往萨拉戈萨，继而去了巴塞罗那。盟军最终失败了，早期取得的胜利未能得到后续巩固，虽然能够挽回的得到了挽回，但也仅此而已。11月11日，冯·斯塔伦伯格及其部队出城离去，12月13日，在4000名骑兵的护送下，费利佩五世重新进入首都，受到了民众的热烈欢迎："由于人山人海，他乘坐的凯旋马车花了好几个小时才走完城市的主要街道。"[43]在西班牙王位的问题上，民众的态度是衡量费利佩的胜利和力量的标准，反过来也是查理大公的致命弱点。费利佩一如既往拒绝参加一切为时尚早的庆祝或报复活动，12月6日，他离开马德里与旺多姆公爵会合，参加追杀盟军的战役。

在位于塔霍河与哈拉马河（Jarama）之间的尚雄，冯·斯塔伦伯格再次与斯坦霍普伯爵会师了。随后，鉴于使用一条道路撤军，行军和给养都会遇到困难，同时旺多姆会发动追击，故而盟军兵分三路向加泰罗尼亚撤退，冯·斯塔伦伯格率领主力居中，斯坦霍普伯爵和阿塔拉亚侯爵（Marquis de Atalaya）分居两侧。此举切实可行而且合情合理，但在整个撤军行动中，指挥和控制非常复杂，任何一路纵队接应其他纵队的能力都相当可疑。在撤军途中，斯坦霍普伯爵遭到法国骑兵和当地非正规军的骚扰，不得不多次转身击退敌军。"我们走得很慢，每走一小段路就得面对敌军的袭扰。"[44]12月8日，4000多人的英军分遣队，共计4个骑兵团和8个步兵团——它们肯定都没有满编，在塔胡尼亚河右岸的布里韦加（Brihuega）被敌军追上了。此前，斯坦霍普伯爵停在此地，搜罗和碾碎谷物，以便他的士兵能吃到面包，但他对敌人会在追击途中捕捉到这么好的机会，而且正在迅速抵近毫无察觉。当危险迫在眉睫时，一封紧急求援信才被送到20公里外的司令部，请求主力军去救援斯坦霍普。但一切都于事无补了，12月9日，星期二，遭到旺多姆的炮手们的猛烈轰击之后，布里韦加的城墙遭到了猛攻，小镇发生了激烈巷战。一名英国龙骑兵事后回忆道：

> 我们被部署在一个城镇门口，我军军官认为它是全镇最薄弱的一个门。敌人也知道这一点，因为他们对这个门放了3次火，但我们都尽快扑灭了，而且把敌人赶了回去，由于我们没有大炮，难以估计敌人退出了多远……我们本应把敌人阻挡在镇外更久些，但现在我们的弹药不够了，我们得小心翼翼，节约弹药。[45]

在残破的防御工事内进行了英勇的防御后，150名士兵陷入了独力保卫城门的战斗中，他们的弹药几乎耗尽，除了向旺多姆的攻城部队投降之外别无选择。一位匿名的龙骑兵写道："当听说举行谈判时，他们走到我们的胸墙前与我们交谈……我们之所以能够获得优惠的投降条件，是因为敌人知道我方的冯·斯塔伦伯格将军正在赶来救援我们。"[46]冯·斯塔伦伯格鸣炮示意，向他的盟友表明他正在尽可能快地抵近，但在混乱狼藉的街道上，人们听不到或不理解炮声。斯坦霍普伯爵在关于他最终获释的报告中解释了投降背后的原因，他说："我认为我有信心搭救那些为女王做出了杰出贡献的勇士们，我希望我还能活下去。"[47]法军司令官当然给了斯坦霍普的小部队优惠的投降条件，其中，3000名毫发无损的战俘被释放。不幸的是，这些不错的条件并非总能得到遵守，某些战俘，尤其是职衔较低的战俘，在最终交换前受到了残酷对待。对旺多姆而言，这场明确无误的胜利是喜人的，但代价依然不菲，因为在12月那个寒冷、晴朗的日子里，他伤亡约1300人。

就在次日，在布里韦加上游约3.2公里处的比利亚维西奥萨（Villaviciosa）村，旺多姆与盟军主力交锋。在战斗中，费利佩五世指挥法西联军的右翼及其骑兵发动冲锋，横扫盟军的营盘。在短兵相接时，荷兰将军贝尔卡斯泰勒（Belcastel）和圣阿曼德（St-Amand）阵亡。冯·斯塔伦伯格元帅保持着镇静，在遭受威胁最大的地方加强兵力，他的人马令人钦佩地坚守着阵地，经过一下午和一晚上的激战，他与旺多姆打成了平手。当晚，他在战场上就地扎营。从技术上讲，奥地利人是胜利者，但他们的兵力远少于对手，因此留在原地可能会招致灾难。次日早上，冯·斯塔伦伯格引兵后退，保持了建制，但也受到重创，伤亡了将近4000人，放弃了许多无法带走的重炮。战斗中缴获的法国和西班牙火炮也被遗弃，但在遗弃之前这些火炮被破坏，弹药车也被捣毁。旺多姆放任对手溜走损失的兵力与敌人相当，他的军队同样受到重创，但取得了胜利。有人批评这位法军司令官没有追击冯·斯塔伦伯格，也没有试图再与对手打一仗，但是，他的部队在布里韦加和比利亚维西奥萨都损失不小，暂时根本无力采取任何行动。当然，旺多姆仍然宣称此役是一场胜仗，尽管只能算是一场勉强合格的胜仗。

关于那天的战事，费利佩五世在呈交给祖父的报告中闪烁其词，他说："敌人的残部很快就撤退了，回去舔舐伤口。"[48] 12月23日，盟军井然有序地抵达萨拉戈萨，在那里，为战役而筹集的大部分物资和仓储都不得不付之一炬。鉴于没有足够兵力来掌控阿拉贡，1711年1月6日，盟军开始退往塔拉戈纳和巴塞罗那，目前可供调遣的兵力仍有7000多人，其中包括刚刚才在布里韦加战败的少量英军。经历了前不久的战局逆转后，逃兵和疾疫造成了严重损失。查理大公确实还在巴塞罗那、伊戈达拉（Igualada）和塔拉戈纳之间的三角地带拥有立足点，但在不久前的秋冬季节，旺多姆取得了显著成功，收复了卡斯提尔和阿拉贡，没有遇到真正的抵抗。眼下，哈布斯堡家族在西班牙的事业蒙受了无法挽回的损失，人们认识到，费利佩五世重返马德里后，很可能会稳坐王位。

尽管凛冬已至，诺瓦耶公爵还是率领1.9万人从鲁西永拉开了战役的序幕，并于12月15日开始围攻赫罗纳。赫罗纳要塞物资充足，紧挨着多尼亚河（Donia）与泰尔河（Ter）的交汇处，很难用攻城炮拿下。在塔滕巴赫伯爵（Count Tattenbach）的指挥下，守军的抵抗有条不紊，一座被称为红堡（Fort Rouge）的外围工事在遭到地道攻击和严重破坏后才被抛弃。随后，法军的炮兵阵地由于天降暴雨、河水暴涨而被淹没，直到1711年1月14日，诺瓦耶才重整旗鼓，启动攻城行动。主城墙被凿开了豁口，1月23日，一支突击队占据了一条突入豁口的隐蔽通道。塔滕巴赫伯爵早就明白，他不能指望冯·斯塔伦伯格来解救自己，在不利局面下他已经倾尽了全力，于是他在次日开门投降了。他和他的军队因为固守要塞而获得了战争荣誉，得以旌旗招展、鼓乐喧天地离开。

随着伦敦政府的更迭，大联盟的动力发生了不小的改变，而维也纳发生的戏剧性事件使事态发生了更大变化。驻西班牙盟军的失利，对哈布斯堡王朝的事业产生了致命影响，为未来发展指明了前进方向，托尔西侯爵就布里韦加和比利亚维西奥萨的捷报写道："无论如何，还没有哪场战役像这场胜利这样完整，此役将改变西班牙和欧洲事务的面貌。"[49]在萨拉戈萨战役获胜之后，曾经推迟与法国谈判的英国大臣，在马德里局势日新月异之际写道：

> 我们不再坚持将整个西班牙君主国都恢复到哈布斯堡家族的名下，如果我们非要这么做，必然是难以为继的，只要法国和西班牙能为我们的贸易提供妥善的保障，我们就心满意足了；一旦我们得到了我们需要的东西，并且与两个王国达成了协议，我们就会告诉我们的盟友。[50]

显然，"得不到西班牙，就没有和平"不再是大联盟的口号，1709年春季，盟国将本可得到而且送上门来的和平草率地拒之门外，现在和平却成了香饽饽。

在加泰罗尼亚，盟军重新稳住阵脚的努力再度受到资金短缺的困扰，物资供应不足，拿不到军饷的部队中出现了罔顾军纪的氛围。一位观察家写道："士兵们都成了大盗，由于他们领不到军饷，因而可以随心所欲地说他们有权这样做。"[51]然而，大联盟为了扭转危局做了许多努力，1711年2月21日，安妮女王任命二世阿盖尔公爵（Duke of Argyll）约翰·坎贝尔（John Campbell）为驻西班牙英军的总司令。公爵精力充沛、头脑冷静，是一位思路清晰的指挥官，在伦敦拥有不小的影响力，尽管他缺乏敏锐的洞察力。

5月中旬，海军上将约翰·诺里斯（John Norris）麾下的舰船把8000名帝国增援士兵送上了海岸，但是阿盖尔还在意大利，他沮丧地发现，承诺给他的资金无法到位以满足军队的需要。他愤愤不平地致函女王："我既没有资金也没有威望来聚拢陛下的军队，他们渴望军饷如大旱之望云霓。"[52]抵达加泰罗尼亚后，阿盖尔发现旺多姆正准备在莱里达渡过塞格雷河，随后进逼在6月初得到了英军增援的塔拉戈纳。所需资金令人欣慰地送到了，化解了盟军指挥官们供养其军队的直接困难，到了下月底，大约有1.8万名盟军可以投入战场。

至少从表面上看，西班牙东部战场的胜算似乎出人意料地出现了转机，但能否取得持久的成效依然存疑。

在激烈的夏季战事中，除了小规模战斗和巡逻队之间的冲突外，几乎没有发生过什么值得一提的战役，这使双方的司令官得以增强他们的兵力。然而9月27日，埃尔普拉斯德雷（El Prats del Rei）发生了一场激烈冲突，一支英国分遣队把一支法军击退了一段距离，但随后因缺乏援兵而被召回。由于英国将注意力转向了对梅诺卡岛控制权的维持上，夏季战役陷入了僵局。随着秘密和谈的进行，双方军队对打仗似乎都不够上心，或者得不到扩大交战规模的允许。11月下旬，法西联军试图占领卡尔多纳（Cardona），但在一场激战中被冯·斯塔伦伯格击退了。阿盖尔身体不适，1712年年初，他前往梅诺卡岛，准备返回伦敦休养。现在，惠瑟姆（Whetham）指挥加泰罗尼亚剩下的英军，但他没有得到明确的指示。

战争早在1711年就因参战各国对新世界的野心而在西半球蔓延开来，前一年，在莫霍克人（Mohawk）的酋长代表5个对英国统治表示友善的邦族造访伦敦后，英国远征军从法国人手里夺取了阿卡迪亚【Acadia，今名新斯科舍（Nova Scotia）】的罗亚尔港（Port Royal），接着，一支新部队准备攻击法国在魁北克（Quebec）的殖民点。2月，女王致函她的纽约督军："从那里赶走法国人之后，会有几个印第安邦族接受我们的统治，我们的臣民将独享全部毛皮和皮革贸易。"[53]对此次远征的保密程度是前所未有的，即使英国海军部也不知道他们舰队的目标是什么：

> 这种性质的策划连海军部都成了保密对象，如果与他们商量，让他们派遣80艘船和70门炮前往魁北克的话，我认为他们不会同意，因为在圣劳伦斯河（St Lawrence）逆流而上通常被认为是非常危险的航行。[54]

海军上将霍文登·沃克（Hovenden Walker）爵士指挥海军舰队，少将理查德·希尔（Richard Hill）指挥部队登陆。后者的妻子阿比盖尔（Abigail）已经成了安妮女王的宠臣和心腹。沃克的舰船在6月底才抵达新英格兰（New England）的波士顿（Boston），因为与殖民地民兵进行协同行动而发生了一些延误，民兵们喜欢自行其是，只服从愿意服从的指令，对不愿意服从的指令就置若罔闻。

终于，远征军启程了，但是海军上将没有招募对圣劳伦斯河航道了如指掌的领航员，当一场突如其来的风暴降临时，8艘运兵船因被风浪拍上了礁石而沉没，造成了巨大的人员损失。沃克和希尔的斗志和决心随着船只的沉没而消沉，他们经河口退兵，放弃了所有夺取魁北克的企图。事实上，驻守魁北克的是一支兵力非常薄弱的法军。殖民地民兵从纽约以北的奥尔巴尼（Albany）出发走陆路，获悉舰队没有在任何有价值的地方登陆后就撤退了。英国在北美获得领土的任何新企图，都必须等待和平谈判，以及届时可能悄然而至、更为有利的结果。

注释

1. Hamilton, p. 232.
2. St John, Volume II, p. 60.
3. Taylor, Volume II, p. 323.
4. 在追求和平谈判的过程中，安妮女王于1709年5月2日向马尔伯勒公爵和查理·汤森（Charles Townsend）子爵下达了明确的指示，让他们作为她在荷兰谈判中的全权代表，使战争圆满结束，但必须以最优惠的条件为基础，既要扩大荷兰的国防屏障（以牺牲奥地利在尼德兰南部的利益为代价），也要得到有利于英国的贸易条件，且同样的贸易优惠不能给予荷兰：

   > 以我的名义向荷兰大议长（海因修斯）和其他合适的议员表明，我们是多么希望下一步的准备工作能够得到调整，还要尽可能对其他大联盟成员国进行调整，尤其是你们要提议，在不拖延的前提下，为荷兰提供足够坚固的国防屏障，且为了维持这个屏障，我们愿意做出保证，但毋庸置疑的是，荷兰议会也得以同样的方式确保新教徒继承英国王位……一旦此类事件的性质得到承认，并根据你不时从我这里收到的特定指示，你应采取一切可能的手段使我国与法国签订一项有利的商业条约……你还得让荷兰大议长和其他议员明白，我们主张纽芬兰和哈德逊湾的权利对我国和我国的领土是多么重要和必要，所以除非同意将上述地区还给我国，否则我国绝不同意媾和。

   要想了解这些指示的完整文本，请参阅 Brown, pp. 273–6。

5. Kamen, Philip V, p. 70.
6. Taylor, Volume II, pp. 328–9.
7. Wolf, p. 559.
8. Kamen, Philip V, p. 72.
9. T'Hopf, p. 435.
10. Churchill, Book Two, pp. 542–4. 第4条可以部分理解为："如果发生安茹公爵不批准和不执行本条约的情况，那么在条约期满之前，国王（指路易十四）和本条约相关的君主和国家，应采取合理措施确保本条约得到全面执行。"第36条可以部分理解为："如果法国国王执行了上述所有规定，并且按照这些条约的规定，整个西班牙君主国都被移交给国王查理三世，则在限定的期限内，双方同意继续停火。"
11. Ibid, p. 547.
12. Ibid, p. 550.
13. Wolf, p. 563.
14. Churchill, Book Two, p. 547.
15. Petrie, The Marshal, Duke of Berwick, pp. 236–7.
16. Churchill, Book Two, p. 553.
17. Ibid, pp. 575–6.
18. Ibid, p. 577.
19. 1709年8月27日，鲁默谢姆战役打响，由默西（Mercy）将军指挥的帝国军队被击败了。当日，汉诺威选帝侯乔治没有指挥帝国军队，尽管人们经常说他指挥了。见哈顿的 George I, p. 334，钱德勒的 Marlborough as Military Commander, p. 250, 有对此颇为有趣的评论。
20. Wolf, p. 566.
21. Murray, Volume IV, p. 572.
22. Ibid, p. 577.
23. Churchill, Book Two, p. 581.
24. St John, Volume II, p. 111.
25. Kamen, Philip V, p. 71.
26. Ibid, p. 73.

27. Francis, p. 280.

28. St John, Volume II, p. 149.

29. Atkinson, 'A Royal Dragoon in the Spanish Succession War', pp. 5 and 37.

30. St John, Volume II, p. 149.

31. Trevelyan, The Peace and the Protestant Succession, p. 83.

32. 斯坦霍普的评论表明，如果没有盟军的刺刀来支撑他的王位，查理的政权无法在马德里维持12个月，这是残酷的现实政治，也许是简单的现实主义，但这些都不重要，因为合约已经解除，和平就此终结。见 Francis, p. 311。

33. Kamen, Philip V, p. 74.

34. Chartrand, p. 262.

35. Francis, p. 313.

36. Trevelyan, The Peace and the Protestant Succession, p. 84.

37. Ibid, pp. 87–8.

38. Trevelyan, The Peace and the Protestant Succession, p. 39.

39. Ibid, p. 32.

40. Wolf, p. 572.

41. Coxe, Memoirs of the Duke of Marlborough, Volume III, p. 51.

42. Wolf, p. 574.

43. Kamen, Philip V, p. 76.

44. Atkinson, 'A Royal Dragoon in the Spanish Succession War', p. 47.

45. Ibid, p. 49.

46. Ibid, p. 50.

47. Williams, p. 112.

48. Wolf, p. 576.

49. Ibid, p. 577.

50. Trevelyan, The Peace and the Protestant Succession, p. 88. See also Wolf, p. 576.

51. Tumath, p. 187.

52. Churchill, Book Two, p. 804.

53. Brown, p. 321.

54. Trevelyan, The Peace and the Protestant Succession, pp. 143–4.

第十二章 疲惫旅程的终点

我给你树立了坏榜样，因此请求原谅。[1]

为了结束战争，英国和法国之间进行的秘密谈判，在法国牧师戈尔捷（Gaultier）神父的努力下得到了推进。戈尔捷居住在伦敦，在两国之间充当中间人，双方于1711月4月就中止敌对状态的条约——条约草案——达成共识。路易十四承诺，他的代理人会代表他和他的孙子进行谈判。他在凡尔赛宫写道："我希望，你不会辜负我对你的信任，你将发现我会充分利用你给予我的力量。"[2]简而言之，他们的意图是费利佩五世继续留在马德里的王座上，奥地利保留其在意大利和低地国家获得的地盘，英国获得在美洲的贸易特惠权，荷兰人收复他们国防屏障上的城镇。和平协议的大纲旋即公之于众，不出意料地受到了维也纳和海牙的抗议，伦敦也被指责背信弃义和两面三刀。

尽管舆情汹汹，1711年4月17日，随着34岁的约瑟夫皇帝死于天花，西班牙王位继承问题得到了切实的解决，失去丈夫的皇后被任命为摄政，领导临时国务委员会。4月25日，被任命为委员会成员的欧根亲王，在致马尔伯勒公爵的信中写道，9天前，"他被认为已经脱离了生命危险。当天傍晚时分，他的病情加重了，于次日上午11点钟驾崩"[3]。随着帝国动荡时期的到来，盟军的战争准备工作被推迟，帝国军队从低地国家撤退到德意志，以备不虞。更重要的是：曾经有可能成为西班牙的卡洛斯三世的查理大公，很可能被选举为维也纳的新皇帝。但这不是必定会发生的事情，因为大公从未担任过罗马人的国王，因此，如果他的哥哥驾崩，他不会自动成为继承人。不过，另一位有明确继承权的候选人巴伐利亚选帝侯，是一位靠路易十四施舍才能生活的流亡者，因此很难被视为有资格的帝位继承者。在一场不同寻常的外交交流中，费利佩五世致函正在巴塞罗那的查理大公，对他哥哥的驾崩表示哀悼，但他的信被原封退回，因为如果查理大公启封读信的话，他就必须向安茹公爵而非西班牙国王回信，从而产生不必要的麻烦。

随着约瑟夫去世，整个政治气候都改变了，查理大公将接替他的哥哥成为皇帝，若他还加冕为卡洛斯三世就将成为各方不可接受的事情了，即使西班牙人民强迫他做西班牙国王也不行。因此，将战争进行下去的理由没了。由于欧根和马尔伯勒等沙场宿将取得的军事胜利，低地国家和意大利的大片土地都落入了大联盟和奥地利之手，西班牙帝国遭到了瓜分，但盟国在伊比利亚半岛缺乏相应的胜绩，费利佩五世在马德里仍旧安然无恙，因为加泰罗尼亚人不愿意也不可能无限期地维持他们对哈布斯堡王朝那令人钦佩但毫无希望的忠诚。1711年9月27日，查理大公从巴塞罗那登船前往维也纳，10月2日，他正式当选为皇帝查理六世。尽管他的妻子还留在加泰罗尼亚作为向加泰罗尼亚人表达诚意的象征，他却再也没有重返西班牙。

与此同时，马尔伯勒公爵不得不在欧根缺席的情况下，在法国北部启动他的战役，但与对手维拉尔元帅相比，他的兵力明显不足。法国司令官没有必要寻求野战，他的军队躲在从海峡沿岸延伸到桑布尔河（Sambre）河畔的莫伯格（Mauberge）的坚固防线，即"非加强型防线"的后面。似乎只有血流成河的正面进攻才能把法国人从他们的阵地上转移过来，但马尔伯勒略施小计就骗过了维拉尔，他诱使维拉尔加强了北方阿拉斯河周围的阵地，随即在阿尔勒（Arleux）越过了防线，"我军越过了他们固若金汤的防线，之前没人会相信我们能未经一战就越过它"，盟军继续围攻位于斯凯尔特河与森塞河（Sensee）交汇处的布尚（Bouchain）要塞。[4] 守军进行了英勇的抵抗，维拉尔率领军队抵近布隆森林（Bourlon Wood），试图阻止围攻。尽管兵力占优势，但事实证明，元帅无法解除盟军的围攻，9月12日，守军司令拉维尼昂侯爵（Marquis de Ravignan）投降了。一位荷兰军官写道："守军人数众多，什么都不缺，还得到了法国军队的呼应；然而他们在10万大军的眼皮子底下沦为了战俘。"[5] 随后，双方就投降条件发生了一场不够体面的争执，马尔伯勒坚持认为，侯爵及其部下都是他的俘虏，不能立即获释。

在当年的大部分时间，西班牙战事进展得相当缓慢。上次战役后的几个月，由于旺多姆在布里韦加和比利亚维西奥萨取得的所有胜绩，两军付出的努力都削弱了彼此的作战能力，直到1711年9月，公爵才再次真正地前进。现在，随着来自意大利的奥地利生力军和驻守直布罗陀的英军的增援，为了掩护通往塔拉戈纳和巴塞罗那的道路，冯·斯塔伦伯格和阿盖尔率领1.5万多人的部队，在普拉茨·德尔·罗伊（Pratz del Roy）占据了一个坚固的防御阵地。

9月16日，旺多姆率领一支人数略多的军队，试图实施机动把他们从工事中驱赶出来，但没有如愿，他便退到了塞尔韦拉（Cervera），派遣一支3000人的分遣队去围攻盟军在卡尔多纳的要塞。由于遭到守将埃克（Eck）伯爵的英勇抵抗，此次行动进展缓慢。当城墙被法军攻破时，埃克便退入了卫城。12月20日，冯·斯塔伦伯格派遣一支部队前来解围，在历时2天的战斗中，他们赶走了攻城的法军，并迫使法军抛弃了全部火炮和辎重。战局逆转的噩耗令人不快，路易十四敦促部下不要涉险。他致函旺多姆："我不认为你谋求战斗是妥当之举。"公爵因而把军队撤入了位于塞格雷河后方的冬令营。[6]

同年秋季，法国和英国就全面停止敌对行动达成了共识。9月下旬商定的"初步条款"是一个永久性条约，确保了英国在与西班牙和西班牙帝国的贸易中享有"最惠国"地位，而直布罗陀和梅诺卡岛将继续保留在英国手中。英国在北美也获得了可观的收益，纽芬兰周围的渔场和哈德逊湾以外的毛皮贸易，被确定为英国独家专有。英国在贸易方面享有的另一个好处是，位于敦刻尔克的臭名昭著的私掠船港口的防御工事和防波堤都将被拆除。一份附属文件确保了新教徒对伦敦王位拥有继承权，法国和西班牙王位永久分离，荷兰南部的国防屏障得到恢复，以及奥地利在低地国家和意大利取得领土收益。显而易见的是，英国和法国已经得到了最符合自己利益的条件，而荷兰人不得不"在谈判桌下面与奥地利人争夺残羹冷炙"[7]。尚有太多问题需要海牙、维也纳和都灵的诸公厘清、处理。但是，伦敦、凡尔赛以及马德里的大人物们都得到了他们谋求的一切。

这些协商讨论，无论是出于好心还是恶意，都在以稳健的步伐进行，随着马尔伯勒公爵在伦敦失宠，他被排除在谈判桌外。1711年12月31日，安妮女王突然解除了他的所有职务。公爵痛苦惆怅地写道："我很明白陛下对我的恩典，陛下御笔亲书的一封信就革除了我为陛下效劳的职位。"[8]鉴于英法之间的所有问题几乎都解决了，拥有杰出才干的马尔伯勒便成了一大麻烦，故而被扔到了一边。得知马尔伯勒被罢黜的消息后，路易十四心满意足地说道："罢黜马尔伯勒公爵一事，大快人心。"[9]

一场大会在乌得勒支召开，正式讨论为实现和平而提出的动议。此事主要由法国的托尔西侯爵和英国的牛津伯爵（Earl of Oxford）罗伯特·哈雷处理，最紧迫的问题依然是保证法国和西班牙两顶王冠的分离。鉴于法国宫廷内麻疹肆虐，此事变得十分紧迫。麻疹已经夺取了王位继承人勃艮第公爵的性命（他的父亲道芬已经在去年死于天花），公爵的长子也死于此病。勃艮第公爵的小儿子路易还是个襁褓中的婴儿，幸亏他那令人敬畏的护士把他照顾得无微不至，并紧闭育婴室的房门，把那帮善意但不称职的王家医生拒之门外，他才活了下来，在几年后继承了他曾祖父的王位。如果这个婴儿未能活下来，作为路易十四的唯一合法继承人，西班牙国王费利佩五世恐怕就会入继法国王位，那么后果将不堪设想。牛津伯爵建议，如果费利佩五世与萨伏依公爵维克多·阿玛都斯交换头衔和领土，那么费利佩就可以接受法国王位，但这个想法没有产生任何结果，路易十四必须做出王冠不可合并的保证。

　　接替马尔伯勒指挥英军的是二世奥蒙德公爵詹姆斯·巴特勒，他接到从伦敦发来的指示——众所周知那就是一纸限制令，他实际上按兵不动，为正在进行的和平谈判争取时间。起初，奥蒙德建议："小心谨慎地采取短期行动。"但国务卿亨利·圣约翰（Henry St John）在1712年5月21日写信给他：

> 　　因此，女王陛下给予阁下的明确命令是，避免发动任何攻城或冒险的会战，直到陛下下达进一步的指令。同时，我受命让阁下知道，女王让你假装没有收到这个命令，女王陛下认为，你不能为了达到她的目的而装模作样地去做那些目前可能对公众造成不良影响的事情。我差点忘了告诉阁下，这一命令已经告知了法国宫廷。[10]

　　实际上，英国决心与法国缔结和约一事，英国的盟友们一直被蒙在鼓里，同时也被交战期间的日常作战意图所误导。然而，凡尔赛宫对相关细节了如指掌，外交上的两面派做法显然在充分发挥作用。

　　然而，荷兰人和欧根亲王并没有因此上当受骗，他们很清楚伦敦正在发生什么，尽管就目前而言，限制令的确切性质还不完全明了。当欧根提议突袭躲在营盘里的法国人时，奥蒙德打了退堂鼓，说他得在采取行动之前征求伦敦的指示。他在致伦敦的信中说："他们中间有几个人，毫不留情地说他们遭到了出卖。"[11]很显然，其他对战争结果抱有浓厚兴趣的大联盟支持者，可能会选择强硬立场。"汉诺威选帝侯强烈反对媾和，愿意让他的军队与荷兰人并肩作战。我也怀疑能否说服丹麦人。"[12]奥蒙德开始担心，英国军队可能被他们的盟友解除武装并监押起来。与此同时，盟国要求伦敦议会保证，这种叛卖行径不会加诸英国的盟友们身上。罗伯特·哈雷出奇镇定地表示："我们从来没有打算做这种性质的事情，盟国了解我们的所作所为，对我们的条件感到满意。"[13]看起来，伦敦的议员们很少以如此赤裸裸的方式进行欺骗。

在加泰罗尼亚，冯·斯塔伦伯格和旺多姆继续针锋相对，但都没有取得多大进展。1712年6月，法军司令官死于食物中毒，路易十四帐下最优秀的战地指挥官之一永远地离去了，但是，除了尝试对赫罗纳进行一场毫无成效的封锁外，盟军也没有足够的力量或意志趁敌军统帅去世来推动他们的战役。11月末，最后一支英军离开了巴塞罗那。"那些可怜的西班牙人看到自己在困境中被抛弃，就称我们为叛徒，他们用恶毒的语言骂我们，普通百姓向我们投掷石块。"[14]

1711年年底，大多数英国和荷兰军队都从葡萄牙撤离去增援直布罗陀和梅诺卡岛的马翁港了，但漫无目的的敌对行动还在边界持续着。次年秋季，西班牙又企图在和平到来、战争结束之前，夺取瓜地亚纳河河畔埃尔瓦什附近的坎波·迈耶。葡萄牙守军英勇抵抗来犯之敌，增援部队两次突破西班牙战线，抵达了要塞，围攻者的主弹药库被一枚臼炮炮弹炸毁。10月17日，巴依侯爵发动猛攻，企图攻占主堡垒，但蒙受了沉重的损失，当战争中止的消息传来时，他不得不解除围攻，西班牙军队不情愿地再次撤离边界。当剩余的英国部队在西班牙的允许下途经安达卢西亚到达直布罗陀时，因为士兵们在行军途中表现良好，当地人对他们表现出了极大的热情和慷慨。从加泰罗尼亚返乡的葡萄牙军团在返程中则受到冷遇，但也没遭到多大阻挠。

就这样，西班牙与葡萄牙之间的停战协议必须每4个月就续签一次，直到1715年2月两国正式签署和平条约为止。

与此同时，欧根还在法国北部，执迷于向法国施加压力，1712年6月8日，盟军渡过塞尔河（Selle river），其中依然有一支英国分遣队；奥蒙德同意参加进攻勒凯努瓦（Le Quesnoy）的行动，因为拒绝参战等于公开宣布英国人在使用两面三刀的伎俩。维拉尔元帅确信，在和平谈判开展期间，英国人不会采取积极行动，他对英国人这种似乎违反承诺的行为提出了抗议。对诚信更恶劣的背叛，是奥蒙德在战争中积极对抗自己的盟友们，维拉尔对此却不以为意。在某种压力之下，欧根与奥蒙德之间出现这种关系是可以理解的，当这位英国将军建议亲王放弃对勒凯努瓦的围攻时，他得到了尖锐的回击：欧根反而对攻城一事全力以赴。让-马丁·德·拉·科隆尼（Jean-Martin de la Colonie）上校写道："至于英国人，从他们自己的角度来说，他们没有离盟军而去，而是以观战的方式参加了行动。"[15]汉诺威选帝侯对幕后发生了什么持疑虑态度，1712年6月17日，安妮女王致函她的继承人和伦敦王位的最终继承者，为了使其安心，她写道：

> 你会满意地看到，我在内心深处是多么牵挂你家族的利益，你会惊讶法国的提议是如何公平又合理地满足了所有大联盟成员国的要求，同时为我的臣民带来了巨大利益的法国人也希望获得若干回报来弥补他们在漫长而艰苦的战争中的损失，因为大部分战争负担是他们承担的。我在谈判过程中遇到了反对意见，联盟国之间出现了分歧，可能会带来最坏的恶果。但是，我希望上帝保佑，使这场已经取得了重大进展的伟大工作圆满结束。[16]

女王所言完全属实，因为在战争的大部分时间里，谁承担了最重的负担是不言自明的，她现在要撂挑子了。实际上，大不列颠从战争中获得了她所需要的一切，她的盟友们也一样，只要他们能够看到这一切。

与此同时，在战场上，人们越来越确信不能再指望英国军队了，欧根采取了若干额外措施来确保盟军营盘的安全。6月28日，奥蒙德向由英国资助的外国军队司令官们发出指示，要他们做好行军和退出战役的准备，但他们的反应是迅速和平静的，事实上，没有来自本国君主的明确指示，他们不会退兵。3天后，驻守勒凯努瓦的3000多名法军投降，沦为战俘，随后英军很快就扔下盟军向北开进，在根特与布鲁日之间安营扎寨。荷兰南部的大多数城镇以显而易见的蔑视态度，向英军关闭了城门，但把宝贵的设防港口敦刻尔克的控制权移交给了英国，直到该城的工事被彻底拆毁，因为这是秘密协议的组成部分。

欧根与其荷兰盟友以及德意志和丹麦派遣军还在战场上，且对成功依然充满信心。他们的法国对手悲催地看着一长串失利和挫折的账单，发生在勒凯努瓦的战斗只是最近几年令人失望的战事中的一场失利而已。然而，法军司令官在阿拉斯河与康布雷（Cambrai）占据了一个良好的防御阵地，不会被敌人轻易赶到开阔战场。为了把敌人引出来，欧根在莫尔马利（Mormal）森林以南的朗德勒西（Landrecies）发动了攻势，但他通往杜埃的交通线和补给线太长了，而且毫无遮拦，而法国人在攻击距离内依然拥有诸如莫伯格和瓦朗榭讷这样的设防城镇。正如德·拉·科隆尼所记得的那样："围攻朗德勒西让欧根在战场上越走越远，他的运输车队不再免受法军攻击。"[17] 7月22日，维拉尔渡过塞尔河，旋即在2天后迅速挥师北上包围了盟军在德南（Denain）构筑的设防营寨。现在，维拉尔威胁着欧根亲王的补给线，他也由猎物变成了猎人。驻守德南的是一支8000多人的盟军，由精明强干的阿尔贝马尔伯爵阿诺德·约斯特·范·科佩尔（Arnold Joost van Keppel）指挥。欧根从朗德勒西掉头回去解救德南，但在7月24日，法军在讷维尔（Neuville）击溃了一支盟军前哨部队，随着他们的步步紧逼，阿尔贝马尔伯爵不得不把他的守军撤入壁垒森严的营盘死守不出：

> 针对这些工事做了一些安排。敌人的火炮向我们开火时，前面的旅奉命卧倒，尽量减少伤亡……收到进攻的命令后，我们的前排奉命开火，进而使用刀剑肉搏，以便在攀爬城墙时拥有更大的活动空间。后面跟进的士兵使用刺刀稳定战线。[18]

维拉尔以高超的指挥技巧和坚定的决心发动进攻，阿尔贝马尔被迫退到一座浮桥上，试图让他的部下穿过埃斯考河（Escaut）①。在巨大的压力下，浮桥坍塌了，5000名盟军士兵或溺亡，或被获胜的法军击毙、俘虏。"顷刻之间，他们就被淹没在小溪里面，18个营只剩下两三千人，其余的都因遭到包围而

---

① 即斯凯尔特河。——译者注

被俘了。"[19]在被俘的盟军将士中间,有阿尔贝马尔、拿骚-锡根(Nassau-Siegen)王子、利珀(Lippe)伯爵和霍亨索伦(Hohenzollern)伯爵,欧根只能在河流的彼岸注视这场灾难的蔓延,他率领集结起来的几个骑兵中队试图改变战局。相比之下,维拉尔在这场辉煌胜利中蒙受的伤亡并不多,尽管有几位高级军官的名字出现在伤亡名单中,是他们在进攻期间展现出来的勇气才让法军取胜。听到告捷的消息,路易十四龙颜大悦是理所当然的,他致函元帅:"没有什么比恢复我军长期以来拥有但在过去几年不幸失去的优势,更有助于推动和平谈判的进程了。"[20]

经过这样一场失败后,欧根亲王不得不放弃针对朗德勒西的行动,后撤以恢复他的补给线和交通线。"为了让我的军队生存下去,我不得不解除对朗德勒西的围攻,向蒙斯靠拢,以供养我的人马。"[21]他在斯卡尔普河畔的马尔谢讷(Marchiennes)建造的一座巨大仓库落入了法国人之手,小型要塞莫尔塔涅(Mortagne)和圣阿曼德(Saint Amand)也陷落了。8月12日,维拉尔包围了杜埃,城中只有一支薄弱的守军;9月的第二个星期,守将投降了。欧根本想发动一次进攻来解围,但是,被德南战役惨败吓破了胆的荷兰人,意识到和平协议即将达成,不愿意参战。10月6日,维拉尔收复了勒凯努瓦,15天后,布尚失陷,在短短几个星期内,法军司令官就以极小的代价收复了过去两年间落入盟军之手的几乎全部领土,路易十四在这一重大转折中既感到欣慰又感到得意,他在巴黎大主教的主持下举办了一场庄严的感恩仪式。对大联盟来说,最惨痛的教训是,如果没有已离开战场的英国派遣军,或者没有安妮女王发放的一次性现金补贴,大联盟就无法继续战斗。大不列颠已经不是这场战争的积极参与者,她提供了让法国心满意足的条件,且她的前盟友们也要亦步亦趋。

英国与法国已经就和平条款达成了共识,荷兰别无选择,只能跟进,协议是随着《乌得勒支条约》的缔结而完成的(条约的条款见附录2)。荷兰人再次获得了他们的国防屏障,它的一部分是从马尔伯勒和欧根在多年苦战中获得的法国领土上挖出来的。这是对1701年被仓促肃清的旧屏障的进一步扩大,但并不像1709年荷兰人所期待的那么庞大。[22]路易十四收复了里尔、莱斯和圣维南特,但是收复图尔奈的尝试失败了。国王的盟友巴伐利亚选帝侯收复了他的疆土,但他从那并不光彩的参战活动中获得的收益寥寥无几。普鲁士国王因支持大联盟而获得了上格德兰作为奖赏，尼斯和萨伏依则被还给了萨伏依公爵维克多·阿玛都斯（他还获得了西西里岛）。法国和西班牙王位将保持分离，费利佩五世也放弃了这一关键条款：

> 我们都决心在稳固的基础上缔结这个条约，并且传播和平的福利，从而确保所有人的利益和欧洲列强和平的平衡……我接受由英国提出、经我的祖父（路易十四）陛下批准的条件，以我和我的所有子孙的名义承诺：从今以后，我国的王冠绝不与法国王冠合并，我放弃对法国王位的一切权力，与此相匹配的是（贝里公爵）放弃同样的权力，两者都遵循同一基本原则，即保持欧洲内部的权力平衡，应当采取一切措施，确保在任何时候，继承权都绝不落入奥地利家族之手。因为，如果发生了这种事，那么，即使不算奥地利帝国的领土和附属领地，奥地利家族也会变得异乎寻常的强大，过去，奥地利家族享有的世袭财产与西班牙王国的主体部分分离，是一大值得赞许的事……如果我无嗣而亡，或者我的血脉因为某种原因中断了，不能真正延续下去，我的王位继承人将是萨伏依公爵及其子孙。[23]

显然，路易十四的如意算盘是这样的：随着光阴荏苒，人们对哈布斯堡王朝围剿法国的担心不会减弱。按照条约的规定，如果费利佩的血脉中断，维克多·阿玛都斯及其后裔将继承马德里王位。当时人们认为，这位精明狡诈的公爵才是战争的真正胜利者，他先支持一方，继而改换门庭。葡萄牙并没有像她希望的那样获得西班牙领土，但她南美属地的边境变得更加安全，不会被侵占。在对新斯科舍的捕鱼权和荷兰新国防屏障确切范围的划定等细节进行了一番讨论后，1713年4月11日，各国在乌得勒支签署了条约，英法率先签字，随后是法国、萨伏依、普鲁士，最后是法国、荷兰。

4月14日，条约被带往伦敦，在那里受到了热烈欢迎，无论取得和平的方式多么令人怀疑，取得和平的手段是光荣的，还是不光荣的，和平总是受欢迎的，一位英国贵妇写道："昨夜，我国的每个村庄都燃起了大量庆祝篝火。"[24]

奥地利人试图单独取得更好的媾和条件，但当英国和荷兰与路易十四达成共识后，他们的美梦就破灭了：

> 皇帝决定继续打下去，以便在某些特定问题上获得更好的和平条件，这样，如果他最终不得不接受和约，那么事后也没人会说，是小国制约了他的权利。[25]

事实证明，维也纳无力独立作战，而且所得的也没什么价值可言。荷兰南部不再是主要战场，注意力被转移到了莱茵河中游战场。

1713年6月24日，贝松（Bezon）元帅从阿尔萨斯出兵，包围朗多要塞。欧根亲王希望掌控莱茵河战线，但是：

> 亲王和（帝国的）核心圈子的拖沓，使我无法预判莱茵河上游法军的行动……我清楚地意识到，维拉尔打算在朗多碰碰运气，于是我命令在埃特林根（Etlingen）组建防线，我向那里派出了半数人马，另一半派往穆尔伯格（Mühlberg），我希望我的增援部队能在朗多陷落之前赶到，但是符腾堡（Württemberg）王子被迫投降了。[26]

符腾堡已经组织了值得称道的抵抗，德·拉·科隆尼上校回忆道："他是一位真正见多识广、英勇无畏的战士，利用一切可能的机会延缓我军的攻势。"[27]在法军战壕中作战的拜伦侯爵（Marquis de Biron）失去了一条胳膊，成了伤兵中的一员；维拉尔没有向守军开具优惠的投降条件，8月20日，守军不得不作为战俘"酌情"投降了。

占领了这座关键要塞后，维拉尔再次侵袭了帝国的德意志领土，并于10月1日开始围攻弗莱堡（Freiburg）。阿尔西男爵（Baron d'Arsch）手下的守军在精心构筑的工事中英勇奋战，但是在11月2日，法军对主城墙发动了一场代价高昂的猛攻后，守军不得不龟缩进卫城。"这次行动除了具备凶猛暴烈、死伤惨重的特点之外，还有一事值得一提：我军在守军选择突袭我们的那天晚上发动了进攻。"[28]维拉尔没有尝试强攻卫城，但他威胁守军说，如果守军不投降，他就烧毁城镇。阿尔西男爵获许向维也纳皇帝请示，皇帝要他投降，而非蒙受这样的毁灭，因此，11月21日，他开门投降了。随着恶劣、严寒天气的降临，对垒的两军筋疲力尽地退入了各自的冬令营。

整个冬天都在进行和平谈判，欧根和维拉尔在其中发挥了重要作用，他俩因年轻时曾经携手在匈牙利与奥斯曼土耳其人作战而成了好朋友、老战友，这有利于开展会谈。亲王回忆道："大家以之前没有表达出来的战友之情互相拥抱，我也斗胆补充一点：我们更加互相尊重和依恋。"[29] 1714年3月，维也纳与凡尔赛缔结了《拉斯塔特条约》，之后又签署了《巴登条约》和《马德里条约》，从而实现了和平。就这样，精疲力竭的西欧平静了下来。烽烟遍地、蹂躏土地、毁灭财产、税赋沉重的漫长岁月已经过去，人们都认为可以松一口气了。在这场冲突中，双方都有不少收获，尽管双方也因一些口头或心照不宣的目标——有些是合理的，有些是不合理的——过高而有所失。尤其是路易十四，在1706年到1709年的坎坷岁月中，他是如此晦气，因此他有理由认为，后来法国地位的恢复是异乎寻常的。托尔西侯爵写道：

> 那时候谁会说，与法国和西班牙对垒的强大联盟的好运已经到了顶峰呢……那些骄傲的勇士，醉心于他们的胜利，迷失在他们的雄心壮志中，现在，他们把已经占领的重要堡垒还给了国王，他们不再需要人质来保证伟大的国王神圣不可侵犯的诺言，也没有为条约开出令人讨厌的条件。[30]

漫长的西班牙战争的最后一幕悲剧发生在加泰罗尼亚，当地人民曾经支持查理大公的事业，孤立无助而又坚定不移地忠于他们的誓言。起初，他们并不愿意支持哈布斯堡家族的王位继承人，但由于英国海军可能会封锁他们的港口，加上"女王陛下提供的支持"[31]，他们才开始支持大公，并且在其他各股势力都放弃时也坚定不移。《乌得勒支条约》中的一项条款规定，一旦盟军撤离加泰罗尼亚，就得颁行大赦，但这一重要条款并未出现在英国与西班牙之间的协议中。当冯·斯塔伦伯格按照条约规定，率领他的大部分奥地利、荷兰和普法尔茨军队撤离巴塞罗那时，他试图把该城移交给加泰罗尼亚人而非波普里公爵（Duca de Populi）——信心十足地希望以费利佩五世的名义前来接收。在马德里，对这种似乎是两面派做法的不满是直截了当的。

因此，仗还得打下去。加泰罗尼亚人的事业显然没有成功的希望，但他们坚贞不屈，而且波普里公爵没有足够的兵力迫使城防坚固的巴塞罗那和附近的蒙特惠奇堡就范。西班牙还没有正式签署协议中止与荷兰的敌对行动，路易十四不愿意在条约签字之前让法国军队协助对巴塞罗那的作战。1714年4月，他愤怒地致函他那倔强的孙子：

> 我告知陛下，在陛下签署这份和平协议之前，我不会为陛下攻取巴塞罗那提供任何援助。对这个决定，我痛心疾首，但陛下可以随时收回成命，因为只要陛下与荷兰缔结了和约，我集结在鲁西永的部队就可以听凭陛下调遣；我还会立即派遣为陛下指定的工程师，而且我早已做好了准备。[32]

马德里方面没有立即做出回应，加泰罗尼亚人利用马德里的停顿加强了城防，波普里公爵仔细研究了巴塞罗那的防御设施，向马德里汇报说，如果没有法国的帮助，摧城拔寨的机会微乎其微。

在本来可以避免的3个月的拖延后，费利佩五世默许了祖父的意愿，与荷兰人达成了协议。因此，6月22日，贝里克公爵离开凡尔赛，率领法国军队去对付那些仍然拒绝承认国王权威的加泰罗尼亚人。贝里克麾下的法国和西班牙步兵有3.5万人、骑兵6000人，集中在赫罗纳周围，在塔拉戈纳附近还有1.2万人。他的对手是巴塞罗那的1.6万名加泰罗尼亚守军，他们得到了大约4000名外国志愿者的支持，大多是那些在冯·斯塔伦伯格撤军后留下来继续战斗的奥地利人和意大利人。双方的情绪都很高涨，马德里向贝里克发来指示，如果加泰罗尼亚人不在最低标准的优惠条件下立即投降，那么法西联军将毫不留情地诉诸武力；另一方面，巴塞罗那当局压制住了对费利佩五世的一切同情和支持，尽管手段温和，但也不失严厉。

1713年7月10日，加泰罗尼亚的3个行政区投票拒绝了马德里的特赦，选择通过战争来维护他们的古老权利和特权。巴塞罗那遭到了封锁，但从马略卡岛和伊维萨岛驶来的船只，已经在本月早些时候完成了部分补给工作。这些岛屿依然忠于查理，加泰罗尼亚的小舰队能够运载补给品出入港口。费利佩五世要求新上任的英国驻马德里大使列克星敦（Lexington）勋爵提供一支小舰队，彻底封锁加泰罗尼亚海岸线，但遭到了对方的拒绝，英国可能已经被指控抛弃了加泰罗尼亚人，使之吞咽苦果，但有些事情显然过于黑暗和可耻了，不可能是有预谋的行为。大使敦促国王采用和解手段与加泰罗尼亚人达成共识，但他的建议被忽视了。大使致函巴塞罗那各辖区："我一直希望能够在目前的形势下，帮助你们得到最有利的解决方案，因此我再次向你们重申，我能给你们的最好建议就是接受大赦令。"[33]

虽然贝里克元帅不得不对抗佩拉尔侯爵（Marquis de Peral）指挥的加泰罗尼亚非正规部队，保护自己的补给线免受对手的骚扰，但他还是以稳健的步伐推动着围攻的准备工作。7月12日，战壕挖好了。次日，守军发动了一次凶猛的出击，贝里克费了不少力气才击退敌人。两个星期后，对普埃尔塔·努埃瓦（Puerta Nueva）、圣克拉拉（Santa Clara）和埃尔·黎凡特（El Levante）棱堡的轰击开始了，为了占领圣克拉拉还进行了一场激战，双方都伤亡惨重，但堡垒仍然在守军手中。不管怎样，重炮还在猛烈开火，贝里克不得不约束那些急于展现自己勇气的军官——他们希望向日渐扩大的豁口发动为时过早的攻击：

> 敌人激烈的反抗使我决心不再冒险，但同时也很难通过其他手段使自己成为城镇主人。我们的工程师们并没有超凡的知识，他们发现城镇周围都是水，于是告诉我，唯一的办法就是向普埃尔塔·努埃瓦与圣克拉拉之间已经凿开的突破口发动全面进攻。那些有能力提出这个建议的人似乎都失去了理智，因为豁口两翼的防御依然完备，豁口也被敌军破坏了，况且豁口后面还有一道坚固异常的堑壕。[34]

贝里克决心在发动进攻尝试之前，进一步摧毁防御工事。"因此，我把一些炮兵阵地向前推进，对军官们的所有高谈阔论都保持了耐心，他们对攻城战迁延日久早就不耐烦了。"[35]事实证明，企图以合理条件让这座城市投降是不会成功的，贝里克对守军毫无意义、必定失败的顽抗日益恼火，因为守军完全没有切实可行的解围指望。"这些人的顽固令我吃惊，工事主体上已经有7处豁口；他们得到援助的可能性很小，何况城里也有没有给养了。"[36]

1714年9月11日黎明时分，一场大规模进攻拉开了帷幕，经过激烈的肉搏战后，3个主要棱堡稳稳落入贝里克的手中。另一个防御工事圣佩德罗（San Pedro）棱堡也被拿下，但是附近一座女修道院中的加泰罗尼亚军队猛轰法军，随后一场犀利的反击几乎把元帅的部队赶回堑壕。元帅与他的将军们身先士卒，在他的鼓励下，法西联军挫败了对手的激烈抵抗，夺回了清早拿下的阵地。此时，守军指挥官唐·安东尼奥·维拉罗尔（Don Antonio Villaroel）请求投降，但被贝里克拒绝，这绝非无理取闹，如果早点投降，这场被迫发动的血腥攻击本来是可以避免的。贝里克写道：

> 现在为时已晚，我们已经是城市的主人了，我们有权用刀剑树立权威，因此，我不会听取他们的任何建议，除非他们屈服于我们的国王陛下，并且乞求他的慈悲怜悯。[37]

和谈突然结束了，攻城炮台继续怒吼，而守军的反炮击也在继续。当天晚上，贝里克向维拉罗尔传递了进一步的信息，要求后者立即投降，否则他会放纵部下洗劫巴塞罗那。守军和市政当局已经被挤压进了城防工事的角落，别无选择，只能同意投降，但贝里克在这种局面下开出了相当合理的投降条件：

> 随后，我们向他们保证他们的生命安全，甚至承诺不会劫掠财物，我这样做是为了替西班牙国王保住巴塞罗那——一座富庶和繁荣的城市……9月13日上午，叛军全部撤离阵地，我们的部队在街上行进，直到步入他们的营地，没有一个士兵脱离队伍。[38]

法西联军没有洗劫巴塞罗那，这主要归功于贝里克麾下军队的良好纪律。对获胜的军队来说，能有这样的克制是不同寻常的，大约6000名法国和3000名西班牙士兵在围攻中伤亡。包括武装市民和非正规军在内的守军的伤亡情况无法确定，但肯定也很大。

随着和约的缔结，有待解决的重大问题是加泰罗尼亚人，他们受到怂恿与他们宣誓效忠的费利佩五世作战，就不得不面对大联盟各国抛弃了他们而产生的后果。随着巴塞罗那的陷落，这些后果就提上了议程，严格意义上说，加泰罗尼亚人并非叛乱分子，因为他们决定支持大联盟事业的时候，年轻的法国王子虽然被宣布为西班牙国王，但还没有被证明是合法君主，且而奥地利大公同样就王位提出了有力的主张。还有，并非所有加泰罗尼亚人都支持哈布斯堡家族的王位竞争者，当查理大公在巴塞罗那受到欢迎之际，许多对时局发展不满的人离开了巴塞罗那。"在任何一个阶段，都不存在对大公的一致支持，甚至连多数支持都没有。"[39]例如，市民们是在塔拉戈纳遭受盟军舰队炮击时，才被迫宣布支持大公的，而掠夺成性的军队的暴行也招致了怨恨和普遍抵抗。"他们不断游走，横穿这个王国，豪饮大嚼、焚掠无度。"[40]随着巴塞罗那投降，加泰罗尼亚人享有的一切权利实际上都被废止了，该地区的戒严状态维持了许多年。最后一个抗拒费利佩五世的堡垒——马略卡岛，1715年6月才向谢瓦利埃·德·阿斯费尔德指挥的法军投降，但西班牙没有尝试收复梅诺卡岛，这当然是缘于需要共同遵守的条约条款。

注释

1. Norton, St Simon at Versailles, p. 209.

2. Wolf, p. 580.

3. Coxe, Memoirs of the Duke of Marlborough, Volume III, p. 199.

4. Churchill, Book Two, p. 871。有足够理由认为，欺骗法军司令官并突破法军阿尔勒防线的行动，并非马尔伯勒公爵深思熟虑后的举动，而是对法军破坏盟军阵地、阻止盟军阵地未来投入使用行动的反击。因此，与其说马尔伯勒此举是出于深谋远虑，不如说是迫不得已。对此的有趣评论请参阅贺西（Hussey）的著作。

5. Lediard, Volume III, p. 147.

6. Wolf, p. 581.

7. Kenyon, p. 329.

8. Churchill, Book Two, p. 912。预料到自己会遭到撤职的马尔伯勒公爵，曾在1711年10月31日写道："如果我认为自己在国外得不到信任，我在国内还有什么指望呢？"见 Alison, p. 343。

9. Churchill, Book Two, p. 913.

10. Ibid, p. 947. See also Trevelyan, The Peace and the Protestant Succession, p. 216, and Brown, p. 366.

11. Churchill, Book Two, p. 948.

12. Ibid, p. 950.

13. Ibid.

14. Tumath, p. 205.

15. Horsley, p. 357.

16. Brown, pp. 372–3.

17. Horsley, p. 358.

18. Ibid, p. 362.

19. Ibid, p. 371.

20. Wolf, p. 590.

21. Shoberl, p. 153.

22. 1713年荷兰人占据的新国防屏障有菲内斯（Furnes）、诺克堡（Fort Knocke）、伊普尔、蒙斯、图尔奈和沙勒罗伊。此外，他们还拥有若干小堡垒，条约详情参见附录2。

23. Chivalric Orders website, The French Succession, the renunciations of 1712, the Treaties of Utrecht and their aftermath, 2000, p. 7.

24. Trevelyan, The Peace and the Protestant Succession, p. 221.

25. Horsley, p. 378.

26. Shoberl, p. 156.

27. Horsley, p. 379.

28. Ibid, pp. 381–2.

29. Shoberl, p. 160.

30. Churchill, Book Two, pp. 874–5.

31. Petrie, The Marshal, Duke of Berwick, p. 249.

32. Ibid, pp. 250–1.

33. Francis, p. 373.

34. Petrie, p. 249.

35. Ibid.

36. Ibid, p. 171.

37. Ibid, pp. 174–5.

38. Ibid, pp. 175–7.

39. Kamen, Philip V, p. 88.

40. Ibid, p. 85.

第十三章 列强实力的平衡

这是历史上最具破坏性、最为血腥的战争。[1]

回顾起来，西欧的17世纪可以被视为法国的世纪，英明睿智、雄心勃勃的国王路易十四在其位于凡尔赛崭新的宫殿中，领导法国取得了对邻国的统治地位。对太阳王及其大臣们的积极反对都是支离破碎和孱弱无力的。经过一段时间的军事成功，西班牙军队在较早一段时期就已经在巴黎的打击范围内了，尽管西班牙还是个庞大的帝国，但她已经退出了世界强国的行列，她的统治阶级在商业和知识领域都陷入了慵懒状态，这是由于新大陆的财富源源不断地流入，这些财富是不劳而获的，因此被视为天赐之福。奥地利关注来自东线的奥斯曼帝国的威胁，匈牙利的动乱让其日益不安。神圣罗马帝国（正如玩笑说的那样：既不神圣也非罗马，更不是帝国）是一个支离破碎、凝聚力越来越差的国家，尤其是国内具有活力的巴伐利亚、汉诺威、勃兰登堡、萨克森遵循以自我为中心的方针时，会以牺牲维也纳皇帝的利益为代价来发展自己。小国们由于三十年战争而被弱化，易于成为其他国家权力和愿望的牺牲品，就像洛林公国（Duchy of Lorraine）在正式成为法国的一部分之前的许多年就落入了法国的势力范围一样。

荷兰在经历了一场长期而艰苦的战争后，脱离西班牙独立了，荷兰独立战争的胜利，部分缘于法国的支持和援助。法国一直渴望削弱西班牙对其边境的影响，而这一切可以在不付出太多努力或代价的情况下实现。后来，法国的愿望和野心发生了变化，路易十四袭击了荷兰这个新兴的小共和国，几乎导致了她的灭亡，但是更加古老的敌人——海水的介入，使勇敢顽强的荷兰人获救，[①]法军不得不从被水淹过的土地上撤走。

---

① 荷兰是低地国家的一部分，海拔低于海平面，全靠堤坝和风车抽水才阻止海水倒灌，面对外来威胁时，荷兰政府多次威胁掘开堤坝，用海水淹没自己和来犯之敌，而且确实这么干过，才令许多敌人尤其是法国人望而却步。——译者注

荷兰的命运与英国紧密相连，英国会因政治原因而成为法国的盟友或敌人。在国王威廉三世的领导下，北欧新教力量建立了新组合，加上勃兰登堡和丹麦的力量和影响力，从而产生一个理论上的集团，足以挑战从前不敢挑战的法国。在长达9年无果而终的战争后，1697年，在《里斯维克条约》签订之际，筋疲力尽的双方达成了一项休战协议，疲惫的各方期待和指望着一段和平岁月。但这个时期的和平仅仅是中场休息而已，让争权夺利的各国为尚未预料到的情况所引发的新战争，招兵买马和恢复元气，尽管这是明摆着的，但相对平静的短暂喘息依然受到了各国的欢迎。

1700年，西班牙国王卡洛斯二世驾崩于马德里，将王位传给了安茹公爵，路易十四无法拒绝。当然，如果他拒绝了，那么王位就会立即转移到维也纳的查理大公名下，奥地利的权力和影响力的增加，同样会令人不安。事实上，对相关人士来说，空出来的西班牙王位是一杯鸩酒，几乎使一场不受欢迎的全面战争重演。尽管所有参战方——法国、西班牙、荷兰、奥地利、英国、葡萄牙、巴伐利亚和萨伏依都希望避免战争，只要他们能在这一进程中得到自己的利益。这当然是不可能实现的，结果就是历时是十多年的冲突。

那么，一切将如何收场呢？在1702年组建大联盟的时候，谋求在王位竞争者之间瓜分古老的西班牙帝国的目标已经形成了。大不列颠获得的贸易机会增多，她的舰队可以管控的宝贵港口也明显增加。结果出现了一个以贸易为立国根基的迅速扩张的帝国。英国人也得到了他们想要的王位继承权，汉诺威选帝侯乔治在安妮女王驾崩之后和平地继承了王位，从而避免了与雅各宾派王位竞争者的内部冲突。实际上，法国已经放弃了对雅各宾派的支持，此后，即使表面上还颇为浪漫，雅各宾派还是沦为了失败者。尽管伦敦王位上的新国王密切关注着他在汉诺威的利益，但实际上，英国人尽可以背弃欧洲，在几乎无人可以挑战的海上力量的支持下，以贸易为基础，谋求未来的日不落帝国。

英国政府日益稳定，有意识地推动了她的海上力量的扩张。她作为公开的敌人，在海上袭击法国；她又是一位狡猾的盟友，至少许多人相信，她牺牲了荷兰的海上力量……在合约中，荷兰获得了领土补偿，但英国除了在法国、西班牙和西属西印度群岛享有商业特权之外，还获得了地中海直布罗陀和马翁港（梅诺卡岛）以及北美洲新斯科舍、纽芬兰和哈德逊湾的海上特许权。法国和西班牙的海军力量已经荡然无存，荷兰的海军从此稳步地日渐式微。英国人的目光，一直密切关注着她海上力量的维持。[2]

坚韧、果决的荷兰，因投入西班牙王位继承战争而元气大伤。"共和国的财政状况摇摇欲坠，7个省中有2个省完全不承担战争开支……大部分开销只能通过在苛刻条件下的借贷来满足。"[3]路易十四的军队曾两次几近征服共和国，一次是在17世纪80年代，当时是靠放海水淹没土地才拯救了荷兰人；另一次是在1702年，布夫莱元帅似乎肯定会在大联盟的军队准备停当、奔赴疆场之前击败荷兰军队。在长达30年绵延不断的冲突中，没有其他国家为遏制路易十四的野心和法国在西欧的扩张做出过如此巨大的努力，在财力和可用人力方面，荷兰付出的太多，在实战中，荷兰人所依仗的宝贵的国防屏障在军事上是守不住的。由于不再具有扩大影响力的希望，荷兰作为一个世界大国，不可避免地逐渐滑入了衰落的轨道。

在西班牙王位继承战争期间，积极参与大联盟事业的德意志君主，越来越希望他们有权过问西欧事务，而非仅仅作为神圣罗马帝国的臣民和选帝侯。这些国家——尤其是普鲁士，她们的权势和影响力最终会联合起来，在欧洲形成一股支配力量。

对此，一支可能的对冲力量是奥地利，但维也纳也很高兴她在荷兰南部和意大利都取得了收益，否则将掉头对付奥斯曼，并且再度对东欧事务要阴谋。新获得的低地国家的地盘大幅增加了维也纳的财税收入，有助于为奥地利军队的大规模扩张和重组提供资金，到18世纪末，维也纳可以部署不少于30万人的军队。然而，出色的将军和良好的指挥和控制，并非总能到位，即使按照最宽松的衡量标准，奥地利军事胜利的持续性也是起伏不定的。

可能会给维也纳和大联盟制造不少麻烦的瑞典国王查理十二世，把他的虎狼之师带去了俄罗斯，继而全军覆没，导致瑞典再也不是欧洲的重要国家。

至于西班牙，可能已经被一场达到极致的长期战争摧毁了，从而进入了一个相对和平与繁荣的时期。结果出现了一个统一的国家和广受爱戴的年轻国王，因为无论阿拉贡、巴伦西亚和加泰罗尼亚人民分离主义的野心是什么，这些野心都消亡了，如果说与1701年不明智的宣称相反，比利牛斯山依然存在的话，那么作为边界的埃布罗河就不存在了。①完全可以说："费利佩五世不仅仅是卡斯提尔国王和巴塞罗那伯爵②，还是西班牙国王。"[4]在更加广阔的场景下，西班牙作为一个主要大国的地位还是减弱了，对收回直布罗陀和梅诺卡岛的渴望是水月镜花，尽管西班牙开启了一个充满希望的海洋探索时代，但在某种程度上，她仍然得听命于北方强邻。该由谁坐上马德里王位的战争对西班牙人民的影响，还有待时间来减轻。

> 对我们的人民造成严重伤害和致命打击的，是西班牙王位继承战争的影响。人民的敌意、军队的征用以及军事委员会和承包商为军队供应粮食而对国家提出的要求造成的伤害，是文字无法描述的。[5]

然而，发生战争的这十多年里，人口并没有显著减少——参战方都采取了务实的政策，试图避免平民伤亡，而战争中蒙受损失的往往不是西班牙人。参战国的士兵来来往往，无论是西班牙、法国、荷兰、葡萄牙、英国还是奥地利的军队，除了饥肠辘辘、衣衫褴褛、纪律松懈或哗变的士兵在附近游荡带来了不便外，战争对普通民众的影响比较小。18世纪初的所有军队都得依赖途经地区的农产品来维持生计。西班牙大部分地区的农业效率低下，军队根本无法在那里展开充分的行动，贝里克和米纳斯都为此付出了代价，因此，这些军队指挥官的行动受到了一定程度的制约。对百姓来说，战争期间的歉收造成的后果，比在当地打仗的军队造成的影响更严重，1708—1711年，庄稼一再歉收，为了减轻人民因此而产生的痛苦，许多赋税被豁免。而那些税款本来可以用于支付军队开销和推动战争进程，但国王在凡尔赛宫的祖父为

---

① 埃布罗河是西班牙东北部的一条大河，大体上是卡斯提尔与阿拉贡的边界。说埃布罗河不存在，只是以诙谐的口气表达卡斯提尔与阿拉贡统一为西班牙。——译者注

② 1150年，阿拉贡王国的公主与巴塞罗那伯国的君主结婚，两国合并为统一的阿拉贡王国，巴塞罗那是阿拉贡最大城市，所以巴塞罗那伯爵往往可以指代阿拉贡国王。——译者注

他弥补了损失。即便如此，1710年10月下旬，费利佩五世也不得不同意，西班牙港口向所有运送粮食的船只开放，即使它们属于荷兰或英国。开战数年来，歉收而非战争，为西班牙带来了最大痛苦。对法国和西班牙王冠合二为一的挥之不去的恐惧，至少在一定程度上是人为制造的，目的是鼓励伦敦议会在走向战争的道路上保持谨慎和疑虑，但是事实证明，这种恐惧最终是无稽之谈。

路易十四统治下的法国，可以说是这场富于争议的王位继承大戏中的主角，为了确保安茹公爵的王位，在财政和军事上都付出了巨大努力，导致元气大伤。1715年，年迈的国王临终之际喃喃自语："我太热衷战争了。"从他遗赠给他的曾孙路易十五的国家状况来看，他所说属实。年幼的路易十五摄政期间，路易十四死后的状况延续了下来，国家形势不稳定，不久后，国家财政破产引发了对国家财政和废除货币的疯狂想法，这种疯狂想法是在苏格兰银行家撒母耳·巴纳德（Samuel Barnard）的影响下出炉的。当然，法国和法国人拥有足够的坚忍不拔来恢复元气，但这需要时间，加上财富和威望都因战争而减弱了，所以结果就是，法国的影响力和支配西欧邻国的能力在此后多年都减弱了。

18世纪肯定会见证不断重演的多年战争，但法国的强大国力和影响力，却被这场艰苦的战争消耗掉了。一方面，谁都不能说自己赢得了战争，另一方面也不能说输掉了战争，这不是问题的要害之处。1702年，人们发现，谁该继承卡洛斯二世的问题只能诉诸武力，一场无人想要的冲突依然是一场无人能够回避的战争。法国的权势、影响力和威望的下降，是欧洲历史上一个引人注目且从广义上说是有益的转折点，再次建立了一种多年前随着查理五世的帝国解体①而丧失的权力平衡。

至少在巴黎革命爆发、拿破仑一世皇帝及其超凡卓绝和穷凶极恶的军事能力崛起之前，没有一个国家能够占据主导地位，能够对其邻国施加可怕、强

---

① 1555年，拥有广阔疆土的神圣罗马皇帝查理五世，把尼德兰王位传给了儿子费利佩二世；1556年1月，把西班牙王位也传给费利佩二世；9月，把神圣罗马帝国皇位传给弟弟费迪南一世。至此，他的庞大帝国一分为二：西班牙的费利佩世系，奥地利的费迪南世系。西班牙世系随着卡洛斯二世无嗣而终结，奥地利世系传到1918年，随着奥匈帝国在第一次世界大战中战败、亡国而终结。——译者注

势的影响。因此，1713年至1715年，在乌得勒支、巴登、拉斯塔特和马德里签署的终结西班牙王位继承战争的条约，可以不带感情色彩地被认定为一桩彻头彻尾的好事。

注释

1. Chandler, The Journal of Sergeant John Wilson, p. 90.
2. Mahan, pp. 61–2.
3. Churchill, Book One, p. 715.
4. Elliott, pp. 377–8.
5. Kamen, The War of Succession in Spain, p. 162.

附录1: 1701年大联盟条约的主要条款

盟国（英国、荷兰和奥地利，尽管葡萄牙和萨伏依会适时加入）将通过谈判和战争谋求如下目标：

1. 针对法国和西班牙的王冠分离，获取有约束力的保证。（注：安茹公爵离开马德里王位不是必要条件。）
2. 奥地利应当获得米兰、那不勒斯、西西里、巴利阿里群岛、西属尼德兰（南部）和卢森堡。
3. 荷兰将收复近期被法国占领的屏障要塞。
4. 勃兰登堡选帝侯被承认为"普鲁士境内的国王"（不是普鲁士的国王），作为他积极支持大联盟的回报。
5. 向德意志君主们支付财政补贴，以换取他们对大联盟的支持。
6. 英国和荷兰拥有在西印度群岛从事贸易的自由。

关于谁拥有尼德兰南部主权的问题，第2、3条有部分矛盾，但是条约的起草十分笼统，以便缔约各方都能接受。该地区应"作为一道堤坝、壁垒和屏障，把法国与联合省分隔开来"，见特里维廉（Trevelyan）的《布伦海姆》第146页。

第6条对英国尤其有利，因为英国对扩大在西印度群岛的海外贸易，包括奴隶生意野心勃勃。1702年4月增加了一条，要求大联盟共同支持新教徒对英格兰和苏格兰王冠的继承权，该条款是路易十四不明智地承认雅各宾派僭位者——国王詹姆斯三世的直接后果。

附录2:《乌得勒支条约》《巴登条约》《拉斯塔特条约》和《马德里条约》的主要条款（1713—1715）

（a）承认费利佩五世为西班牙和西印度群岛的国王。法兰西和西班牙的王冠永远分离。①

（b）那不勒斯、米兰地区、撒丁岛和尼德兰南部归奥地利统治。位于南尼德兰的荷兰国防屏障将以条约修订的形式予以重建。

（c）法国交出位于莱茵河右岸的凯尔、弗莱堡和布雷萨赫（Breisach），但保留斯特拉斯堡和阿尔萨斯，拆毁敦刻尔克港的防御工事和港湾防波堤。

（d）巴伐利亚选帝侯、列日和科隆的选帝侯，收复各自的领土和财产。②

（e）安妮女王驾崩后，确保新教徒继承伦敦王位。僭位者詹姆斯三世将被驱逐出法国。

（f）英国保留梅诺卡岛、直布罗陀、纽芬兰、哈德逊湾、阿卡迪亚（新斯科舍）和圣基茨（St Kitts）。

（g）荷兰和英国获得某些西班牙港口和领土上的独家贸易权，法国被排除在外。

（h）普鲁士王国（即从前的勃兰登堡）获得承认，并且得到上格德兰。承认萨伏依公爵为西西里国王，并且获得米兰地区的部分领土。

注释:

① 如何保证费利佩五世放弃法国王位继承权，如果必要的话如何强制执行，很难说。对一位法国亲王来说，无论他拥有何种职衔，没有法律可以迫使他放弃继承主张，即使他愿意这么做。实际上，大联盟相信路易十四、费利佩五世和任何一位王位继承人都会遵守他们达成的协议。事实证明，他们的确这样做了，因为路易十五在成年后，并不缺少继承人。

② 为了让巴伐利亚选帝侯复位，马尔伯勒公爵失去了由利奥波德皇帝在布伦海姆大捷后授予他的明德海姆（Mindleheim）公国的所有权，但他保留了明德海姆亲王的头衔。

条约的总体范围

终结战争的一系列条约，通常被简化为《乌得勒支条约》。

《乌得勒支条约》	
1713年4月11日	法国、英国、荷兰、普鲁士、葡萄牙和萨伏依之间的条约。
1713年7月13日	西班牙与英国之间的条约。
1713年8月13日	西班牙与萨伏依之间的条约。
1714年6月26日	西班牙与荷兰之间的条约。
《拉斯塔特条约》和《巴登条约》	
1714年3月6日—9月7日	法国与奥地利之间的条约。
《马德里条约》	
1715年2月6日	西班牙与葡萄牙之间的条约。
1715年11月15日	荷兰、法国和奥地利之间的国防屏障条约。

（注意：1720年2月，西班牙与奥地利终于在海牙签订了一份条约。）

附录3：西班牙王位继承战争中的重要军事人物

贝里克公爵詹姆斯·菲茨詹姆斯（1670—1734）

这位法国元帅出生于1670年8月21日，是约克公爵詹姆斯（英王詹姆斯二世）的亲儿子，其母阿拉贝拉·丘吉尔是其父的情妇，也是未来的马尔伯勒公爵约翰·丘吉尔的姐姐。1686年，菲茨詹姆斯被派去参加抗击奥斯曼土耳其人的战役，在攻占已经落入奥斯曼之手145年的布达佩斯（Budapest）的帝国军队中效力，土耳其军队也被驱逐出匈牙利大部分疆土。年轻的菲茨詹姆斯在此役中表现得骁勇异常。关于这场匈牙利战役的更多细节，请参阅皮特里的《元帅贝里克公爵》（The Marshal, Duke of Berwick）第27—28页。

1687年，菲茨詹姆斯在伦敦被其父册封为贝里克公爵、泰恩茅斯伯爵（Earl of Tynemouth）和博斯沃思男爵（Baron Bosworth）。此时，其父的王位已经摇摇欲坠。贝里克再次前往匈牙利参战，结识了肖德-路易-赫克托耳·德·维拉尔，后者也将成为法国元帅，在与马尔伯勒和欧根拼杀的战役中获得了同样崇高的声誉。贝里克当上了帝国军队的少将，尽管他从未积极履行其职责。返回英国后，贝里克被任命为朴次茅斯（Portsmouth）总督和皇家骑兵卫队的上校。在父亲流亡法国期间，贝里克在爱尔兰组织了一场徒劳无功的雅各宾派复辟之战，1689年3月27日在金赛尔（Kinsale）登陆，一星期后进入都柏林（Dublin）。他在参与了失败的伦敦德里（Londonderry）围城战后，1690年7月，他又参加了其父惨败于博因（Boyne）的战役。在成功保住了香农防线几个月后，贝里克于1691年春季返回法国，在驻低地国家的法国军队中服役。

同年9月，公爵参加了发生在乐泽（Leuze）的骑兵战斗，1692年，如果不是法国舰队在巴弗洛（Barfleur）和拉格洛（La Hogue）被歼灭，他会指挥一支生力军发动一场让詹姆斯二世复辟的远征。斯汀柯尔克（Steinkirk）战役后，贝里克在1693年7月的兰登（Landen）激战中被俘，马尔伯勒公爵的弟弟查理·丘吉尔（Charles Churchill）在肉搏战中认出了他，并把他引见给威廉三世。他回忆道："那位王子（他不承认威廉是英国国王）对我非常客气地恭维了一番，而我只是略微鞠了一躬。"对他可能会改换门庭的疑虑很快就消失了，因为"我们都在西班牙国王的领土上，我有幸在国王（路易十四）的军中担任中将"。此事可参见《元帅贝里克公爵》第100—101页。不久后，贝里克就获释了，1695年他迎娶了卢坎伯爵（Earl of Lucan）帕特里克·萨斯菲尔德（Patrick Sarsfield）的遗孀霍诺拉·德·伯格（Honora de Burgh），并于次年秘密前往英国，查明对雅各宾派的事业可能存在的支持。霍诺拉·德·伯格去世后，他又于1700年续娶了安妮·伯克利（Anne Bulkely），这是一场硕果累累的婚姻，他们共生下了13个孩子，尽管并非所有孩子都能免于夭折。

他通过在西班牙王位继承战争中积极作战，加上多次胜绩而获得了元帅权杖，1719年，当费利佩五世的军队试图推翻《乌得勒支条约》的规定时，公爵再次前往西班牙参战。他被任命为吉耶讷（Guyenne）的军事总督，参加了法国军队结构和训练的改革。在半退休地赋闲了一段日子后，贝里克被路易十五召回，参加波兰王位继承战争。1734年6月12日，在菲利浦堡（Phillipsburg）攻城战中，他被一枚据认为来自本方炮手发射的炮弹削掉了脑袋。

法国元帅尼古拉·德·卡蒂纳（1637—1712）

生于巴黎，曾受过律师教育，但后来投身行伍，因1667年占领里尔而声名鹊起。1674年，他跟随孔代亲王，在瑟内夫（Seneffe）作战，随后又在意大利北部与萨伏依公爵及其奥地利盟友打仗。1693年，卡蒂纳在斯塔法多（Staffardo）和玛莎利亚（Marsaglia）指挥作战，取得了胜利，并被封为法国元帅，1697年，负责在沃邦的协助下成功拿下阿特。

西班牙王位继承战争爆发时，这位"谨慎持重的将军"被任命为意大利北部的法军司令官，在那里，与欧根的大胆突击相比，他就相形见绌了，例如卡尔皮之战，尽管凡尔赛宫朝令夕改的指示和物资匮乏限制了他的发挥。被维勒鲁瓦元帅取代后，他继续在军中效劳了一段时间，后被路易十四召回凡尔赛。公平地说，维勒鲁瓦与欧根的交锋没有胜绩，不如卡蒂纳，所以卡蒂纳的下课是一个错误。他没有再接受任命，退休后成了一位热心的园丁。

弗朗索瓦·欧根·德·萨伏依－加利安亲王（François Eugene de Savoy-Carignan，1663—1736）

生于巴黎，父亲是苏瓦松伯爵欧根-莫里斯（Eugene-Maurice），母亲是路易十四早年的亲密重臣——生于意大利的红衣主教马扎然（Mazarin）的侄女奥林匹娅·曼奇尼（Olympia Mancini）。路易十四邀请他加入法国军队，但他拒绝了，他认为自己会成为一位更好的牧师。由于对教会职业缺乏兴趣，21岁的欧根前往西属尼德兰，后又前往维也纳，在那里为利奥波德一世皇帝效力。他参加了抵御奥斯曼土耳其人的战役，并在破解维也纳之围的战斗中拼杀，一度在匈牙利担任帝国军队司令官，1697年9月，在赞塔（Zenta）战役中击败奥斯曼帝国的主力部队。

1703年，欧根进入帝国战争委员会，1704年，他与马尔伯勒的密切合作成为当年布伦海姆大捷的关键因素。1706年，在都灵攻防战中的巧妙胜利，再度证明欧根作为一位伟大统帅名副其实，尽管在1707年的土伦攻城战中失利，欧根依然在1708年的奥登纳德和1709年的马尔普拉凯获胜，1712年，他在弗兰德尔指挥盟军，他的部队受挫，并在德南被维拉尔元帅打得大败。西班牙王位继承战争结束后，欧根于1714年被任命为奥地利的（从前是西班牙的）尼德兰总督，但是，他又一次参加了与奥斯曼人的战争，即1716年的彼得瓦尔丁（Peterwardin）大捷，并于次年占领了贝尔格莱德（Belgrade）。尽管他退出了现役，年事已高、健康状况日益恶化，还是担任了查理六世皇帝的首席顾问，被任命为1734—1735年间波兰王位继承战争中的帝国军队司令官。尽管欧根喜欢美女在侧，但他终身未娶，他后来成为一位赫赫有名的艺术赞助人，1736年卒于维也纳的家中，享年73岁。

黑森－达姆施塔特的乔治王子（1662—1705）

路德维希一世（Ludwig I）伯爵与妻子伊丽莎白（Elizabeth）的次子。1687年，他在匈牙利与奥斯曼帝国作战，参加了摩哈赤（Mohacs）战役。和威尼斯人在爱琴海与奥斯曼人作战失败之后，乔治王子参加了美因茨攻城战，在进攻法军据守的波恩卫城的战斗中负伤。1690年，他开始为威廉三世效力，参加了博因和奥格里姆（Aughrim）之战，两次都负了伤。乔治王子成了罗马天主教徒，在被利奥波德皇帝任命为加泰罗尼亚驻军司令官、担任卡洛斯三世国王的骑兵总监之前，再度与奥斯曼人开战。他是一位非常称职的指挥官，对西班牙和加泰罗尼亚人了如指掌，这在西班牙王位继承战争的开始几年被证明是非常有价值的。1705年，他在巴塞罗那攻城战中英年早逝，这是对盟军在半岛事业的沉重打击。

海军上将①约翰·列克爵士（1656—1720）

英国操炮大师理查德·列克（Richard Leake）船长之子，生于伦敦，是一位技术高超的水手，被形容为"面如银盆、目光犀利且具有穿透力，言谈文雅而富有男子气概，既有军人风范又有绅士风度"[1]。1673年，在第三次英荷战争期间，他参加了特克塞尔（Texel）战役，是英国皇家海军"海王星"号战舰的主炮手。1689年，他在班特里湾（Bantry Bay）海战中指挥由其父设计的"火龙"号岸轰艇，点燃了法国战舰"拉·迪亚曼特"号（La Diamante）。列克参加了解除伦敦德里之围的战斗，3年后，在巴弗洛和拉格洛海战中歼灭了法国舰队。作为舰队副总司令，他在西班牙战争初期对法国船只和哨所进行了极具破坏性的行动。他在占领直布罗陀和后来直布罗陀被围攻期间采取的行动都指挥得当，但他在马拉加海岸与法国主力舰队进行的海战却受到了批评。1706年，他成功解救了遭到围困的巴塞罗那，又指挥90艘军舰和运输船解救了卡塔赫纳和阿利坎特，参加了占领马略卡岛和伊维萨岛的行动。在占领撒丁岛后，列克率领他的舰队离开地中海息冬，因而没有参加占领梅诺卡岛的行动。1710年，他晋升为海军少将，同时担任海军大臣和国会议员。1714年，乔治一世登上伦敦王位，他被扫地出门，回家领取养老金，此后过上了平静的退休生活。

一世马尔伯勒公爵约翰·丘吉尔（1650—1722）

生于一个因英国内战而陷入贫困的家庭，1668年查理二世复辟之后，进入国王的英国第一禁卫步兵连服役，他曾经在丹吉尔（Tangiers）服役，1672年，在索莱贝（Solebay）海战中与荷兰人交战。后来，丘吉尔在英国借给法国的部队中服役，1674年，他在伟大的蒂雷纳元帅麾下参加了辛塞姆（Sinsheim）和恩茨海姆（Entzheim）战役。次年，丘吉尔受命进入约克公爵步兵团，1678年，

---

① 海军上将（Admiral）源于阿拉伯语的埃米尔（amir），泛指舰队司令（Admiral of the Fleet）职务，称列克为海军上将，是指他担任过英国皇家海军的舰队司令，而非军衔。——译者注

参加了与荷兰议会的谈判，商讨组建一个反法同盟。4年后，他获得了苏格兰贵族身份，受封为爱默斯（Aymouth）的丘吉尔男爵，1685年，他在塞德基摩（Sedgemoor）战役中指挥保王党步兵，平定了反对詹姆斯二世国王的蒙默斯（Monmouth）叛乱。1688年的光荣革命中，他抛弃了对詹姆斯二世的效忠，转投奥兰治公爵威廉，后来被册封为马尔伯勒伯爵，次年，参加了低地国家的沃尔科特（Walcourt）战役。同年晚些时候，玛丽女王派他前往爱尔兰南部，从詹姆斯二世的军队手中收复科克（Cork）和金赛尔。但是，他一度受到王室的冷遇，直到西班牙继承问题上的冲突愈演愈烈时才东山再起。1701年，马尔伯勒成为步兵将军，1702年年初，安妮女王继位时，他受封为英军主将，指挥当时战场上的英荷军队。1702—1703年在低地国家取得的成功为他带来了公爵爵位，而1704年带来布伦海姆大捷的巴伐利亚战役，使他成为历史上最伟大的指挥官之一。马尔伯勒公爵在1705年的埃利克西姆（Elixheim）、1706年的拉米伊、1708年的奥登纳德一再获胜，并于1709年9月在马尔普拉凯取得并不值得夸耀的胜利，他还围攻并占领了许多法国主要要塞，包括梅嫩、里尔、图尔奈、蒙斯、贝蒂讷和布尚。

但他的政治影响力逐渐减弱，1711年年底，他失去了全部职位后前往国外居住，直到1714年英国国王乔治一世（从前的汉诺威选帝侯）继位后，他才返回伦敦。马尔伯勒的年龄和日益下降的健康状况迫使他日益远离公共视野，1722年6月在温莎小屋去世。

彼得伯勒伯爵查理·莫道特（1658—1735）

早年加入海军开启了他的军事生涯，1680年，他在摩尔人围攻丹吉尔的战役中服役，在那里，他以生活奢侈和放荡而闻名。后来，他加入了荷兰军队。据说是他首先向奥兰治公爵威廉建议，取代他的岳父——越来越失去人心的詹姆斯二世，登上伦敦王位。1688年，他受封为一世蒙默斯伯爵，宣布成为威廉三世的支持者和亲信，国王似乎不大信任他或者他的本性，玛丽女王写道：“蒙默斯伯爵疯了，他的妻子更加疯狂，支配了他。”[2] 1697年，由于与国王的政见分歧，伯爵被抓进伦敦塔关了3个月。同年，他的叔叔去世，于是他成为三世彼得伯勒伯爵。1702年，安妮女王登基，他被任命为牙买加总督。他才华横溢但反复无常，他通过自我推销引起了人们的注意，并让他在1705年赢得了与海军上将卢克共同指挥派往葡萄牙的英荷联军的兵权，去支持哈布斯堡王朝在那里的事业。他参加了对巴塞罗那的占领行动，当乔治王子受到致命伤时，他勇敢地接掌了指挥权，继而成功把战事扩展到巴伦西亚。彼得伯勒发现自己难以与查理大公及其奥地利将军和幕僚们合作，而且他那缺乏耐心、经常高高在上的态度引发了极大不满。1706年，费利佩五世撤离马德里后，查理未能迅速前往马德里，此举在一定程度上得归咎于他的自相矛盾和判断错误。1707年3月，彼得伯勒被召回，离开了西班牙，大公心花怒放地看着他离开。他游历了许多大联盟成员国的首都，并试图在没得到任何授权的情况下影响事态的发展。

尽管有人批评他没有为他收到的巨额资金——拨付给西班牙东部军事行动的军费——建立合理账目，但他还是得到了议会的感谢。他成了马尔伯勒公爵的政敌，喜欢阴谋诡计和钩心斗角，1710年，他被任命为女王驻维也纳宫廷的大使，3年后又被任命为驻萨伏依宫廷的大使。乔治一世一贯不喜欢彼得伯勒伯爵及其做派，1714年他被解除职务。他拥有众多的朋友和崇拜者，但没有政治权力基础。他游历广泛，1735年10月21日死于里斯本，据说他生前吃了太多葡萄。

一世斯坦霍普伯爵詹姆斯（1673—1721）

斯坦霍普年轻时曾陪同父亲前往马德里，为英王威廉三世执行外交任务，获得了关于西班牙和西班牙人民的大量经验。在九年战争中与国王共事，展现了相当的天赋，23岁那年成为上校。1705年，斯坦霍普以准将身份占领巴塞罗那，1707年，彼得伯勒被召回伦敦，他就成了驻西班牙英军的少将总司令。1708年，他巧妙地占领了梅诺卡岛，但在占领马德里两年后，他推进得过于深入，使盟军的兵力过于分散，在随后的12月，盟军撤离首都时已经陷入不利局面，大多数英军在布里韦加被旺多姆公爵打垮。斯坦霍普被俘，于1712年交换战俘时获释，尽管他的名望和人缘很高，但他再也没有担任过军事指挥职务。新登基的国王乔治一世任命他为国务卿，他帮助国王起草了英国与荷兰之间的新条约，并于1718年成为第一财政大臣，同年被封为一世斯坦霍普伯爵。

在议会上就南海泡沫（South Sea Bubble）①的起因和责任进行辩论后不久，他死于中风。

奥地利陆军元帅圭多巴尔德·冯·斯塔伦伯格（1657—1737）

恩斯特·罗迪格·冯·斯塔伦伯格（Ernst Rodiger von Starhemberg）之子，1683年，在保卫维也纳、抵抗奥斯曼土耳其人进犯的战役中，作为营地副官陪伴其父参战。3年后，他在摩哈赤取得了胜利，参加了占领贝尔格莱德之战，1697年，参加了赞塔战役。冯·斯塔伦伯格是一位颇有能力的军人，但他的名声因为萨伏依的欧根亲王而黯然失色。他在意大利北部指挥帝国军队，而亲王则在维也纳参与国家事务，1702年，他参加了卢扎拉（Luzzara）之战，1704年成为元帅，1708年受命担任驻加泰罗尼亚的帝国军队司令官，1710年，他与斯坦霍普在阿尔梅纳拉和萨拉戈达取得了相当辉煌的胜利，促成了对马德里的占领。在布里韦加战败时，他受到了不公正的批评，称他没有及时支援斯坦霍普，次日，他在比利亚维西奥萨与旺多姆公爵打了一仗，双方不分胜负。1716年，冯·斯塔伦伯格被任命为帝国战争委员会主席，去世前还一直担任斯拉沃尼亚（Slavonia）总督。

法国元帅塔亚尔公爵卡米勒·德·霍斯滕（1652—1728）

塔亚尔公爵年轻时在蒂雷纳元帅和孔代亲王麾下效力，1693年成为中将。1697年，他出任驻英国大使，事实证明他是一位老练的外交官，在西班牙王位继承问题日益严重之际，他平和的影响力对路易十四和威廉三世都大有裨益。1701年，在法国国王承认了雅各宾派僭位者后，他被赶出了英国宫廷，并于次年获得了驻莱茵河流域的法军指挥权。他的能力足以掌控当地战局，攻占至关重要的朗多要塞为他赢得了法国元帅头衔。1704年年初，塔亚尔率领一支大军穿过崎岖难行的黑森林地区支援马尔桑元帅和巴伐利亚选帝侯发动的针对维也纳的战役，这是一次容易被忽视但异常出

---

① 指的是1720年春天到秋天，脱离常规的投资狂潮引发的股价暴涨和暴跌以及之后的大混乱。——译者注

色的军事行动。7月，在路易十四的指示下，他再度发动了远征。1704年8月，与马尔桑和选帝侯的人马会合后，他在布伦海姆兵败被俘，当时他的小儿子正担任营地副官，就在他的身旁阵亡。作为一位高贵的战俘，被送往英国后，塔亚尔舒舒服服地居住在诺丁汉（Nottingham），且颇受当地贵族的欢迎，他还为当地引进了芹菜，这是一种当时英国人一无所知的美味佳肴。1711年9月，塔亚尔获释返回凡尔赛宫，受到了国王的热烈欢迎。退休后，塔亚尔过着平静的生活，他是一位很有教养的人，也是一位著名的艺术赞助人。

法国元帅特塞伯爵勒内·德·弗劳莱（René de Froulai，1650—1725）

特塞伯爵生于一个"没落"的贵族家庭，拥有一位强大的保护人——路易十四的战争大臣、令人望而生畏的卢瓦侯爵（Marquis de Louvois）。这让年轻的特塞在军队中获得了一席之地，凭借毋庸置疑的天赋，他迅速飞黄腾达，1691年，他担任了伊普尔要塞的守将。在经历了九年战争的主要战役后，1692年，特塞获封龙骑兵中将，这个军衔此前只授予过一次。在西班牙王位继承战争爆发前，特塞在意大利北部服役，1701年，他在卡斯蒂廖内（Castiglione）战役中获胜，两年后受封为法国元帅，并前往马德里效力。尽管他有着敏锐的组织能力和精湛的战术技巧，但他还是无法为波旁王朝收复直布罗陀，部分原因是贝里克同时在其他地方阻遏英葡联军的推进，导致他心有余而力不足。解除了敌人徒劳的围攻后，他从葡萄牙手中夺回了巴达霍斯要塞，次年，他在巴塞罗那攻城战中战败，撤退到法国南部时，他不得不抛弃大部分火炮和装备以及伤员。1707年，他巧妙地挫败了盟军夺取土伦港的企图，此役为他带来了极好的声誉。随后，特塞出任驻罗马教廷的大使，抵消了大联盟争取教皇支持哈布斯堡事业的大部分努力，尽管如此，他与教皇之间就此问题的直接沟通，最终还是没能推动他的谋划。在乌得勒支、拉斯塔特和巴登签署了和平条约后，他被派往马德里担任驻西班牙大使，受命说服费利佩五世接受和约，并与其建立了融洽的关系。费利佩逊位给儿子路易一世，在年轻的路易一世去世后，费利佩又重新登上王位。退休后，特塞接受了圣职，在75岁时去世，他死前的活动一直是个谜。

旺多姆公爵路易-约瑟夫·德·波旁（1654—1712）

旺多姆公爵是法国国王亨利四世的孙子，父亲是亨利四世的私生子。他曾在蒂雷纳和克雷奇元帅麾下效力，是一个好斗且冲动的军人，不愿意听取别人的建议和意见。在九年战争中，他在诸多战术上的成功使他晋升为中将，并被任命为驻加泰罗尼亚法军的总司令，包围和占领了巴塞罗那。1702年，旺多姆被派去指挥驻意大利北部的法军，与欧根亲王进行了两场不分胜负的战斗，当时他遭到突袭，他的军队在卡萨诺遭到沉重打击。1703年，尽管路易十四催促他开拔，但他未能翻越阿尔卑斯山口向北推进，与巴伐利亚选帝侯和维拉尔元帅会师。1706年，他被派去接替维勒鲁瓦元帅，指挥驻低地国家的法西联军。在拉米伊惨败之后，为了恢复法国在该地区的局面，他率领很少的兵力打了一场非常棒的战役。次年，他实施的机动挫败了马尔伯勒公爵迫使他投入会战的企图，但他在1708年奥登纳德战役中因处置失当而惨败，后来的事实证明他无力阻止盟军对里尔的长期围攻。

旺多姆公爵认为是路易十四的长孙勃艮第公爵造成的这些失利，因此被暂时解除军职。1710年，旺多姆被派往西班牙为费利佩五世收复马德里，他在布里韦加击败了一支盟军，并于次日在比利亚维西奥萨击败了另一支盟军。两年后，在加泰罗尼亚的作战行动中，旺多姆死于食物中毒。不可否认，旺多姆是一位军事天才，也是一位强大的对手，他的声誉受到了玷污，圣西蒙公爵尤其讨厌他。

萨伏依公爵维克多·阿玛都斯二世（1666—1732）

萨伏依公爵生于都灵，9岁时父亲去世，继承了公爵头衔。计划与葡萄牙公主的联姻无果而终，1684年，在舅舅国王路易十四的敦促下，他与法国公主安妮-玛丽·德·奥尔良结婚。尽管受到法国的影响和压力，维克多·阿玛都斯还是采取了一种巧妙的外交方针，周旋于两大阵营，他的两个女儿玛丽-阿德莱德和玛丽-露易莎都嫁给了法国的亲王。尽管与路易十四家族关系密切，而且在基亚里战役中与法军并肩作战，他还是加入了大联盟，谋求瓜分西班牙帝国，并希望在这个过程中，进一步扩大自己对马德里王位的荒谬要求（他的主张没有获得足够关注），以牺牲其附近的邻国为代价，扩张他的领土。公爵是一位老练的军人，在1706年从法军手里解救都灵的战役中表现出色，但在次年与欧根亲王联手攻打土伦港时没那么成功。随着《乌得勒支条约》的签署，萨伏依公国获得了西西里岛，维克多·阿玛都斯被宣布为国王，但在1720年被迫把西西里换成了撒丁岛。在对萨伏依国家的政治和军事进行大量改革后，1730年9月，他禅位于儿子，两年后去世。

法国元帅肖德－路易－赫克托耳·德·维拉尔（1653—1734）

维拉尔是加斯康人（Gascon），年轻时在暴躁的孔代亲王和蒂雷纳元帅麾下效力，并很快就以骁勇而闻名。完成了与德意志各国的外交使命后，维拉尔跟随巴伐利亚选帝侯，在匈牙利打击奥斯曼土耳其人，随后于1699年作为法国大使被派往维也纳。在西班牙王位继承战争的开始阶段，维拉尔在意大利北部与卡蒂纳元帅共事，1702年，他获得了大批法军的指挥权，被派去支持巴伐利亚选帝侯。但是，这两个意志坚强的人不能融洽合作，于是维拉尔被派往法国南部的塞文地区镇压当地的叛乱。1707年，他突袭了德意志中部和南部，在大联盟中引起极大恐慌，1709年年初，他受命指挥驻弗兰德尔的法军。同年8月，维拉尔在马尔普拉凯打了一场非常精彩的防御战，此役，他的膝盖严重受伤。尽管未能在1710—1711年间阻止马尔伯勒占领法国的一些要塞，但他在1712年的德南战役中非常成功，大破荷兰军队。随后，他前往莱茵河前线，与欧根亲王的帝国军队作战，直到1714年与维也纳签署《巴登条约》，实现和平。他的腿伤一直没有痊愈，但他积极参与宫廷政治和外交活动，1733年被封为法国大元帅，在意大利指挥法国军队。这位身经百战的老战士是路易十四最出色的将领之一，于1734年6月17日在都灵去世。

法国元帅维勒鲁瓦公爵弗朗索瓦·德·纳夫维尔（1643—1730）

维勒鲁瓦公爵曾是路易十四的发小，是一位才华横溢、风趣诙谐的廷臣，在宫廷贵妇中声名远播。在1693年的内文登（Neerwinden）战役中，维勒鲁瓦以勇气而闻名，但他作为军队指挥官的本事却并不显著。两年后，他因未能解除那慕尔之围的情况下就去炮击布鲁塞尔而饱受批评，然而，他与国王的长期交情让他得到了强有力的支持。1701年，他在意大利北部指挥法军，接替了卡蒂纳元帅。在基亚里战役中，维勒鲁瓦因遭遇突袭而失败，并于1702年年初在克雷莫纳被俘，但他的勇敢和冲动似乎才是造成这场不幸的主要原因。即便如此，路易十四的支持和友谊依然坚定不移，国王尖刻地点评道："他们严厉批评他，是因为他是我的宠臣。"[3] 获释后，维勒鲁瓦获得了驻低地国家的法军指挥权，1705年，他在埃利克西姆败于马尔伯勒之手。次年5月，他又在拉米伊惨败。尽管回到凡尔赛宫时受到了国王的亲切接待，但维勒鲁瓦元帅再也没有获得军事指挥权，此后，只是作为一位年长的廷臣继续宫廷生涯。

1714年，年幼的路易十五继位，维勒鲁瓦积极活动，以确保已故国王的私生子们被排除在继承范围外，但由于阴谋诡计和流言蜚语，1722年，他被摄政大臣奥尔良公爵外放为里昂总督，在那里他可以少制造一些麻烦。直到路易十五亲政时，他才被召回宫廷，1730年7月，维勒鲁瓦在巴黎去世。

注释

1. Hattendorf, 'Sir John Leake', p. 978.
2. Hattendorf,, 'Charles Mordaunt, 3rd Earl of Peterborough', p. 14.
3. Murray, Volume V, p. 651.

参考文献

缩写: JSAHR——陆军历史研究会杂志。
DNB——国家传记词典

[1] Alison, A., Military Life of John, Duke of Marlborough, 1848.

[2] Allonville, C.-A., Memoires secrets sur l'étabissement de la maison du Bourbon en Espagne, 2 volumes, 1818.

[3] Anon., The French Succession; the Renunciations of 1712, the Treaties of Utrecht and their aftermath, Chivalric Orders website, 2000.

[4] Arneth, A., Prinz Eugen von Savoyen, 1858.

[5] Atkinson, C. T. (ed.) 'A Royal Dragoon in the Spanish Succession War', JSAHR, 1938.
      –– 'The British at Brihuega', JSAHR, 1956.

[6] Bain, R., Charles XII and the Collapse of the Swedish Empire, 1682- 1719, 1895.

[7] Ballard, C., The Great Earl of Peterborough, 1929.

[8] Baudrillart, A., Philippe V et la Cour de France, 5 volumes, 1899–1900.

[9] Bottineau, Y., Les Bourbons d'Espagne, 1700-1808, 1993.

[10] Bradford, E., Gibraltar, the History of a Fortress, 1971.

[11] Bray, W. (ed.) , The Diary of John Evelyn, 1879.

[12] Brodrick, T., A Compleat History of the Late War in the Netherlands, 1713.

[13] Brown, B. (ed.) , The Letters and Diplomatic Instructions of Queen Anne, 1935.

[14] Burrell, S. (ed.) , Amiable Renegade, the Memoirs of Captain Peter Drake, 1671- 1753, 1961.

[15] Carmichael-Smyth, J, A Chronological Epitome of the Wars in the Low Countries, from the Peace of the Pyrenees in 1659 to that of Paris in 1815, 1825.

[16] Chandler, D. (ed.) , Military Memoirs: Robert Parker and Comte de Merode- Westerloo, 1968.
      –– 'The Siege of Alicante', History Today, 1972.
      –– Marlborough as Military Commander, 1973.
      –– (ed.) , 'A Journal of the Spanish Succession War', JSAHR, 1984.
      –– (ed.) , 'The Journal of John Wilson', Army Records Society, 2005.

[17] Chartrand, R., 'The Recovery of British Colours lost in Spain, 1710', JSAHR, 1991.

[18] Chevalier, R., Histoire de la Marine Française, 1902.

[19] Churchill, W., Marlborough, His Life and Times, 1947 (4 volumes in two-book reprint edition) .

[20] Coombs, D., The Conduct of the Dutch. British opinion and the Dutch alliance during the War of the Spanish Succession, 1958.

[21] Corbett, J., England in the Mediterranean, 1603-1713, 1904.

[22] Corvisier, A., L' armée Française de la fin du XVIIe siècle, 1964.

[23] Coxe, W., Memoirs of the Kings of Spain of the House of Bourbon, 1815 (5 volumes) .
      –– Memoirs of the Duke of Marlborough, 1847 (3 volumes) .

[24] Cra'ster, H, (ed.) , Letters of the 1st Earl Orkney (Historical Manuscripts Commission) , 1904.

[25] Cronin, V., Louis XIV, 1964.

[26] Dickinson, H., 'The Recall of Lord Peterborough', JSAHR, 1969.
      –– Bolingbroke, 1970.

[27] Dickson, P., Red John of the Battles, John 2nd Duke of Argyll and 1st Duke of Greenwich, 1680- 1743, 1973.

[28] Duffy, C., The Military Experience in the Age of Reason, 1987.

[29] Elliott, J., Imperial Spain, 1469-1716, 1963.

[30] Falkner, J., Great and Glorious Days, Marlborough's Battles, 2002.
-- Marlborough's Wars, Eye-Witness Accounts, 2005.
-- Fire over the Rock, the Great Siege of Gibraltar, 1779-1783, 2009.
-- Marshal Vauban and the Defence of Louis XIV's France, 2011.

[31] Fortescue, J. (ed.) , Life and Adventures of Mrs Christian Davies (also known as Mother Ross, 1929.

[32] Francis, D., The First Peninsula War, 1974.

[33] Geike, R., The Dutch Barrier, 1704-1709, 1930.

[34] Godley, E., Charles XII of Sweden, 1928.

[35] Goffman, D., The Ottoman Empire and Early Modern Europe, 2002.

[36] Goslinga, S., Memoires de Sicco van Goslinga, 1857.

[37] Halevy, D., Vauban, Builder of Fortresses, 1924.

[38] Hamilton, E., The Backstairs Dragon, A Life of Robert Harley, Earl of Oxford, 1969.

[39] Harbron, J., Trafalgar and the Spanish Navy; the Spanish Experience of Sea Power, 1988.

[40] Hargreaves-Mawdsley, W. (tr & ed.) , Spain under the Bourbons, 1973.

[41] Harris, S., Sir Cloudesley Shovell: Stuart Admiral, 2001.

[42] Hartmann, C. (ed.) , Memoirs of Captain Carleton, 1929.

[43] Hattendorf, J., 'Sir John Leake' , DNB, 2004, Volume 32.
-- 'Charles Mordaunt, 3rd Earl of Peterborough' , DNB, 2004, Volume 39.
-- 'Sir George Rooke' , DNB, 2004, Volume 42.

[44] Hatton, R., Europe in the Age of Louis XIV, 1959.
-- Louis XIV and His World, 1972.
-- George I, Elector and King, 1978.

[45] Henderson, N., Prince Eugen of Savoy, 1964.

[46] Horsley,W. (tr & ed.) ,The Chronicles of an Old Campaigner, 1692-1717, 1904.

[47] Hugill, J., No Peace without Spain, 1991.

[48] Hume, M., Spain, its Greatness and Decay, 1479-1788, 1935.

[49] Hussey, J., 'Marlborough and the Loss of Arleux' , JSAHR, 1996.

[50] Jenkins, E., A History of the French Navy, 1973.

[51] Jones, D., War and Economy in the Age of William III and Marlborough, 1988.

[52] Kamen, H., The War of the Succession in Spain, 1969.
-- Spain in the late Seventeenth Century, 1980.
-- Philip V of Spain, the King who Reigned Twice, 2001.

[53] Kekewich, M. (ed.) , Princes and Peoples, 1620-1714, 1994.

[54] Kenyon, J., Stuart England, 1978.

[55] Kroll, M., Sophie, Electress of Hanover, 1973.

[56] Langallerie, M, Memoirs of the Marquis de Langallerie, 1710.

[57] Lagrange, E., Guerre de la Succession d'Espagne, 1892.

[58] Lediard, T., Life of Marlborough, 1736 (3 volumes) .

[59] Legrelle, A., La diplomatic Française et la succession d'Espagne, 1892.

[60] Lisk, J., The Struggle for Supremacy in the Baltic, 1600-1725, 1967.

[61] Louda, J., and MacLagan, M., Lines of Succession, 1981.

[62] Lynch, J., Bourbon Spain, 1700-1808, 1989.

[63] Lynn, J., The French Wars, 1667-1714, 2002.

[64] Mahan, A., The Influence of Sea Power on History, 1890.

[65] McKay, D., Prince Eugene, 1977.

[66] Mignet, F., Négociations relatives à la Succession d'Espagne, 1842.

[67] Miller, P., James, 1971.

[68] Money, D. (ed.) , 1708, Oudenarde and Lille, 2008.

[69] Murray, G. (ed.) , Letters and Dispatches of the Duke of Marlborough, 1845 (5 volumes) .

[70] Nada, J., Carlos the Bewitched, 1962.

[71] Nicolini, F., L'Europa durante la Guerra de Succession de Spagna, 1938.

[72] Norton, L., St Simon at Versailles, 1958.
      -- First Lady at Versailles, Marie-Adelaide of Savoy, 1992.

[73] Owen, J., The War at Sea under Queen Anne, 1938.

[74] Pagès, G. (ed.) , Louis XIV et l'Allemande 1661-1715, 1937.

[75] Parnell, A., The War of the Succession in Spain, 1888 (2012 reprint) .

[76] Petrie, C., Bolingbrook, 1937.
      -- Louis XIV, 1938.
      -- The Marshal, Duke of Berwick, 1953.

[77] Pla, J., Gibraltar, 1955.

[78] Rennoldson, N., Renaissance Military Texts, Warfare in the Age of Louis XIV, 2005.

[79] Richmond, H., The Navy as an Instrument of Policy, 1953.

[80] Russell, F., The Earl of Peterborough, 1887.

[81] Sautai, M., La Bataille de Malplaquet, 1904.

[82] Shaw, L., The Anglo-Portuguese Alliance, 1998.

[83] Shoberl, F. (tr) , Memoirs of Prince Eugene of Savoy, 1811.

[84] St John, B. (tr & ed.) , Memoirs of the Duke of Saint Simon, 1876 (3 volumes) .

[85] Swift, J., The Conduct of the Allies, 1712.

[86] Symcox, G. (tr & ed.) , War, Diplomacy and Imperialism, 1618-1763, 1974.

[87] Taylor, F., The Wars of Marlborough, 1702-1709, 1921 (2 volumes) .

[88] T'Hopf, B. (ed.) , The Correspondence, 1702-1711, of John Churchill, 1st Duke of Marlborough
      and Anthonie Heinsius, Grand Pensionary of Holland, 1951.

[89] Thorburn, R., 'The Capture of Minorca, 1708' , JSAHR, 1977.

[90] Tournoux, P., Defense des Frontiers, 1960.

[91] Tindal, N., The Continuation of Mr Rapin's History of England, 1743, Volume XVI.

[92] Trevelyan, G. M., Select Documents for Queen Anne's Reign, 1929.
      -- England Under Queen Anne, 1948 edition (3 volumes) : Blenheim, Ramillies, The Peace and
      the Protestant Succession.

[93] Trevelyan, M., William III and the Defence of the Dutch Republic, 1930.

[94] Tuetey, L., Les Officiers sous l'ancien regime, 1908.

[95] Tumath, A., 'The British Army in Catalonia after the battle of Brihuega, 1710- 1712' , JSAHR, 2013.

[96] Turner, M., Anglo-Portuguese Relations in the War of the Spanish Succession, 1932.

[97] Vogue, C. (ed.) , Mémoires du Maréchal de Villars, 1887.

[98] Walker, G., Spanish Politics and Imperial Trade, 1700-1789, 1979.

[99] Warburton, E., A Memoir of Charles Mordaunt, Earl of Peterborough, 1853 (2 volumes) .

[100] Wauters, E., Like Salt in a Fire (essay) 2008, see also Money (above) .

[101] Weygand, H., Histoire de l'Armée Français, 1938.

[102] Williams, B., Stanhope, 1932 .

[103] Wolf, J., Louis XIV, 1968.

译者跋

自从大航海时代以来，欧洲的经济、科技、文化都取得了突飞猛进的发展，成了世界的中心，不知不觉间，欧洲各国力量的此消彼长和霸权之争就成了世界霸权之争，谁拥有了欧洲霸权，就拿到了世界霸权，直到二战结束，美国崛起，英、法、德相对衰落，欧洲才失去世界中心的地位。在将近500年的欧洲争霸斗争中，历时最长、最精彩纷呈的当属英、法之间的百年争霸，而这部百年争霸史的开局之战，正是"西班牙王位继承战争"。

自从486年法兰克酋长克洛维（Clovis，466—511）建立法兰克王国以来，法国就因肥沃的土地、强大的王权、善战的军队，在几乎1000年里稳居欧洲第一强国宝座，期间只有东罗马或拜占庭帝国偶尔能与其一争高下。但是，东罗马帝国位于欧亚非大陆的正中央，固然靠优越的地理位置富甲一方，也因此受到四面八方的蛮族入侵。例如在7世纪中叶，崛起于帝国南方沙漠的阿拉伯帝国夺走了东罗马帝国三分之二的领土，此后将近800年时光，东罗马帝国一直在缓慢、稳定地走下坡路，直到1453年彻底灭亡。

法国的欧洲霸主地位，至少是西欧霸主地位，几乎没有受到过像样的威胁，东北方向的德意志、东南方向的意大利长期处于分裂状态，直到19世纪后半叶才实现统一；西北方的英国，长期是欧洲二流货色；西南方的西班牙则到15世纪后期才实现统一。

法国霸权的第一个转折点是百年战争。1328年，法国国王"美男子"腓力四世最后一个男性后代死去，卡佩王朝的嫡系绝嗣，法国贵族依据《萨里安法典》，拥立腓力四世的侄子瓦卢瓦伯爵腓力六世为王，从而开创了瓦卢瓦王朝。然而，英国国王爱德华三世是腓力四世的外孙，他按照罗马法规定的继承序列，以腓力四世的直系后裔的身份要求继承法国王位。英、法双方的继承法依据不同，只能用剑和矛来讲理，于是爆发了英法百年战争。尽管法国取得了胜利，历时100多年的战争却是在法国土地上进行的，法国惨胜之余，发现欧洲局势已经发生了沧海桑田的变化。

东方，哈布斯堡王朝统治下的奥地利蒸蒸日上；南方，西班牙实现了统一，加上西班牙支持哥伦布向西航行发现了新大陆，西班牙成了欧洲新贵，顾盼自雄。因百年战争元气大伤的法国要重振雄风，还有很长的路要走。屋漏偏逢连夜雨，16世纪末，法国爆发了胡格诺战争，让法国陷入了将近半个世纪的内战。内战期间，瓦卢瓦王朝绝嗣而亡，远支王族亨利四世（Henry IV, 1553—1610）入继大统，开创了波旁王朝，法国进入新时代。

亨利四世颁布了《南特敕令》，实行宗教宽容政策，结束了法国历史上最漫长的内乱，迈出了复兴法国的第一步。可是，他还没来得及大展拳脚，就遇刺身亡了。复兴法国的重担，落到了年仅9岁的路易十三（Louis XIII, 1601—1643）肩膀上。路易十三才能平庸，却一直重用和信任首相黎塞留。黎塞留是一个老练的政治家，他一方面休养生息，加强王权；一方面充分利用三十年战争的战略机遇期，削弱东、南两大宿敌——奥地利和西班牙，迈出了复兴法国的第二步。

1643年，年仅5岁的路易十四继位。他在位初期，政局不稳，首相马扎然专权。但1661年马扎然去世时，亲政的路易十四接手的是一个稳定、富足的国家。喊出"我即国家"口号的路易十四精力过人、知人善任，令法国朝气蓬勃、蒸蒸日上。

早在1643年，法国名将大孔代亲王就在罗克鲁瓦战役中打垮了西班牙军队，彻底终结了西班牙的霸权时代。此后将近400年的时间，西班牙持续衰落。

亲政后，路易十四连续发动法西战争和法荷战争，进一步削弱西班牙之余，又把一度称雄海上的荷兰赶下霸主宝座，由法国取而代之。以"太阳王"自居的路易十四成了欧洲最文艺、风雅、开明的君主，没有之一，他一手兴建的凡尔赛宫是全欧洲的政治、文化、艺术中心。

法国称霸欧洲的同时，奥地利也在法国和奥斯曼帝国的东西夹击下江河日下。

英国的情况比较复杂。1603年，苏格兰国王詹姆斯来到伦敦，继承英格兰王位，英、苏合并，奠定了今日英国的基础。就在路易十四继位的同时，前途似乎一片大好的英国却发生了内乱，查理一世被革命者砍了脑袋，英国陷入内战，随即克伦威尔建立了军事独裁体制。克伦威尔死后，1660年，查理一世之子查理二世复辟，英国才消停下来。查理二世及其继任者詹姆斯二世，在英国内战期间流亡法国，得到了路易十四的热情款待。兄弟俩在位期间，一来国力有限，二来感念法国的恩情，所以英国不仅没有挑战法国的霸权，反而像路易十四的跟班、仆从追随法国。因此，1700年新世纪到来之际，法国的霸权依然坚不可摧，至少看起来如此。

转折发生在1688年，英国发生了光荣革命，詹姆斯二世的女婿荷兰执政威廉推翻了老丈人，当上了英国国王，是为威廉三世，英、荷两国暂时合并。威廉三世是路易十四的死敌，当年的法荷战争几乎灭掉了他的祖国荷兰，因此他一反两位前任国王追随法国的外交政策，转而与路易十四为敌。更重要的是，法国的一家独大引起了整个欧洲的不安，奥地利、葡萄牙、萨伏伊也都对法国的强盛坐立不安，反法统一战线逐渐形成。

1701年，以西班牙王位争端为缘由，爆发了西班牙王位继承战争，战争的实质是欧洲列强抱团对抗法国，而英国正是反法同盟的盟主。在这场战争中，法国并未战败，但法国霸权的坚冰却被打破了一道缝隙，大大助长了英国夺取霸权的野心。所谓"百足之虫，死而不僵"，英国取代法国成为欧洲霸主的道路是漫长的，历时100多年，打了4场大战：西班牙王位继承战争、奥地利王位继承战争、七年战争和拿破仑战争，直到1815年滑铁卢战役，威灵顿公爵战胜拿破仑皇帝，英国才彻底放倒法国，成为欧洲霸主、世界霸主。

纵观英、法两国的兴衰史，笔者深切地体会到，世界霸权的转移绝非一朝一夕之功，而是"筚路蓝缕，以启山林"，甚至需要几代人上百年的努力才能实现。

简而言之，任何国家和民族的强盛都"绝不是轻轻松松、敲锣打鼓就能实现的"，"必须准备付出更为艰巨、更为艰苦的努力"。

无形大象

2019年10月